名人时代与世界建筑大师的对话

[美]弗拉基米尔·贝罗戈洛夫斯基（Vladimir Belogolovsky）著

陈泳全 译

中国建筑工业出版社

献给我的老师约翰·海杜克教授（John Hejduk，1929~2000年），是他教我如何保持好奇并开辟了一个待发现的全新世界。

目 录

前言···5

明星建筑：大爆炸·····································10
弗拉基米尔·贝罗戈洛夫斯基

不可知论时代的标志性建筑·····························20
查尔斯·詹克斯（Charles Jencks）访谈

声誉、美、奇观以及当今的建筑师角色···················44
肯尼思·弗兰姆普敦（Kenneth Frampton）访谈

追踪建筑师——关于访谈的个人解释·····················62
弗拉基米尔·贝罗戈洛夫斯基

未编入的建筑师　引述································554
作者简介··564

对 话

大卫·阿加耶（David Adjaye） ············· 88
威尔·艾尔索普（Will Alsop） ············· 104
亚历杭德罗·阿拉维纳（Alejandro Aravena） ········ 126
坂茂（Shigeru Ban） ················· 152
伊丽莎白·迪勒（Elizabeth Diller） ··········· 164
文卡·度别丹（Winka Dubbeldam） ············ 182
彼得·埃森曼（Peter Eisenman） ············· 198
诺曼·福斯特（Norman Foster） ············· 218
扎哈·哈迪德（Zaha Hadid） ·············· 234
斯蒂文·霍尔（Steven Holl） ·············· 250
比亚克·英厄尔斯（Bjarke Ingels） ············ 266
隈研吾（Kengo Kuma） ················ 278
丹尼尔·里伯斯金（Daniel Libeskind） ··········· 294
于尔根·迈尔·H.（Jürgen Mayer H.） ··········· 308
吉安卡洛·马赞蒂（Giancarlo Mazzanti） ·········· 320
理查德·迈耶（Richard Meier） ············· 332
保罗·门德斯·达·洛查（Paulo Mendes da Rocha） ····· 348
格伦·马库特（Glenn Murcutt） ············· 362
格雷格·帕斯卡雷利（Gregg Pasquarelli） ········· 382
乔书亚·普林斯－拉莫斯（Joshua Prince-Ramus） ····· 398
沃尔夫·普瑞克斯（Wolf Prix） ············· 414
凯文·罗奇（Kevin Roche） ··············· 426
罗伯特·斯特恩（Robert Stern） ············· 442
谢尔盖·卓班和谢尔盖·库兹涅佐夫
（Sergei Tchoban and Sergey Kuznetsov） ········ 458
伯纳德·屈米（Bernard Tschumi） ············ 478
罗伯特·文丘里和丹尼斯·斯科特·布朗
（Robert Venturi and Denise Scott Brown） ······· 498
拉斐尔·维诺利（Rafael Viñoly） ············ 518
亚历杭德罗·柴拉波罗（Alejandro Zaera-Polo） ······ 538

前　言

　　这本书呈现了对30位当今最具特色和话题性的建筑师们的访谈，从2002年12月开始到2014年4月结束，这些访谈跨越了13个年头。

　　在我准备出版这些访谈时，我觉得必须注意到在这个时间框架中，这些建筑师的全球引领地位以及在我们社会中的艺术地位都已经发生了很大的变化。

　　在这些年里，这些前卫大师们的知名度和声誉已经超出了纯粹的专业领域，在触及更广泛的公众意识方面，达到了前所未有的程度。事实上，在过去十年中他们的标志性建筑作品引起了非常多的关注，大众媒体常常将这些建筑称为"明星建筑"。

　　那些最负盛名的建筑项目背后的建筑师们已经成为大众文化的一个内在组成部分。他们常常是那些时尚杂志、咖啡书桌、纪录片、博物馆展览和电视节目的话题。他们现在出现在广告和商业活动中，不仅给产品和服务做广告，而且给他们自己的建筑做广告，他们的建筑已经被当作"一种艺术品"来"出售"。在米兰最近建成的"CityLife"居住与商业区中的居民深感自豪地居住在这些综合体中，不仅是因为是扎哈和里伯斯金设计的，更重要的是以他们来命名的。建筑师已成为媒体明星,甚至他们的名字在星巴克里的聊天中也可以听到。当弗兰克·盖里(Frank Gehry)出现在动画片《辛普森一家》中的某一集的时候,就已经说明他在美国最重要的人文景观中获得了令人垂涎的地位。

最受欢迎的建筑师被认定为"明星建筑师",这不会与其他类型的明星混淆。这是一件好事吗?明星建筑这个概念受到大多数先锋建筑评论家们全心全意的鄙视。他们避免讨论这个问题,因为他们认为这与专业评论毫无关系。但建筑师怎么认为呢?建筑界巨星之一雷姆·库哈斯(Rem Koolhaas)在汉诺·劳特博格(Hauno Rauterberg)2008年的《谈谈建筑》(Talking Architecture)一书的访谈中是令人吃惊的谦逊,"我认为我们正在经历的是怪癖在全球范围的胜利。大量奢侈建筑正在被建造,它们没有任何意义,没有实用性,只有壮观的形式,当然,还有建筑师们的自负。"

库哈斯的观点也许是对当前建筑界状况的准确评价,但是他并没诊断出建筑师们怪癖的根源。为什么他们要做这些事?以迈阿密海滩枫丹白露酒店出名的建筑师莫里斯·拉皮德斯(Morris Lapidus)作为一个成功的外来者,在1973年约翰·库克(John Cook)和海因里希·克洛茨(Heinrich Klotz)主编的《建筑师访谈》一书呈现的有趣访谈中解释了其理由,"我不希望任何经过我建筑的人没有注意到它……我希望他们停下来。如果他们说'我的天啊!这是谁设计的?'我也不会咒骂他们。可能有点表现主义,或者炫耀或者自负,我也许已经设计了很多世界上最受批评的建筑,但是我头脑中只有一件事:'上帝,不要忽略我,我是一名建筑师。我想给你展示一些东西,看就是这个。'"

拉皮德斯的动机也许不会被许多建筑师认同,但至少对于某些人而言,这解释了为什么他们选择建筑行业作为职业,或者为什么有人进入一些创造性或者竞争性领域并处于领先地位。

如果确实如此,正如多数评论家似乎都认同的那样,在我们这个多元化的时代,现代建筑可以不再被定义为一种单一的风格或者不能妥协的思想流派,那么明星建筑师和"明星建筑"具备前所未有的地位也已经成为我们时代的一致主题。也许这是在当今最主要的建筑师们的作品中能找到切实共同兴趣点的最后领域。事实上,共同兴趣点是明星建筑师们有兴趣坚持的最后一件事。如果是这样,尽管可能是肤浅的,但这种归类可以说是现代建筑的最后堡垒。只有未来能告诉我们这个概念是否持久以及接下来会发生什么。

无论好坏,少数权威建筑师和评论家有权判定建筑是对还是错的时代已经结束了。不再有什么是确定的。根据最新的趋势,一切都是可争论和可替代的。我们甚至还需要评论家吗?建设性的批判正在被纯粹的赞美和广告宣传所代替。这并不令人惊讶,曾经发表过评论的那些杂志和报纸的读者们已经开始相信那些批判是无关紧要的。最近一些主要的美国媒体公司如彭博新闻、《芝加哥论坛报》和《费城询问报》削减了关于艺术和建筑版块的报道,恰恰证实了这一点。人们想知道,那些评论家失业了会怎么样?其中一些人毫不犹豫地奔向他们曾经写过评论的建筑师,建筑师非常愿意雇用他们作公关代理。那么明星建筑会取代建筑评论吗?

建筑,就像时尚和香水、家具和汽车设计一样,已经变得品牌化。形象不再能与其标签分离。盖里们,哈迪德们和福斯特们对于国际型城市、企业身份和大学声望都是至关重要的，正如毕加索们、沃霍尔们和考尔德们对世界上的古根海姆博物馆、现代艺术博物馆、泰特现代美术馆们至关重要一样。

如果品牌建筑师试图重塑自己有点过度的话，他们会面临失去那些被熟知的身份并且过时的困境。这意味着他们也可能会失去项目委托。为了让他们常常臃肿的工作室保持忙碌运转，他们别无选择，只能将他们曾经自发的创新曲目有所保留，并以非常有控制和计划的方式升级他们的作品。

也就是说，本书不是关于明星建筑的。在我听到这个词之前，大多数被采访的建筑师很少提及名声和名人地位这样的概念，只有几次采访提到。我最感兴趣的是设计工作本身、创作过程和背后的各种意图。

不过，当我重读这些访谈时，我觉得摆正明星建筑现象非常重要。为此，与建筑评论家查尔斯·詹克斯（Charles Jencks）展开讨论试图尽可能精确地划定明星建筑诞生的时刻，它的"大爆炸"时刻。正如我提议的，他也同意将2002年12月18日，世界贸易中心遗址新计划的半决赛演讲被公之于众的时刻作为那个时间点。

与詹克斯的对话是在2009年与历史学家肯尼思·弗兰姆普敦（Kenneth Frampton）访谈之后。我对詹克斯的采访是专门为这本书的前言而做的，弗兰姆普敦不是。然而，从我与弗兰姆普敦谈话开始，他就将明星建筑看作是最近主导建筑讨论的主题。

与建筑相关的许多方面仍将继续保持其重要性，例如环境、社会包容、新技术运用、分区规则、形式实验、象征意义等。不过，创造非凡建筑作品的人们的能力、天赋和个性魅力，以及他们激发艺术兴趣的力量都不应被低估。如果仅仅是建筑物，无论多么诗意和美丽，都无法吸引公众。只有将建筑转化成视觉奇观才是成功的，为什么不把我们的注意力转向那些转化它们的人们呢？这种关注一定是至关重要的。只有这样，建筑才能有可能吸引公众的想象力并提高建成环境的整体品质。

弗拉基米尔·贝罗戈洛夫斯基
纽约，2014 年

明星建筑：大爆炸
弗拉基米尔·贝罗戈洛夫斯基

1.

这本与建筑师对话的书的故事开始于2002年12月18日的早上。那天，由世界上最杰出的建筑师们组成的七个进入半决赛的团队聚集在世界金融中心冬季花园新修复的玻璃拱顶下，为重建旁边的世界贸易中心展示他们大胆的愿景。1000多名关切者，其中包括约250名记者，见证了这个长达三个小时的活动。

2001年9月11日，双子塔遭到恐怖袭击轰然倒塌，可以说是史上最被广泛报道的大事件，这也引起了公众对重建这个西方世界经济和文化中心的热切关注。令人遗憾的是，未能从"原爆点"迅速崛起，也意味着削弱了纽约将重新获得其地位的事实。尽管灰烬的记忆仍然弥漫在周围，建筑师们仍提出了他们大胆的重建计划。虽然这些是在脸书（Facebook）和推特（Twitter）等这些新兴新闻媒体和社交网络平台推出前几年发生的，但是这个新闻进行了现场直播，出现在当地和全球的新闻片段中，那一刻它超越了公众对政治、战争、体育、时尚、科学突破，甚至性丑闻的关注。突然间，建筑的新闻价值猛增，而明星建筑现象就此诞生了。

"明星建筑师"一词最早出现在20世纪40年代。根据牛津英语词典的解释，它原指能设计建造房子的电影明星。在20世纪80年代后期，评论家开始使用这个词来称呼著名建筑师。但直到21世纪初，媒体才使这个词被广泛使用。但媒体在报道有关未来世界贸易中心重建的新愿景时也并没有将参与竞争的建筑师称为明星建筑师。

随着这次宣讲的开始，宣传这些新英雄们和探寻他们作品与个性的基础工作也慢慢展开了。就像著名运动员在奥运会期间的城市谈话一样，这些建筑师们也将做同样的事情。一大群新星闪耀着，很快就会被辨识出来。

2.
记得那天早上在排着长队进行安检的时候，我就《在纽约时报》已故建筑评论家赫伯特·马斯尚普（Herbert Muschamp）的身后。我仔细听着他和一个朋友的聊天，不敢打断他们。马斯尚普在参加建筑师宣讲会之前就已经写完了关于这个事件的文章，因为他手上拿着当天《泰晤士报》的新副本，他的文章已经印在其中。

在他的那篇文章中，马斯尚普用精妙的语言成功地吸引了公众对建筑的新兴趣，尽管建筑比以往更备受关注。在文章里，他说道，"即使考虑到场合的严肃性，现代建筑也注定需要被享用。然而，这种体验与安慰食物引起的令人宽慰的愉悦不同。它更像是第一次吃寿司，发现你喜欢吃。这种感觉在人对抗未知的本能恐惧过程中被强化。"当然，纵观历史有很多建筑师都喜欢享有名人声誉。从安德烈亚·帕拉第奥（Andrea Palladio）、米马尔·希南（Mimar Sinan）和多纳托·伯拉孟特（Donato Bramante）到克里斯多佛·雷恩（Christopher Wren）和安东尼·高迪（Antoni Gaudi），建筑师们因他们的艺术天赋而获得了国际声誉。在20世纪，像弗兰克·劳埃德·赖特（Frank Lloyd Wright）、约翰·伍重（Jørn Utzon）和奥斯卡·尼迈耶（Oscar Niemeyer）等大师的标志形象和流行魅力，肯定有助于铺平道路。

现在我们习惯于根据那些有名望的项目列出一个建筑师的或长或短的名单。但是，直到现在也没有一个标准。例如当西格集团的总裁塞缪尔·布朗夫曼（Samuel Bronfman）决定在曼哈顿建立公司总部，以庆祝公司在1957年成立100周年，这项雄心勃勃的计划他决定交由他的女儿菲利斯·兰伯特（Phyllis Lambert）来负责完成。兰伯特决心建造一个大师级的建筑，于是在菲利普·约翰逊（Philip Johnson）的帮助下，为这个梦想计划拟定了三个潜在的建筑师名单。

第一个名单包括那些可以考虑，但不能胜任的人：保罗·鲁道夫（Paul Rudolph）、埃罗·沙里宁（Eero Saarinen）、马塞尔·布劳耶（Marcel Breuer）、贝聿铭（I. M. Pei）和路易斯·康（Louis Kahn）。所有这些人都是很好的建筑师，但在当时都缺乏经验。第二个名单包括那些能够胜任但不应考虑的像SOM这样的巨型公司，它们都非常有能力，但都不能很原创。最后，第三个名单集中了那些既有能力也可考虑选用的建筑师们——三个20世纪建筑界的国际巨星：弗兰克·劳埃德·赖特、勒·柯布西耶（Le Corbusier）和密斯·凡·德·罗（Mies van der Rohe），密斯最终赢得了他的唯一一个纽约项目。

回想当时，著名建筑师是一个罕见的存在，他们总体上并不拥有作家、政治家、艺术家、音乐家或演员所具有的明星力量。

在2002年12月18日这一天，一切都改变了。在这一天我们见证了明星建筑的诞生，几个月来，建筑师的观点在媒体上得到了比以往强烈得多的热议。建筑正在成为一个所有人都能够参与讨论的领域。

不久之后，丹尼尔·里伯斯金（Daniel Libeskind）和拉斐尔·维诺利（Rafael Viñoly）的方案最终入围；他们后来出现在了《奥普拉·温弗里脱口秀》及许多其他节目上。这两个建筑师"……就像媒体时代的政治家一样……就像电影明星一样推销他们自己……自加里·库珀（Gary Cooper）出现在电影《源泉》中以来，公众已经很久没有如此地被建筑师和他们的建筑所深深吸引了"，《纽约时报》评论家朱莉·伊文（Julie Iovine）这样写道。

显然，这种迷恋的深度在很大程度上仍然是肤浅的，但这并不重要。建筑正在拥有属于它的时刻，并成功地吸引了每个人的注意。很明显这项工作越令人兴奋和有意义，就越需要花费更多的精力来讲述关于它的迷人故事，也就有越来越多关于建筑的有趣层面将被发掘出来。

马斯尚普在设定一个可以吸引公众的论调这方面很关键，无论是将毕尔巴鄂的古根海姆曲线比作"玛丽莲·梦露的化身"，还是赞扬曼哈顿雷蒙·亚伯拉罕（Raimund Abraham）的奥地利文化广场这种不妥协的新建筑为"进入你脑海的那种建筑"，与他所提到的仅仅是"人们喜欢的绒毛"的建筑形成鲜明对比。他的文字有着非常广泛的吸引力，与那些喜欢用更学术的方法解释建筑的评论一样好。但他从未改变他的风格，我很欣赏他的写作。

马斯尚普不仅在试图向《泰晤士报》的广大观众普及建筑的意义方面具有独创性，而且他也经常挑战这个行业。

"9·11"事件之后不久,他推动建筑师去"重建纽约的天际线,让它成为世界上最激动人心的风景"。许多人会说他偏好某些建筑师,我们不也是如此吗?

这不正是我们培养对一种建筑形式的审美偏好的关键之处吗?这难道不是我们爱上了某些特定的特征或观点,并且批评其他的,甚至如果有令人信服的理由我们还会改变阵营的模式吗?这就是意见、品位、最重要的原则和信念如何形成的过程,随之而来的是先入为主的观念被粉碎掉了。

但这确实提出了一个问题,即如何尝试让公众参与其知之甚少的主题的讨论。应该去解释建筑吗?应该当作一个有关历史风格和杰作延续演变的故事去讲吗?应该当作一种大胆的工程艺术,或者理论和美学概念去讨论吗?我们是否可以把建筑看作是社会和历史事件演变的舞台?是否应该从语义和图像上去进行解码?

有人会认为,建筑必须关乎重新制定规则和持续扩展常规技能、空间实验,抵制和反抗常规惯例。或者说它应该只是关乎其自身和自身构成吗?不可避免的是,建筑实际上是一个纪念性的工具,用来证明强大的君主、巨头和政治家的影响力,证明公司、开发商,尤其是建筑师自身的能力。

扎哈·哈迪德(Zaha Hadid)的合作伙伴帕特里克·舒马赫(Patrik Schumacher)认为,他的事务所的使命是简化人们沟通的方式:"我们作为建筑师的目标是构建和促进沟通。所有生产力的提高都将源于沟通的加强。建筑有助于加强沟通。"这是一个伟大的定论,干净利落简单明了。

越来越多的建筑将自己看作环境救星来推销自己。在评论家艾伦·贝茨基(Aaron Betsky)的《景观建筑师:建筑与

弗拉基米尔·贝罗戈夫斯基 15

2002年12月19日的《每日新闻报》
在世界贸易中心设计竞赛期间,半决赛团队的竞赛方案经常出现在全国最流行的报纸头版上接受公众审阅

土地》(Land scapers: Building with the Land)一书中,他评论道:"建筑物取代了土地。这是建筑的原罪。"但是,在我看来,太多的建筑师在建筑的救赎过程中走得太远。太多人已经变成了建筑的科学家,而不是建筑的艺术家和诗人,因为他们要达成妥协,以回应如此多的问题:发展与保护,创新与继承,冒险与经济。"可持续的"这个词通常作为一种营销手段被机械地使用。

无论明星建筑这个词的使用是否恰当,将建筑师变成名人和明星的现象是现实发生的，而且无论它以后是否会继续存在，都不能否认，至少在 2002 年 12 月的早晨，建筑及其缔造者们（在我看来，很容易成为所有职业中最以自我为中心的人），无论是整体还是个人，吸引了整个世界的注意。建筑占据了舞台的中心，每个人似乎都对这种不可思议的艺术形式将人类想象的最伟大愿景转化为现代标志物的能力着迷。

最后，在那一时刻，我们自己时代的建筑都将被普遍承认，并会被提升到与过去备受尊敬的纪念碑相同或更高的地位上。想象一下，在这个一切似乎都在不断变化的时代，建筑，拥有比文学、美术或者音乐更加永恒的力量，来赞美它的时代，并保存最大的成就来让许多后续世代引以为傲。

3.
我还记得当时对新的世界贸易中心重建项目提案的兴奋和不断增长的期待。在建筑师登台之前，来自曼哈顿下城开发公司的竞赛组织者向媒体请求，让新的愿景成为全球主流媒体的亮点。他们做到了。数以千计的建筑模型，渲染图和建筑师的快照直接进入小报的头版，并在全球范围内进入了黄金时段的新闻报道。关注点被放在了建筑师的方案、文字上，并且更令人惊讶的，甚至是他们的姿势、手势、衣服、鞋子和眼镜上，几乎没有没被注意到的细节。建筑师被认为是重要的，因为那一刻他们的艺术变成了时尚和政治。

第一位演讲者是丹尼尔·里伯斯金。从一开始，他就建立了一种个人的、真切的情感基调。他在 20 世纪 50 年代后期与他的父母从波兰来到美国，坐着最后一艘移民船驶过自由女神像，这恰恰是他设计灵感的来源，清晰地展现在他背后的新泽西天际线上。除去他方案中那些奇特的图像,"记忆之基"投影在一个巨型屏幕上,它立刻触动到了观众们的心弦,引起共鸣。我环顾四周,看到了许多人眼含泪水。在那之前,我不知道钢铁与玻璃塑造的办公塔楼形象能够激发这种情绪。在那一刻,我比以前任何时候,都为自己是一名建筑师感到自豪。

当我产生这种顿悟的时候,里伯斯金先生完成了他的演讲,走下了舞台,走出了房间。在其他建筑师还没有开始演讲之前,我心中毫无疑问地确信:他会赢。我记不清接下来演讲的人是谁了,但这没有关系。在当时仍然很小的建筑世界里,房间里坐满了名人:坂茂(Shigeru Ban)、班·范·伯克(Ben van Berkel)、诺曼·福斯特(Norman Foster)、彼得·埃森曼(Peter Eisenman)、查尔斯·格瓦斯梅(Charles Gwathmey)、斯蒂文·霍尔(Steven Holl)、格雷格·林恩(Greg Lynn)、理查德·迈耶(Richard Meier)、大卫·罗克韦尔(David Rockwell)、弗雷德里克·施瓦茨(Frederic Schwartz)、拉斐尔·维诺利(Rafael Viñoly)等等。但在那一刻,所有的注意力都集中在了一个人身上。媒体也都跟随着这个不起眼的建筑师。而且,在接下来的几分钟里,建筑作为一种专业被提升到前所未有的声誉水平。

当里伯斯金回到演讲台,他立刻就被新闻媒体围住。在他能反应过来组织好他的语言和思路之前,几十个问题飞了过来。这是一种令人难以置信的骚动。我向大中庭看过去,看到建筑师的妻子妮娜(Nina),自豪地站在那里,但是一个人。当我开始走向她时,我想到几年前我在柏林找工作时和她的电话交谈。她当时的话在我耳旁响起,"我们现在不招人",这段话仍然萦绕在我的脑海中,与此同时我走近她并提出了一个不太有希望的请求:"明天是否有时间可以采访你的丈夫呢?"她看起来感兴趣,并且很快以很商务的口吻回答道:"当然,这是我的名片。请打电话给我,我们可以约时间聊聊。"

第二天,这个建筑师变成了所有新闻的头条。伴随着他的冉冉升起,那一天我跟着里伯斯金在曼哈顿到处转,在他短暂快节奏的会议间隙里,不管在哪里每当他有那么几分钟空闲时间,我都把握住用来对他进行采访。

我们的采访最后在世界金融中心的冬季花园结束了,就在前一天他被新闻媒体围住的地方。那天晚上,是一个私人举办的半决赛项目展会的开幕式,里伯斯金在展会的入口处承担他的职责,很快就在那里形成了崇拜者的长队。

他不知疲倦地一次又一次地解释着他的想法。他与每个人交流只有几秒钟,而我却有一个两面录满的录音带,详细记录着一对一的采访。这次采访发表在纽约每日新闻《新俄罗斯词汇》上,同时也发表在另一个俄罗斯建筑杂志上。

所以,明星建筑现象就出现在那一天。第二天,当我开始对里伯斯金进行采访时,对我自己来说也是一个开始。这件事开启了我对建筑师、艺术家、工程师、历史学家、策展人、评论家、摄影师和开发商的一系列采访,我从那以后一直继续在各种国际出版物上策划和出版这些采访。这种爱好也慢慢成长为专门的职业,并直接导致我撰写的专栏诞生即俄罗斯双月刊建筑杂志《塔特林》(Tatlin)的名人专栏,本书中的许多访谈第一次都发表在那里。

2003年2月27日，比赛结果公布后，丹尼尔·里伯斯金向纽约市长迈克尔·布隆伯格（建筑师右边）、州长乔治·帕塔基（左边）和媒体展示他的设计成果
照片©马里奥·塔玛/盖帝图像公司

不可知论时代的标志性建筑
查尔斯·詹克斯（Charles Jencks）访谈

明星建筑似乎不应当是一本书的严肃主题，是吗？一些历史学家和评论家告诉我，与他们讨论明星建筑不太好，因为他们倾向于用相当负面的眼光去看待明星建筑的出现。事实上，至少是在某些方面，他们自己也为创造明星建筑师现象做出了贡献。但现在，他们宁愿根本不去讨论明星建筑。你为什么认为这是一个如此忌讳的主题呢？

——"明星建筑"是一个居高临下的术语，通常被建筑师们所讨厌。这个词来自全球化和名人文化。解释它需要用到经典的"双重绑定"理论，这在心理学文献中是众所周知的，就是如果你去做了某事，你会遭受责难，但如果你不做，你也一样会被责难。这也就是说，如果建筑师试图成为（或成不了）名人，或者不试图去获得具有声望的工作（因此也就不能获得适当的地位去赢得大型建筑项目，或影响文化），建筑师都会受到咒骂。不管怎样，他们都不喜欢被双重绑定。我理解为什么评论家对明星建筑持消极的态度以及为什么他们不愿和这件事情扯上任何关系。但是这种现代现象是需要被关注的，选择逃避问题对建筑师或者社会不会有任何帮助。

正如奥斯卡·王尔德（Oscar Wilde）所说，"世界上只有一件事情比被人议论更糟糕，那就是没人议论你。"正是"被议论"促成了项目和建筑师的最终目标，促成了建造。处于聚光灯之下这件事情实际上和获得项目非常相关。难道他们不是这样吗？

——当然，正如维特鲁威在他的第二本书的开头，他提到了狄诺克拉底，那个用油涂抹自己身体并用狮子皮搭在左肩上来打动亚历山大大帝的建筑师，这个建筑师后来设计了一座以亚历山大形象为原型的山围绕整个城市来恭维亚历山大。你不可能比这获得更多拟人化和字面意义上的标志性了，而且这个古老的西方传统往往徘徊于周期性爆发的实用主义和抽象主义之间。

为了将公司经营下去，同时还能得到建筑师们所向往的那种有创造力、开放性的项目，因此他们就必须玩这个游戏，这是一个实践真理。但是，你同样也可以将建筑师看作是一个兼职的乌托邦主义者，自从维特鲁威的时代以来，这就是一个理想主义的职业，他们相信通过追求理想，为公众服务，使社会变得更美好。医生可能会宣扬这一点，但他们没有这样的文化任务。建筑师这个职业是一个未来主义的艺术，让世界更美好，为明天而建设。医生则用希波克拉底誓言去保证他们不会让病人的状况变得更糟——这两个职业是不同的。大多数早期和战后的现代主义者——从华莱士·哈里森（Wallace Harrison）和埃罗·沙里宁（Eero Saarinen）到一些当代的建筑师，从大卫·奇普菲尔德（David Chipperfield）到雷姆·库哈斯（Rem Koolhaas）——都是务实的理想主义者。这种理想主义体现在他们的社会化和程式化的作品中，如柯林·罗（Colin Rowe）所说的"善意的建筑"。这种为公众谋福利的传统可以追溯到罗马时代，在当时的一些大城市，也就是现在的利比亚、突尼斯和约旦，地方政府花费35%到

50%的可支配资金用于公众领域,建筑是公众领域的中心。在城市艺术方面的支出自那以后从未达到过相同的水平。因此,罗马和文艺复兴时期的传统将我们与建筑师的乌托邦角色联系了起来,并肩负起创建人类共和国的使命。

因此,建筑师一般鄙视明星建筑,因为明星建筑与服务于公众和致力于改善公共领域没有关系?
——是的,明星建筑更多是标志性的建筑物,为了政府和大公司的荣耀……

而且这些建筑通常甚至都不向公众开放……
——这不仅是一个是否向公众开放的问题,这也体现了私人公司的建设动机,他们并不承担传统建筑中社会的、崇高的或普世的意义。例如约翰·波特曼(John Portman)设计的凯悦连锁酒店有大型的、开放的中庭空间。这些令人印象深刻的公共空间由私人资本控制,意识形态的或政治的示威集会是不能在那里进行的。它们只能在特定的时间,在严格的规定下才能得以使用。建筑师意识到,今天的政府没有钱或渴望去创造真正开放的公共空间,所以他们才去寻找私人客户们。这委托项目的问题就是,建筑师会被迫围绕着企业的故事或者商标去设计一些陈词滥调的东西和标志。因此,诙谐的"哇建筑"最终仍是平庸的。

许多标志性的建筑会引起负面情绪,特别是伴随着当前经济表现不太好……
——超现实主义者的著名口号"让我吃惊",就像对一个喜剧演员说"让我笑"。大多数建筑师不是被训练出来去完成调动人情绪的任务,所以他们是不情愿的。但也许建筑师和公众对明星建筑感到厌烦的最大的原因是,它是对城市文脉环境的破坏,而城市的文脉源于那些在传统社会中出现的城市结构和相互关联的建筑。许多自命不凡的建筑物过于张扬,伦敦的泰晤士河就曾被一个反标志主义的建筑师骂成"图标式海岸……"

我们还处在标志性建筑的时代吗?看来,无论建筑师喜欢与否,对标志性建筑的需求可能还是会延续下去。
——是的,而且这就是双重绑定最恶毒的地方。如果你没有得到那么大的工程,那么你也就不可能拥有这样的机会去释放你的那些创造性的自由。这就是为什么雷姆·库哈斯、丹尼尔·里伯斯金、诺曼·福斯特、理查德·罗杰斯及其他人会在"嫌疑惯犯"名单上,谷歌上可以搜索出30个或更多这样的明星建筑师(事实上是维基百科上的建筑师),他们都还是必须为了得到标志性工程而继续竞争。在谷歌搜索列表之外的人只能通过打入这个充满魅力的圈子来获得大项目——这就意味着要做那些标志性的建筑。除了这个不可抗拒的原因之外还有更多的原因,这个现象肯定会持续下去。

你有一个著名的论断就是1972年,当位于圣路易斯的山崎实(Minori Yamasaki)设计的普鲁伊特-伊戈住宅区被炸毁的那一刻,标志着现代主义建筑的死亡和后现代主义的诞生。明星建筑是一个非常新的现象,现在它还没有被及时地定义。我认为,2002年12月18日,新世界贸易中心建设计划在世界金融中心重建的冬季花园中公布的那一天可以作为一个分水岭。我见证了那天决赛入围团队的演讲，以及他们是如何立即引起了整个世界关注的。你认为弄清楚明星建筑的起源这件事重要吗？

——是的，我想应该是的。如果你说是在 2002 年，当建筑师提出他们对新的世界贸易中心愿景的那个时刻，我认为这个日期选得很好，尽管明星建筑和明星建筑师这些词可能是在几年后才出现的。然而，在这种情况下，历史学家可以向你展示另外的几个关键点除了你提到的这个，因为这种传统是伴随着历史的演进和 20 世纪 60 年代的名人文化一起慢慢形成的。苏联在 20 世纪 70 年代有一系列的标志性建筑，其中一些甚至受到了普世主题的启发。全球化，媒体宣传的影响，与传统限制和宗教的冲突是要考虑的其他因素，正如我 2005 年在《标志性建筑》（The Iconic Building）书中指出的那样。

世贸中心的设计竞赛是一个重要的时刻，它产生了真正新奇的名人事件，如"眼镜之战"，里伯斯金的眼镜击败了维诺利的，至少在媒体上是这么表达的。媒体宣传在今天是如此重要，这也解释了为什么我们不能逃离明星建筑这个问题。因为它渗透了整个行业，伦敦最近有一个叫"理想建造者"的系列栏目，里面有许多对明星建筑师的热门访谈，他们是由 BBC 和英国皇家建筑师协会一起推选的。媒体力量直接推动了标志性建筑。我们的社会需要标志性建筑，他们是后资本主义的自然结果，也是跨国公司争取更大规模项目的手段。令人遗憾的是，我们迫切需要标志性，但却没有去发展有意识的、可讨论的图像学。

查尔斯·詹克斯（Charles Jencks）访谈

你的意思是我们正在经历建筑中图像学的缺失吗？
——绝对是这样的。我们必须更好地了解建筑该如何与这个世界沟通。我对许多标志性建筑的批评是，在我们这个不可知、困惑和多元化的时代，建筑师和他们的客户并不想谈论图像。这在过去通常是一个重要的话题，通常由客户和大众裁决。说得抽象一些，20世纪中期的现代主义导致了对于图像学的缺失，促使美学的和技术的符号占据了主导地位。能够明智地去选择图像和风格样式，是建筑师的创作自由之一。虽然他们需要公开地去讨论这些问题，但他们却经常逃避这些主题。詹姆斯·斯特林（James Stirling）说："如果你和客户谈论风格样式或意义，你就会失去这份工作，因为他们会认为你太主观而且太贵了。"这种避而不谈的沉默最终的结果就是名人的主导地位。一些令人惊讶的新奇的因素取代了探讨和争论。诗意和意义的重要潜台词往往是隐于深处的。这就是为什么我给那本书的完整标题是《标志性建筑——谜的力量》。因为从德·基里科（De Chirico）最初作为艺术策略发展出来的谜一样的能指，在这个不可知论的时代，它已经主宰了建筑行业。当然，我所指的不可知论并不是特指宗教方面的，而是通常指对于思想和情感的不信任，普遍的中立。

建筑中的诗意以及创作过程都在我过去13年里的建筑师访谈中进行过很全面的讨论。令人着迷的是，现在有这么多独特的设计建筑的方式。这就是多样性！也许明星建筑的力量推动年轻建筑师变得更加异想天开了。让他们有了强烈的愿望去创造一个独特的，我们所未见的世界。
正是这种对新生事物的不懈追求，恰好解释了当今原创建筑艺术正在兴起的原因。现在有很多新奇的建筑物正在被建造，而在五年前是不可能的。他们并不被媒体所赞颂，因为在金融危机期间，兴建那样的项目可能被视为不道德的。但我感兴趣并想在这里讨论的是建筑和建筑师在当今社会的地位。卓越的建筑师是会受到媒体、企业、银行、政府等的追捧，你认为建筑师拥有权力吗？

——我记得几年前诺曼·福斯特公开说过这样一句话，"建筑师没有什么权力去做他们想做的事情。"而且同一周雷姆·库哈斯也说了同样的事情，"建筑师拥有的是精神分裂般的权力，因为有时我们有太多，但多数情况我们又只有太少。它来回反复……我们无法单凭自己的意愿去启动建筑的建设并完成它们，所以在这种时候我们就变得无能为力了。"如果这两个世界上最强的建筑师都感到无能为力，更何况其他人呢？

你提到公众对标志性建筑的需求正在上升。作为一个策展人，我肯定希望如此，因为这毫无疑问地会提高公众对建筑的认知和对建筑各种层面上的兴趣——包括文化、历史、技术、美学……我不希望建筑一直作为一种边缘艺术形式而无人问津，因为有很多人对我说："我从不去看建筑展。"这看起来，明星建筑和对标志性建筑的渴望，虽然随着大萧条而减少但其可能是保持建筑不被公众忽视的一种方式。你认为明星建筑会留存下去吗？

——甚至在 2007 年之前，大部分文章和书籍都预测"标志性建筑的终结"。也许当世界贸易中心的设计竞赛没能产生一个令人信服的标志性解决方案时，这种情绪就会聚集起来，随着经济危机的爆发，这种感觉就变得更加强烈了。然而，在艺术和建筑中的图腾依然存在,随着传统的建筑典范的衰落,标志性建筑只会成为新的主导而发展下去。

它是如何发展的呢?有什么非常有说服力的证据吗?
——纵观全球,沿着从中东的石油路线到哈萨克斯坦,从东南亚到中国,然后甚至到保守的伦敦,最负盛名的建筑都是能自我证明的标志。在阿布扎比的数十亿美元的萨迪亚特岛有五个未来的标志性文化中心,分别由来自五个国家的五位明星建筑师设计,他们都是从谷歌名录里被精心挑选出来的:安藤忠雄,盖里,哈迪德,努维尔和 SOM(且不说福斯特设计的主博物馆和维诺利设计的大学)。然后看看伦敦正在建设中的主要的标志性大楼:拉斐尔·维诺利的"芬乔奇街 20 号",理查德·罗杰斯的"利德贺大楼",KPF 的"小尖塔",还有已经竣工的"碎片大厦",是由伦佐·皮亚诺设计命名的。标志性建筑是传统建筑典范的继承者,而且它们不会轻易消失不见——因为资本越来越集中在跨国公司、有钱的政府、主权基金和全球精英的手中。这些跨国公司正在世界各地建造宏伟的建筑,特别是在中国。中央电视台在 2002 年的竞标中明确要求了要建一个标志性建筑,并最后由库哈斯完成。我可以告诉你这个,因为我是评委之一。赫尔佐格与德梅隆也明确把他们设计的"鸟巢"称为是标志性建筑。再看看斯蒂文·霍尔,汤姆·梅恩,沃尔夫·狄·普瑞克斯还有许多其他的建筑师,所有作品都是明确的标志性建筑。

我们生活在建设这种类型建筑的几个伟大时代中的一个时代,最可怕的是,我们当下的这个甚至可能就是最鼎盛那个。西方可能会遭遇经济衰退,但它不会杀死这些类型。十年内,还有更多的项目将投入建设中。如果用专业的方式去解决这个问题,我们可以更好地设计它们,因为我们可以让建筑更具有城市化和标志性的意义。

虽然现在在跨国公司手中集中了更多的资本,但似乎许多年轻建筑师的建筑设计方式已经脱离了将标志性的形象作为一个目标,这显然与经济疲软有关。像格雷格·林恩(Greg Lynn),SHoP事务所的格里格·帕斯卡利(Gregg Pasquarelli),BIG事务所的比亚克·英厄尔斯(Bjarke Ingels)或REX事务所的约书亚·普林斯-拉姆斯(Joshua Prince-Ramus)这样的建筑师,将他们的设计"卖给"客户和公众,作为基于客户期望实现的完美解决方案——壮观的景观、高效的空气循环、改善的工作条件、提高的生产力、更好地利用资源和材料、更有效的沟通等。这些建筑师是反标志性的,他们不谈论意义、象征、隐喻,甚至美学。他们明确地知道客户想听什么。这些年轻一代的建筑师的工具是软件、图表、参数和电子表格。他们从来不会说这个建筑是个什么样子,直到他们与团队中的每个成员讨论之后,并在一个得到认可的特定版本出现之前,通过多种变量参数测试他们的设计,并基于数据涌现出来一个特定的形式。而最后的形式将从很多其他看起来只是略有不同的形式中选出。这些设计方法遵循基于计算或编程的某种公式化的模式来创造建筑,而不是灵感。

我喜欢他们的许多建筑,他们也赢得一个接一个的竞赛,并且都是以一些令人信服的理由,但我不认为他们能够拿出朗香教堂（Ronchamps）或爱因斯坦塔（Einstein Towers）这种设计来。这些杰作是作为艺术和直觉的产物。在我们这个时代，有这样的充满情感的建筑越来越少……妹岛和世的劳力士学习中心是一个罕见的例外。年轻的建筑师们正在寻找每一个曲线和尖角的缘由……他们似乎害怕被指责为"艺术型的"或甚至"浪费的"。只要看看对圣地亚哥·卡拉特拉瓦（Santiago Calatrava）这个很会发挥其艺术家能力的人的猛烈批评就能明白。人们似乎对盖里和哈迪德有更多的宽容，但是，近年来在建筑艺术技巧方面有很多抵制，至少在专业内是这样的。

——当然，这样的反应是可以理解的，因为每一个成功的标志性建筑就会对应 10 个可怕的失败作品。我们应该批判失败的作品，即使它们是由优秀的建筑师设计的，因为它们的数量只会增长。明星建筑可能是不可避免的，但这并不意味着不应该对导致这种情况的纯商业的和物质的方面进行抵制。例如拉斯维加斯的城中城（CityCenter），在那里福斯特、里伯斯金、维诺利、赫尔穆特·扬和西塞·佩里都建造了他们最糟糕的建筑，或者说是他们作品的定型版本。换句话就是陈词滥调或自我抄袭。这个项目是在经济危机的边缘进行开发的，后来破产了。它首先被迪拜救了，然后当危机加剧，他们也破产时，它又被阿布扎比救了出来。讽刺的是，福斯特的哈蒙酒店（Harmon Hotel），由于结构的误算，首先要求降低高度，之后又在开张之前被谴责并要求拆除。正是因为这样的经济灾难、陈词滥调和诙谐评论，他们不喜欢标志性建筑。明星建筑师们都不喜欢谈论他们自己在拉斯维加斯的建筑物。但无论如何，建筑师都需要解决这些问题。如果标志性的建筑在这里继续存在，建筑师就必须面对建筑的公共性，并探讨这些问题。资本的极度集中不会消失，然而奇怪的是，资本集中并不总是产生标志性的独立建筑。例如，由 AECOM 公司设计的多哈新的城市中心的总体规划证明了一种相当普遍的城市结构，它掩饰了资本的集中，是一个好的方案。正如福斯特和库哈斯所呼吁的建筑师是无能为力的一样，他们碰巧在中东地区建造类似的、文脉上的城市设计：在这里，他们不是以标志性建筑进行竞争，而是以结构和机理的解决方案来进行竞争。

因此，相同的外力可以以多种方式发挥作用。但总的来说，资本集中倾向于产生孤立的标志，以及想要彰显其个性建筑的建筑师。在艺术界也是如此。让建筑作为一个人的名片是一个强大的诱惑，强烈到让建筑师们无法抵抗。作为批评家和个人设计师，我们应该抵制和左右这些外力。还要讨论建筑的图像学、风格样式、隐喻、神秘的能指和城市主义，还要对此负责。而且我会说"当然"，因为多年来我一直在探讨这些问题，从 1969 年的《建筑意义》(Meaing in Architecture) 到 2011 年的《后现代建筑的故事》(The story of Post-Modern Architecture)。

有趣的是，行业内最受关注的建筑师和被公众看作是明星建筑师的人不一定相同。例如，在我对建筑师和评论家的采访过程中，库哈斯是被提到最频繁的，但他似乎并没有领衔于明星建筑师的名录。

——这取决于你问的人是谁——是建筑师，还是客户、记者或普通公众。这个涉及全球玩家的名单可能将近一百个名字。

这是谷歌的名单,当世界各地的客户为一个大项目尝试挑选10个领衔的明星建筑师时,例如在香港,通常会使用这份名单。所以,作为一个建筑师,如果你想建造最具创意的大型作品,获得艺术自由,那么你必须在这个名单上。至少每年建筑师被投票时,诺曼·福斯特通常差不多都是这种名单的榜首。

当然这里还有许多其他种类的名单,一些是正面的,一些是负面的,一些是两面都有的。我记得在20世纪70年代初,菲利普·约翰逊(Philip Johnson)被称为"世界上最让你由衷讨厌的建筑师",因为他做的是一种奢华拼接的形式。或者,五年前圣地亚哥·卡拉特拉瓦被一批包括彼得·埃森曼在内的建筑师们所厌恶。在建筑师中,埃森曼备受尊重和敬畏,却不被人喜欢;卒姆托被很多人崇敬,特别是年轻人;史蒂文·霍尔(Steven Holl)很令人钦佩;扎哈因为她的直言不讳既让人喜爱又让人鄙视,并因其任性的建筑而遭人嫉妒。

关注这些专业分歧和情绪是一件很有趣的事情,这些会告诉你很多关于流行的价值观和偏执的重要性。这最终也是弄清标志性建筑物价值的关键。请记住,巴黎和法国最伟大的象征就是埃菲尔铁塔,这在它出现的头20年是被鄙视的。在传统建筑典范衰落之后,关于现代世界中的标志性建筑提出了一个关键问题。如果你的标志性是可预见的、陈词滥调、没有边界,它不会承受任何偏执的价值。那么,问题来了,是否当它变得足够令人讨厌了它也就足够有标志性了呢?

你对所谓的"全球化建筑"有什么看法?它现在正受到评论

家们的挑战,他们试图重新审视地区的根源和文化影响。当然,库哈斯曾表示,在2014年威尼斯双年展上,他将要求建筑师去追根溯源,看看建筑如何从国家和地区转向全球和通用的。这是一个具有讽刺意味的表态,因为他自己也正在世界各地建立标志性和通用性的建筑项目。而且他被许多他之前的同事所追随,从MVRDV的韦尼·马斯(Winy Maas)和约书亚·普林斯-拉姆斯到比亚克·英厄尔斯,奥雷·舍人(Olescheeren),还有许多其他人……但是,我的问题是关于全球化建筑,全球化建筑看起来和标志性建筑一样是不可避免的。

那么这是否应该被抵制呢?这真的是一个消极的趋势吗?建筑现在非常关注先进技术。似乎全球化建筑的唯一替代方案不只是区域化的,而且是更多低技化的,而这完全适得其反。最好西方评论家能到哥伦比亚或非洲这样的地方去一下,去看看在最穷的社区正在给穷人盖的房子,并指出为西方的精英和游客建造的建筑的替代方案,当然,当这样的地方富裕起来的时候他们也将不可避免地想要建立他们在发达国家看到的相同的建筑。扎哈和福斯特已经在哥伦比亚开始设计项目,SHoP事务所在博茨瓦纳有项目。像这种情况还可能出现在其他任何地方。

——库哈斯和任何建筑师一样所做和所说的并不总是一样。他们可能经常不同步,因为他提到:他的想法总会超前于他的实现能力。我记得在2005年与他交谈时,他抱怨说要建造一座标志性建筑是多么困难,多么复杂。他总是问自己,"为什么要做这个?"然后他回答自己,"我不会再做这些了。"我告诉他,他这是反对他自己做的事、走弯路、保持领先、逆潮流、逆向投资、逆势而上。现在,他正在策划双年展,他想重新发掘区域建筑的价值,这些东西他在写《小,中,大,特大》(SMLXL)的时候并不是特别喜欢。正如他著名而又粗鲁地写道:"大就是让文脉去见鬼。"我们重视库哈斯不是因为他的优雅,而是因为他有时能可怕地披露一些不受欢迎的事实(这些事实以强调极端矛盾的方式表达出来)。1994年的时候,他为普通建筑争辩,那让他回归理想主义的年轻时代。

他曾经辩称他的整个工作是"一种在普通和精湛之间的绝望对立。"
——他在普遍性和标志性之间来回徘徊着。但现在他发现了我们到处都有相同的建筑,每个机场和商场都是。同样,建筑师们也都使用着相同的软件程序,他们建造的东西通常也都是由他们具体怎么做的来定义。他现在正在反对否定历史、文化和国家的建筑。他是一个逆向思维的人,就像沃伦·巴菲特对市场下注一样。我们知道一些国家的建筑会是很糟糕的,但在目前的普遍的混乱中,他想在某种程度上去保护它。每个人现在都反对后现代主义,所以他就突然变成了完全的后现代主义者了……他去调查了乡村和景观,如果不总是一致的,他总是很感兴趣。但是只要保持创造力,就让他自由地寻找建筑的多重意义。

每个人都在为他的追求鼓掌……我们似乎都同意现在是重新审视建筑中独特的区域品质的时候了。
——没错,他在引领时代精神方面很有一手。他正在处理的其他主题是建筑的基本要素：阳台、顶棚、门、楼梯、窗户……所有这些分类都会有。这就是他作为一个设计师自己所做的事情，因为他让系统互相对抗。当他试图找到一个新的可以采用的通用方式，他会要求所有其他人去寻找其中的根源，并检验其中的地域个性特征。毫无疑问，他策划的双年展将会是非常有趣的、丰富的和疯狂的。在我们一直在讨论的所有标志性建筑师中，他以一种最挑衅的方式用逻辑和思想来探索艺术语言，并拷问文化。在这方面他的工作可以说是典范，类似于勒·柯布西耶和吉姆·斯特林。我唯一感到遗憾的是，他不画画和做雕塑，也不承担发展他的图像学的责任，不过，没有哪个建筑师是完美的。

伦敦：2013 年 3 月

查尔斯·詹克斯（Charles Jencks）访谈

自然和宇宙的隐喻构成了当代建筑的一些潜在象征。
上两行：勒·柯布西耶，朗香教堂；弗兰克·盖里，毕尔巴鄂博物馆；
中间两行：盖里，迪士尼音乐厅；恩里克·米拉列斯，苏格兰议会大厦；诺曼·福斯特，瑞士再保险大厦；雷姆·库哈斯，波尔图音乐厅；
下面两行：库哈斯，CCTV大楼；蓝天组事务所，宝马世界；诺曼·福斯特，扎耶德国家博物馆；赫尔佐格与德梅隆，北京奥运会国家体育场；
根据查尔斯·詹克斯的隐喻分析由玛德隆·弗里森多普绘制
图片由查尔斯·詹克斯提供

弗兰克·盖里：玛吉中心，苏格兰邓迪，2003 年
玛吉中心是英国癌症护理网络的中心，由盖里、扎哈、黑川纪章和罗杰斯等明星建筑师设计。这是一家慈善机构，这个中心是查尔斯·詹克斯和他的已故妻子玛吉·凯斯克·詹克斯（在 1995 年死于癌症）共同创立的。玛吉相信建筑物能让人得到提升。每个中心都有两面性，其是一个具有与很多普通友好元素相反主题的小型标志性建筑
图片承蒙查尔斯·詹克斯惠允

查尔斯·詹克斯（Charles Jencks）访谈

扎哈·哈迪德建筑师事务所与胡安·曼努埃尔·佩拉埃斯建筑师事务所：哥伦比亚波哥大国际会议中心
图片承蒙胡安·曼努埃尔·佩拉埃斯建筑师事务所惠允

赫尔佐格与德梅隆：国家体育场"鸟巢"，2008年奥运会主场馆，中国北京
照片 © 伊万·巴恩

查尔斯·詹克斯(Charles Jencks)访谈

标志性建筑,拼贴画
图片承蒙大都会建筑事务所惠允

查尔斯·詹克斯（Charles Jencks）访谈

图标式的海岸中的标志性建筑群和伦敦的天际线：
小尖塔（KPF建筑事务所，建造中），瑞士再保险公司大楼（诺曼·福斯特，2004年），碎片大厦（理查德·罗杰斯，2013年）和芬乔奇街20号（拉斐尔·维诺利，2013年）
图片承蒙KPF建筑事务所惠允

让·努韦尔：萨迪亚特岛，阿布扎比，阿联酋
图片承蒙让·努韦尔建筑师事务所惠允

查尔斯·詹克斯（Charles Jencks）访谈

查尔斯·詹克斯，博士（出生于1939年，巴尔的摩，美国马里兰州），是有关伦敦和苏格兰区域建筑的建筑理论家，评论家和景观设计师。他撰写的书籍包括《后现代主义的故事：五个十年的讽刺》，《建筑中的标志性和批判性》（约翰·威立出版社，2011）；《关于希望的建筑——玛吉的癌症关爱中心》（弗朗西斯·林肯出版社，2010）；《标志性建筑——谜的力量》（弗朗西斯·林肯出版社，2005）；《后现代建筑语言》（里佐利出版社，1977，1978，1980，1984，1988，1991，2002）；《走向象征性建筑》（里佐利出版社，1985）。

声誉、美、奇观以及当今的建筑师角色
肯尼思·弗兰姆普敦（Kenneth Frampton）访谈

你如何看待建筑历史当前的这一时刻？

——这是一个非常艰难的时刻。建筑不再是社会性工程，这种失效给建筑师带来的难题就是：谁是客户？建筑产品在社会层面的作用是什么？当然，我们不能忘了依赖过剩经济而出现的明星建筑新现象，而过剩经济现在不存在了。当前时代的其他特征是品牌化、全球化、媒体和数字技术的兴起以及居伊·德波（Guy Debord）所谓的"景观社会"（society of spectacle），这些都对建筑产生了相当肤浅的影响。

另一方面，还存在一个悖论，因为如果你仔细观察世界各地的杂志和互联网，你估计会看到当今比以往任何时候都要多的有品质的建筑案例。当然，今天建造的建筑比历史上任何时候都要多。看一看澳大利亚、日本、中国、大多数欧洲国家、北美洲、拉丁美洲，那里有非常广泛的建筑文化和许多精致的作品，而且还是很高的水平。然而，你也会看到非常过分的奇观建筑，如弗兰克·盖里的作品，雷姆·库哈斯设计的北京央视大楼或者赫尔佐格与德梅隆设计的北京国家体育场"鸟巢"。这些作品是完全缺乏职业道德的，粗鲁的和非常令人失望的。

你认为"社会议程"（social agenda）在今天的建筑中仍扮演重要角色吗？

——嗯，因国家而异。例如，在斯堪的纳维亚半岛或法国存在一种非常复杂的社会住房文化，西班牙在某种程度上也是如此。当然，美国也有一个重要时期，即1929年华尔街崩溃几年后的新政期间，农业部启动了一项名为"绿带安置城"的公共住房计划。那些项目多数是真正的成就，但1949年政府开始出售它们，多数房子被他们的租户购买了。从那时起，美国真正的社会住房在规模上一直很小。

建筑师应该广泛参与像住宅、图书馆、学校等社会性项目吗？

——当然。这些应该是建筑师基本的关注对象。我们可以换一种问法，建筑师还应该关心什么吗？什么已经成为建筑师关心的对象？在某种程度上，这些问题都始于17世纪中叶的法国。法国皇家建筑学会的目标是培训建筑师建造国家建筑，另外所有其余的建筑都是由建筑商建造的。因此，建筑的角色过去就是服务和代表法国的公共机构。我认为这仍然应该是当今建筑的主要角色。尽管我们生活在一个资本主义狂欢的世界，或者说主要客户是开发商的地方都是狂欢的世界。显然这些客户盖房子的目的主要是为了获利。事实上，如果大多数开发商可以通过其他事情赚钱，那么他们就会选择去做其他的事情。他们对建筑并不感兴趣，当然也有例外。

还有声誉这件事，有什么比拥有一块标志性的房地产更具吸引力的？

——但是纯粹的利润对大多数人来说比声誉更具吸引力。我对除了利润之外的其他事情也感兴趣。当你观察一个地方例如从第二次世界大战结束到现在的曼哈顿,通过仔细观察这个岛你能看到什么?矗立在那的数百座建筑大多数都是由开发商建造的,而且大多数都是非常糟糕的,没有任何文化价值。

纽约仍然是世界上最令人兴奋的城市,建筑与这一事实无关是吗?
——与其他事情有关。我认为纽约历史上的精彩一刻就是其现代意义上的形象被建筑师们创造出来的那个时刻。我在想装饰艺术时期以及一些标志性的摩天大楼如帝国大厦、克莱斯勒大厦,和许多小一点的建筑,所有这些建筑都是由私人开发商建造的。然而有一个文化项目是现代的,它不是欧洲前卫意义上的现代,但它仍然是一种意识形态上执着的现代概念。洛克菲勒中心依然是一个绝对令人惊讶的微观都市主义作品,除了没人住在里面,它可以与巴黎皇家宫殿相提并论。就其与人和城市的关系而言,我认为它是20世纪最伟大、最引人瞩目的都市主义作品。这是一个真正的文化项目,是现代理念的体现。但是战争结束后,再也没有能与之可以相提并论的建筑。开发商根本不考虑任何文化项目。

难道你不觉得我们很幸运,近年来纽约市有这么多新博物馆都是建筑瑰宝吗?约翰·厄普代克(John Updike)将艺术博物馆比作现代教堂。
——我很开心你把博物馆引入我们的对话。是的,我们这个时代的公共博物馆正像中世纪的宗教建筑。显而易见,像大都会艺术博物馆或者现代艺术博物馆这样的博物馆都是基本的公共和文化机构，优秀的建筑从它们的名字中也能呈现出来。这些博物馆是纽约成为世界上最令人激动的城市的重要组成部分。

确实，大多数博物馆真正吸引公众的是艺术、食品、音乐和其他兴趣，所有这些内容都排在建筑之前，即使是路易斯·康设计的沃思堡金贝尔博物馆这样宏伟的地方，建筑也基本上没有引起注意。也许这就是建筑师争取奇观景象的关键原因。从这个意义上说，毕尔巴鄂的古根海姆博物馆至少在吸引公众眼球这个层面上取得了巨大的成功，这本身就是一项成就。
——沃尔特·本杰明（Walter Benjamin）有一句精彩的格言："通常，人们是在消遣时才来鉴赏和评价建筑。"这是事实，在教育公众关心环境文化包括建筑这方面，我认为至少美国没有努力过。今天的美国高中也没有环境文化课程，它一点也不重要。事实上，从权力的角度来看，最好让人们处于无知状态，因为晚期资本主义并不愿意受到来自环境立场的限制。虽然现在我们已经从建筑转向可持续发展、全球变暖……但我不认为可以将建筑从这些问题中分离出来。

让我们回到明星建筑师。彼得·埃森曼关注建筑的内在性，并从其他学科带来思想，他的工作是激进的和不断受争议的。像扎哈·哈迪德这样的艺术家，她尝试流动的、液体状的形式，而弗兰克·盖里正在将建筑转化为奇观，两者都对公众有强烈的吸引力。然后还有伦佐·皮亚诺，他可能是当今最全面的建筑师。他在创造美丽而愉悦的空间、形式、材料和细节方面是一个真正的艺术大师。

——（在我说话的时候，弗兰姆普敦写下了我提到的四个名字，一个接一个地划掉了埃森曼、哈迪德和盖里的名字，在皮亚诺的名字下面画线。）好吧，在这四个人中，最让我感兴趣的是伦佐·皮亚诺。我写了一本名为《建构文化研究》的书，皮亚诺出现在书中，而且我以相当积极的方式多次写到他的作品。他比诺曼·福斯特和理查德·罗杰斯更让我印象深刻。他们都可以被轻率地归类为高技派建筑师，但皮亚诺的表现范围远远大于其他两个。他将不同气候和不同景观建立联系的能力比其他两个走得更前。我想到了两个项目：意大利巴里的圣尼古拉体育场和新喀里多尼亚的吉巴欧文化中心。

你喜欢这些建筑的原因是什么？

——皮亚诺在新喀里多尼亚的建筑非常吸引人，正是因为它的理性而非纪念性，参考卡纳克人本土棚屋进行的设计，被称为容器（在法语中指的是棚屋），这些容器包含了公共元素，如舞蹈教室、展览空间、多媒体图书馆、自助餐厅、会议和演讲厅等，都被集成进了文化中心其他部分的低层连续矩阵中。这个项目令人印象非常深刻，恰恰就是因为它与当地文化、景观、植被等建立了联系。可以容纳6万人的圣尼古拉体育场与赫尔佐格与德梅隆设计北京的"鸟巢"形成鲜明对比，因为皮亚诺设计的结构是清晰明确的并且没有浪费材料。这座建筑与景观完美地联系在一起，因为这些狭缝将建筑物切开，延伸进入景观并且景观护坡升起就形成了环绕体育场的停车场。有趣的是，在6万人的看台中，有2万人的看台是建在下挖工程中,4万人的看台是在独立的上层,并被分解成他所谓的"花瓣",出于安全考虑每个花瓣容纳2500人,再加上顶部的遮阳屋顶构成了一个非常精彩的项目。埃森曼、哈迪德或者盖里的建筑作品无法达到这种作品的水平。但是,当然,项目的目标和意图是非常不同的。这就是为什么我认为将皮亚诺与福斯特、罗杰斯和其他高技派建筑师进行比较更为合理。

你认为其他哪些建筑师值得作为一个好的例子来谈论?
——我最感兴趣的建筑师是葡萄牙的阿尔瓦罗·西扎(Alvaro Siza),意大利的维托利奥·格里高蒂(Vittorio Gregotti),墨西哥的里卡多·莱戈瑞塔(Ricardo Legorreta),巴西的保罗·门德斯·达·洛查(Paulo Mendes da Rocha),日本的安藤忠雄(Tadao Ando),挪威的斯维勒·费恩(Sverre Fehn)以及今年加拿大的约翰·帕特考和帕特丽夏·帕特考(John and Patricia Patkau)……这是一个很长的清单。当你看到比一颗星更大的画面时,你会发现那里有许多非常有才华的人。

你似乎对明星建筑师并不感兴趣。
——是的,我不感兴趣。

他们为什么能成为明星?
——好吧,宣传机器在某种程度上起了作用。我承认,就哈迪德和盖里而言,他们的声誉取决于形象。放弃形象在建筑工作中的作用是愚蠢的,但我对哈迪德、盖里、库哈斯、赫尔佐格与德梅隆以及其他一些建筑师的保留意见是他们的工

伦佐·皮亚诺：圣尼古拉体育场，巴里，意大利，1990 年
照片 © 贝伦戈·盖丁·詹尼

肯尼思·弗兰姆普敦（Kenneth Frampton）访谈

作已经缩减为一个形象。这些作品几乎没有别的东西。例如，如果你想到盖里毕尔巴鄂的室内设计——画廊的比例很差，丑陋的空间……那座建筑的所有空间都毫无价值。他在洛杉矶的沃尔特迪士尼音乐厅，除主礼堂外，也可以这么说。如果你将迪士尼音乐厅与汉斯·夏隆的柏林爱乐厅进行比较（这种比较不是无理的），夏隆在平衡音乐厅堂的公共空间与音乐厅堂本身方面水平要高得多。

埃森曼曾告诉观众，他希望建造一座壮观的建筑物，它将吸引人们的注意力，就像飞机在人群中低空飞行一样，每个人都会抬头看。盖里的毕尔巴鄂就是这样，人们非常喜欢这样的建筑物。

——人们被奇观所吸引。"景观社会"一词被发明出来并非没有理由。我们被形象淹没了，我们的社会不断地被形象严重过度刺激。形象因此而具有不正当的重要性。数字技术的负面影响之一（当然也有许多正面影响），是推动了这种无始无终形象的制造。这也仅仅是一种壮观的参数几何，没什么别的。如果作品没有足够的复杂性和品质，除了吸引人的形象之外没有任何价值，那么它根本就不够好。盖里的问题在于他不够好到能成为一名建筑师。他是一位令人惊叹的艺术家，他认为他的作品是巨大的雕塑作品。

但是，据说盖里的毕尔巴鄂令菲利普·约翰逊惊呼。
——菲利普·约翰逊非常浪漫，在这种情况下，他的意见可以被忽略。

肯尼思·弗兰姆普敦（Kenneth Frampton）访谈　53

密斯曾经说过，发明形式不是建筑师的任务。你同意吗？
——是的，当然，这是一句格言。西扎还有另一句非常美丽的格言："建筑师不发明东西，建筑师只是转化现实。"这是一个非常不同的道德立场。如果你想到他在巴西的伊博尔卡马戈基金会项目，有一个非常突出的形象，但它不仅仅是一个形象。这种建筑的内部组织与其外部形象一样重要，并且也与其场地有关。这就是问题所在。

你总提到阿尔瓦罗·西扎，为什么他的作品对你这么有吸引力？
——这是一个很好的问题。西扎作品最强的方面之一是与城市文脉或景观之间建立非常紧密的关系，这种关系在阿尔瓦·阿尔托的作品中也存在。他的许多项目都强调地形和／或者城市的特征。埃森曼、盖里、哈迪德、库哈斯、赫尔佐格与德梅隆的工作并非如此。他们的不同之处在于创造具有独立审美事物的理想与创造深刻融入土地的建筑理想之间的差异。

你能讲讲在圣地亚哥德孔波斯特拉的埃森曼设计的加利西亚城市文化中心吗？
——可以，我知道这里有一个悖论。事实上，在最新版本的《现代建筑：一部批判的历史》的最后一章，我引用了埃森曼的欧洲被害犹太人纪念碑作为一个建筑地形化的典型例子。

我认为他意识到他最近的许多项目需要与景观融为一体，很多建筑师最近也这样。也许，它与绿色建筑的流行有关。
——建筑可以更多从景观中学习，而不是景观必须从建筑中学习。通过融入景观,建筑有了一种更广泛的环境倾向。维托利奥·格里高蒂(Vittorio Gregotti)有一句有趣的话:"建筑不是开始于原始艺术,而是通过刻画大地在混沌之地建立秩序。"所以我们可以说从原始人的角度来看,自然是混乱,聚居与游牧部落相反,是一种秩序的最初创造,从微观层面而言就是建造建筑并将其与景观联系在一起。

你认为建筑表达意义或者呈现某些事物重要吗?
——重要,我们刚刚谈到了微观层面。创造新的小世界必须涉及价值问题。这些价值问题可以通过不同的方式和不同的尺度呈现,并且这些价值的呈现确实涉及表现。在建筑中,既有陈述也有表现。对于奇观建筑,我所反对的是它纯粹是建筑的表皮,其来源于视觉形象或视觉表达。但是在里面,你常常无法获得任何东西。当然,你可以有一个基本的功能,但那不是建筑文化。

在柏林有两个具有截然不同观点的例子:里伯斯金的犹太博物馆和埃森曼的欧洲被害犹太人纪念碑。前者以象征性的、空间化的和图示化的方式试图讲述犹太人的悲惨故事,而后者是否认任何一种表现形式的想法。事实上,当你参观纪念馆时,令人惊讶的是,当一些游客经历悲伤和恐怖的时候,而其他人感到非常高兴,因为这个地方并没有绑定单一的联想。它既忧郁又好玩,既有悲伤也有笑声。只有当你进入地下馆时,你才会面对德意志第三帝国战争罪的非常具体的表现。在那个房间里几乎不可能不流泪。然而,不是建筑促使你这样做,而是那些令人心碎的受害者日记的片段以及对所有恐怖事件的详细描述……

——是的，我赞同。一位作家阿瑟·科恩使用了"畏惧"（tremendum）这个术语来形容大屠杀。针对犹太人的种族灭绝的规模前所未有以至于无法表现。里伯斯金作品的问题在于，从符号的角度来看，并没有真正有效地使用抽象形式，这就是区别。在埃森曼的作品中，仅仅通过看一眼，就能将他的表达与墓地联想在一起。人们可以做任何他们喜欢的事情，我认为这很好，但埃森曼作品的谜语特质与大规模杀戮的事实有关。这两个项目的目标是截然不同的，但我会说里伯斯金的工作有一种多愁善感，这在埃森曼的项目中是不存在的。

菲利普·约翰逊曾经评述如果建筑可以引发惊奇，给人们带来快乐，令他们振作，甚至让他们流泪，那么这就是好的建筑，如何实现这一点是无关紧要的。你同意吗？

——不，简单说，不同意。我认为如何建成一个建筑是非常重要。他这种想法是玩世不恭和浪漫主义的折中，非常典型的约翰逊风格。令人惊讶和愉悦是两件截然不同的事情。你获得快乐的尺度可能是非常小和适度的，它不需要特殊或过度。毕竟，一个好房子可能并不令人惊讶，但它可以带来很多乐趣。

建筑师应该关注像美这样的观念吗？

——是。那么，美当然是建筑师总是避免的一个术语。但是你知道，前几天，在麦迪逊广场公园的树下散步时，我突然悟到勒·柯布西耶"光辉城市"的设计是一个美妙的想法。

但我们从来不会设法建成，在苏联、中国、巴西、美国都不会。这种现代性的愿景是美好的！马赛公寓在某种程度上向这个方向走近，当然，规模和关系上并没有达到。所有所谓失败的集群住宅都远不及马赛公寓的品质。"光辉城市"的想法从未实现过……

为什么你想让它实现？
——我确实有理由。最后，虽然我拥有这套公寓（我们在弗兰姆普敦的家中谈话），虽然我拥有财产，但我并不真正相信个体所有制，我认为是一个陷阱。我认为没有这些财产，人类会好得多。

为什么你认为集群住宅的想法仍有潜力，而山崎实在圣路易斯恶名远扬的帕鲁伊特伊戈住宅项目的失败如此引人注目并且被炸掉？
——那只是一个很糟糕的项目。

这个项目是由一位优秀的建筑师设计的，并获得了许多著名的奖项。
——获得奖项有各种原因，那个项目从一开始就注定要失败。我并不是说"光辉城市"是唯一的解决方案，但那是一个很棒的想法。

那些项目的非人性尺度和疯狂密度怎么样？为什么"光辉城市"是美丽的？为什么你自己的房子被成千上万的陌生人包围是一件好事？电梯被用作公共交通，你甚至不记得与你住在同一楼层的人……
——当然会不记得，虽然我住的公寓只有 50 套，但我也依然不能记得公寓里的人。但为什么这很重要？我认为匿名不是问题。我走在街上，我不认识任何人。

你是否同意我们所居住的建筑物影响我们的社交方式以及最终的生活品质？
——当然会。但我认为尺度不是问题。问题是我们大多数人从未生活在一个有品质的现代建筑中。我从来没有在一个有品质的现代建筑中生活过。我认识的大多数人也从未生活在一个有品质的现代建筑中。如果你想到现代运动所承诺的那些事物，我们从未触及。

　　我想到勒·柯布西耶设计的另一栋建筑日内瓦的光明住宅。世界上很少有现代公寓具有该建筑的品质。当然，我意识到"光辉城市"不能简化为形象或公寓布局之类的内容，还有关于建筑物与街道之间关系的问题等等。我并不是说这是唯一的解决方案，但是你问我关于美的概念，这让我想起了"光辉城市"的愿景，令人惊叹……

纽约：2009 年 7 月

帕特考建筑师事务所，图拉住宅，瓜达拉岛，英属哥伦比亚，加拿大，2012年
照片 ©詹姆斯·陶氏

伦佐·皮亚诺：让·玛丽·吉巴欧文化中心，努美阿，新喀里多尼亚，1998年
照片 © 伦佐·皮亚诺建筑工作室

丹尼尔里伯斯金：犹太人博物馆，柏林，德国，1999年
照片 © 京特·施耐德

肯尼思·弗兰姆普敦（Kenneth Frampton）访谈

肯尼思·弗兰姆普敦，博士（出生于1930年，英国沃金），是立足纽约的评论家、历史学家，以及哥伦比亚大学建筑、规划与保护研究生院的建筑学教授。他的著作包括《现代建筑：一部批判的历史》（泰晤士与赫德森出版社，1980、1985、1992、2007）；《劳作、工作和建筑》（费顿出版社，2002年）；《建构文化研究》（麻省理工学院出版社，1995，2001）；论文《迈向批判的地区主义》（1983）等。

Photo © Kenneth Frampton

追踪建筑师——关于访谈的个人解释
弗拉基米尔·贝罗戈洛夫斯基

1.
  浪漫的战时电影《卡萨布兰卡》的最后一幕中,具有超凡魅力的雷诺队长说道"把嫌疑惯犯包围起来!"这也是我汇编明星建筑师们的访谈所采取的明确策略。有许多方法可以对他们进行分类:比如普利兹克和斯特林奖获得者,或者谁赢得了美国建筑师协会和英国皇家建筑师协会的金质奖章,或者谁在谷歌上获得的点击量最多,又或者在国际比赛中获胜的比例最高,等等。

  就我而言,事实是一开始从来没有打算编辑这样一本书,开始后也没有急于求成。自2002年以来我与100多位建筑师面谈,这旨在满足我自己的好奇心。对我来说,这是从那些我真心钦佩的建筑师们的工作中获得独特理解的一种方式。

  这既是一种教育,也是一种进入那些追求大胆梦想的个人世界的方式。早期我在学生时代缺乏光彩,我需要活跃自己职业生涯中的乏味状态。采访在某种程度上是治疗性的,并最终成为我无法放弃的东西。当我为这本书挑选采访内容的时候,我选择了最有意义和最难忘的,以及那些能代表地理上最广范围的人物。这就是为什么并非所有"嫌疑人"都能达到标准,而一些不太知名的却可以。

  与威尔·艾尔索普、彼得·埃森曼、理查德·迈耶、罗伯特·斯特恩和拉斐尔·维诺利的访谈是与他们进行了多次对话的汇总。大多数访谈都是在纽约,并且在舒适的环境中,包括建筑师办公室、公寓、餐厅、酒店休息室,并且有一些是在这些建筑师到访纽约做讲座的前后。

一些采访计划是我偶然在街上、博物馆、书店以及有一次在地铁站台上无意间遇到建筑师之后制定的。在我的策展项目工作期间,我还会前往北美洲、南美洲、欧洲、亚洲和澳大利亚等国家的城市。大多数早期的采访都是自发安排的,并且是我在曼哈顿的各种建筑事务所工作的期间,利用午休时间进行的。其他的采访则是持续数个小时,而且在这之前要通过冗长的通信来预约安排。

我曾耐心地与诺曼·福斯特的营销人员谈了将近五年才最终赢得了他们的信任。能够与传奇的英国大师在其令人印象深刻的泰晤士总部会面是相当值得的。尽管建筑师的工作时间非常繁忙,但他确保我有机会问为他准备的每一个问题。福斯特的访谈过程被两次会议打断,其中一次与达索猎鹰喷气公司高管的会,福斯特及其合伙人事务所正在为其设计一支由 25 架世界上最先进的公务机组成的机群,另一个会议是纽约公共图书馆改造项目,该项目现已搁置。当他一小时后回来时,他坐下来并且继续之前的话题,而不必我提醒他我们在哪打断的。不幸的是,我的很多疑问都集中在福斯特的俄罗斯项目上,这些项目都没有最终实现,所以我没有将它们写入本书中。

这次访谈是我在纽约和伦敦进行的 12 个访谈中的一个,访谈的这些美国和英国建筑师在莫斯科和圣彼得堡与我一同为 2008 年威尼斯建筑双年展俄罗斯馆展览和目录编排进行合作。展馆策展人、建筑评论家格里戈里·列夫津(Grigory

Revzin）邀请我承担这个项目，因为多年来我的访谈和文章为俄罗斯观众介绍了许多国际建筑师。事实上，其中一些建筑师的名字通过我的文章中第一次出现在西里尔语中。当我失去了在纽约的建筑师工作而双年展还在威尼斯进行的时候，列夫津的邀请就派上了用场！

当时，我正在为雷曼兄弟的公司进行室内设计工作，这家投资巨头在当年 9 月的全球金融危机中遭遇了惊人的破产。当我的专业世界崩溃时，我的爱好正好获得了推动。在一些人可能认为这个开拓与建筑有关的非普通业务最糟糕的时刻，我创办了我的公司"洲际策展计划"。它的重点是策划和设计全球范围内的建筑展览。很快，在很多展览、出版物和讲座上都出现了我的工作，顾名思义，这些工作已经融入不同大陆的建筑潮流中去了。

2.

最令人难忘的访谈之一是罗伯特·文丘里和丹妮丝·斯科特·布朗。当我询问关于路易斯·康及其对文丘里的影响时，他看穿了我，经过长时间不动的停顿后回答说："你为什么不问我对路易斯·康的影响？"我照做了，访谈进行得很顺利。

在本书的前言中提到的对丹尼尔·里伯斯金的采访对我很重要，因为那是我的第一次采访。但是，因为访谈的重点主要集中新世界贸易中心项目的细节，该项目也没有按预期实现，为了这本书我选择了十年之后在他的纽约办公室进行一次新的访谈。那场快节奏的访谈刚好在"9·11"事件 10 周年纪念周期间，夹在 BBC 和《明镜周刊》对他的采访之间进行。

我曾见过扎哈·哈迪德多次，但我们从来没有坐下来进行一场面对面的长谈。我们的采访安排和取消次数太多,都无法记清。我们最终同意采用一系列问答电子邮件,这些内容与其他面对面的访谈一起汇总在书中。不过,我找到了解真正扎哈的一个有效方法,就是 2006 年在曼哈顿 SoHo 区的梅瑟酒店采访她的搭档帕特里克·舒马赫。

而扎哈正在我们旁边的餐桌与当地的客户会面。当我和帕特里克交谈时,我把一只耳朵留给这个非常个人的、荧屏之后的哈迪德。她的客户是一对已婚夫妇,但她完全掌控了整个局势。从另一方面而言,这对夫妇看起来更像是建筑系学生在进行第一年的设计评图,而不是两位成功的中年人,因为他们一点也没有表现出对自己愿望的信心。

哈迪德把他们未来的房子构想成一朵花的形状。当她的丈夫无法抗拒恭维明星建筑师的冲动时,那个妻子看起来特别困惑。与此同时,我忍不住笑了起来,因为妻子一直在插话表示对更实际问题的担忧。"哪一个'花瓣'将成为我们的卧室,哪一个是为客人准备的?"她踌躇着问道。

哈迪德不打算进入这样的细节,尤其是在那场博弈的早期阶段,她并没有觉得有趣。但妻子继续施压,她在手提包寻找一张草图。"我们有一些想法,这儿我们想……"哈迪德推开桌子,沉默,似乎她对委托完全失去了兴趣。她盯着这对夫妇,两人同时被解雇了。

"我不这样做!"那位妻子的草图并没能拿出来,"好吧,我们喜欢房子是一朵花,"丈夫圆场,拼命想避免失去建筑师。"顺便说一句,你目前的展览真是太棒了!"他补充的这句是指在古根海姆展出的扎哈纪念回顾展,庆祝 30 年的实践,虽然仍然只有几个已经实现的项目。这是一个聪明的举动,很有效。哈迪德微微一笑,从那一刻起,她就是唯一说话的人,关于形式的流动性,穿过"花"的乐趣等等。

关于哈迪德的故事有很多,但最终,她的作品胜过她的传奇故事,特别是2013年她在阿塞拜疆巴库的盖达尔·阿里耶夫中心,这是我见过的最令人感动的项目之一。它的可塑性和拒绝屈服于任何传统惯例的表现令我惊讶,你无法区分任何熟悉的建筑元素:台阶、扶手、柱子、门、窗户、外墙、屋顶,这些都不是。它们都变异成一个连续不断、延绵起伏的表面。无论材料是什么——液态石材、混凝土、金属板、石膏、胶合板——形状弯曲并融合在一起溶解成一个单一的网格白色表面。该中心是一个抽象的景观,完全脱离城市环境。它周围的空间提供了宽阔的无树草地和步行车行路径,看似有一个目的:从各种设定环境来欣赏建筑物。在这里导航可与计算机渲染的飞跃穿行相媲美,很少有建筑环境提供类似的体验。我能想到的一个项目是尼迈耶在圣保罗的拉丁美洲纪念馆,其雕塑型的建筑和结构被组合在一个平坦、开阔的田野中,由一条通道切开,并由一个S形桥连接。另一个是赖特设计的纽约古根海姆圆形大厅的螺旋形内部。

然而,巴库中心的宏大规模以及与其场地的无缝融合使得体验更加超现实。在旅行期间,我的导游告诉我当地传言该建筑是受阿利耶夫总统签名形式启发。对此我只能说,如果哈迪德确实遵循任何签名,显然是她自己的,并且是以最不妥协的方式。在经历了如此极具雕塑感的外观之后,内部仍然令人失望。在内部,人们可以遇到所有的传统的建筑特征,而这些恰恰是建筑师在外立面上极力避免的。这种二元性突出了这样一个事实:与现代主义建筑不同,当代建筑不再被视为一个整体。相反，它们被分成两个彼此独立的内容：室内和外立面，两者之间是封闭起来的结构。再也不清晰地展示建筑物是如何组合在一起的。表皮已变成建筑，一个在外面，另一个在内部。

弗兰克·盖里是所有明星建筑师中的明星建筑师。即使我没有采访他的特殊待遇，我也不能不提及他的工作。在我们确实进行的两次简短的谈话期间，盖里一直在问我为什么要采访他，半开玩笑地说，他没有什么新东西可以告诉我。我意识到，实际上我只想跟他说话，因为他是世界上最著名的建筑师。他是对的，我想他怎么可能对我说新的呢？他的作品比起今天任何其他建筑师的作品不需要更多的解释。艺术怎么能被解释呢？他是建筑创作的终极艺术家。

不过，我喜欢汉诺·劳特贝格（Hanno Rauterberg）采访他时他所说的话："我从画家那里学到的东西比从雕塑家那里学到的东西更多。我真的很喜欢绘画性、柔软、深沉的表面。当然，在建筑方面，这种事情很难实现，你不能简单地让它模糊，它总是有形的和表面的。但有时它确实能实现，我就是设法用反光和哑光材料获得这样的效果……我真的很喜欢飞机和游艇，以及任何承诺运动和改变的东西。我只是喜欢升空。"

建筑师的话引起了我的共鸣，我回想起盖里的毕尔巴鄂博物馆开馆那一年我去参观时目睹的一个奇特场景。一辆汽车停在建筑前，两名老人走出来。他们静静地站了几分钟，观察着结构，然后用手杖指着各种钛复合板曲线和倾斜，爆发出热烈的讨论。这是建筑新时代的开始，关于毕尔巴鄂效应的讨论很多。很少有现代建筑成功地引起人们的注意，而且令人鼓舞的是，就像古希腊神庙和哥特式大教堂一样，它们自然会引起人们对它们美感的关注，现代建筑也应如此。最近这种情况发生得更加可预测。

圣地亚哥·卡拉特拉瓦是另一位在建筑中直接应对"升空"这个概念的建筑师，他的雕塑般的建筑有时会唤起鸟儿优雅飞行的想象。如果哈迪德痴迷于塑造建筑物的外壳和盖里的欣喜于建筑的皮肤，那么卡拉特拉瓦就会以最精致的方式表达他们的骨头。他丰富的作品似乎比今天任何其他建筑师的作品更加倾向于激发公众并惹恼评论家。我认为这是因为建筑批评已经对明星建筑不再抱有幻想，因此也不将建筑师看成"创造性的天才"。

最近的经济危机迫使建筑评论家和策展人鼓励支持具有可持续性和经济意义的项目。但是，如果缺少有意义、有活力的形式和表皮，那些项目就不具备非常吸引人的品质。感谢历史上许多伟大的建筑师和我们时代像卡拉特拉瓦这样的明星建筑师，让我们知道建筑能够做得更多。对建筑奇观的渴望并没有什么不妥，至少偶尔会有一次。

我记得在大都会艺术博物馆举办的2005年雕塑建筑展开幕式上卡拉特拉瓦富有诗意和隐喻性的演讲令我着迷。在他的动态雕塑、关于人物和公牛的水彩画的围绕下，能看到建筑如何从艺术中发展出来是非常令人着迷的。许多怀疑论者很快就将他的雕塑能力与布朗库西和野口勇的能力进行了比较，我认为这是不友好的。这些主观的对应从未令我信服，因为卡拉特拉瓦的雕塑构思意图截然不同。他的雕塑是建筑的概念，当人们审视它们抵抗重力的轮廓时，人们可以想象那是具有建筑风格的梦幻城市和建筑物，似乎是脱离了彼此的自由漂浮和扭曲的部分。如果卡拉特拉瓦的建筑看起来过于复杂，那么他的悬索桥和悬臂桥则更容易产生共鸣，它们以最独特的方式呈现优雅的姿态，横跨世界各地的河流和道路。

但是，正是这种过于复杂和奢侈的形式制作引起了公众的迷恋和评论家对于公然表现建筑的蔑视。不要介意针对明星建筑师们的无休止的控诉，因为当他们的许多客户意识到他们的非凡建筑不仅价格高昂而且有无法实现预期功能的很高风险时已经晚了。然而，这些创作确实一直承诺引起公众的注意，如果这是客户的目标，其余的就无关紧要了。如果客户的首要任务是拥有一个不会漏雨且负担得起的屋顶，那么开始委托明星建筑师并不是一个明智的决定。

然而，这正是建筑物在雨天将雨水排走或在不热时提供无条件冷空气的必要条件，无论是不是格伦·马库特这样的建筑师设计的成功建筑。他在澳大利亚设计的房屋看起来很漂亮。在我访问他悉尼的家时，他指出："许多建筑物都不包括大自然。但我想闻到雨，听到雨水落下。我正在收集水，这大自然的礼物可以重复使用并再次返回土地。要做到这一点，必须设计一座建筑物，使大自然成为乐谱，居住者是听众，建筑则是允许所有事情发生的乐器。"

尽管马库特是一位国际著名的建筑师，但他很难被称为"明星建筑师"，也不是名人身份的地位。像亚历杭德罗·阿拉维纳、坂茂、保罗·门德斯·达·洛查、阿尔瓦罗·西扎、谷口吉生、彼得·卒姆托以及其他一些人一样，马库特以罕见的谦逊致力于追求最高品质的建筑。然而，那些令人愉悦的作品引起了如此多的宣传，以至于设计者不可避免地发现自己与明星建筑师有关，尽管他们对名人文化缺乏兴趣。

我与威尔·艾尔索普的会面两次是在其伦敦工作室，许多次是在莫斯科，他给我留下的深刻印象就是在我所有遇到的建筑师中他拥有最真实的、艺术的和自由奔放的灵魂。卡拉特拉瓦、哈迪德和盖里可能作为伟大的艺术家让人印象深刻，但无论他们多么富有创造力，他们都只是塑造建筑形式。艾尔索普不同的是作为一名真正的艺术家，完全以无限和无限制的方式从事工作。

似乎艾尔索普异想天开的作品，他称之为"斑点和涂抹"，他的员工用了很久才将纯粹的幻想转变为建筑。最终，他不得不将它们作为有功能的建筑"出售"给他的客户。他的创作为现实世界带来了魔力，他以最奇妙的方式联系现实和梦想。我从未想过我会喜欢他的建筑物。我把它们的效果图和照片看作卡通画，直到我在伦敦、上海、多伦多和其他地方亲自参观过后，我的先入之见消失了。这些建筑让人感到快乐和好奇，消除了最严厉的批评，并丰富了我们的经验。

让·努维尔是另一位如果你没有第一手的体验，就无法评判他作品的建筑师。我们从未见过面，但没关系，我喜欢他的建筑。努维尔的建筑超越了做作，是大气的。在伦敦时，我的一位朋友提议参观，"你必须看到这座城市最新最丑建筑。"他带我去新交易巷一号，这是努维尔刚刚完工的购物中心，就在圣保罗大教堂旁边。我不知道该怎么想。很难弄清楚它的形式、轮廓和表面材料，这栋建筑需要仔细观察。我们开始环绕它，随着我们的行进，我不断大声发表评论——这是一个真正的发现，因为建筑物的表面不断改变其物质性、角度、颜色、不透明度和反射，同时周边各种物体和城市标志映入并且失焦。我们围着大楼转了一圈，当我还在努力收集我的想法来评估它时，我的朋友十分高兴地说："你让我意识到我带你去看的是伦敦最美丽的建筑！"

在为本书选择访谈时，我的目标是在现代建筑文化中呈现最广泛的方法和观点。任何建筑都是好的、值得的，除了那些无聊的。不过，我更喜欢某些建筑物。几年前，我记得有一位同学叫我告诉他"谁是你最喜欢的建筑师？"我只提到伦佐·皮亚诺，因为我没有足够的时间去思考，但二十年之后，他已经访问过很多皮亚诺设计的建筑，我知道那个回答是正确的。我崇敬他的诗意建筑（尽管他在热那亚的建筑工作室当时没有雇用我这个刚毕业的建筑师。我随后与大师的两次短暂相见也未形成正式的会面）。如果建筑可以比作音乐，皮亚诺必须被称为演奏最精美乐器的终极演奏家。他对建筑艺术各个方面的掌握都是极好的。他的形式可能不像库哈斯或哈迪德那样具有标志性，但他的建筑几乎在其他任何层面都取得了成功：他们与环境的契合，适宜性和创造性的平衡，灯光，材料的选择和多样性都恰到好处。它们传达出极佳的氛围，并展现出优美细部一贯的精致。1987年他在休斯敦的曼尼尔美术馆是完美的，现在经受住了时间的考验。它是正确的建筑，它在最高层次上提供服务和激励。如果需要找到一个很好的理由来访问休斯敦，这就是一个。

在我采访建筑师的十年间，我做了一个无意识的过程，即多数情况下与年长的大师会面然后是与我自己的年龄接近的年轻建筑师。某种程度上，我看到了两个群体看待他们使命的不同。在2005年与亚历杭德罗·柴拉波罗的访谈中，他指出年长的同事"相信乌托邦式的可能性,并倾向于创造极具原创性和野心的作品"。他将自己的同代人则描述为"普遍的更加现实和善于斡旋。我们深思熟虑,更加意识到真正的可能性,并开放探索更多技术的潜力"。谢尔盖·卓班做出了类似的评论,他说"……实现某种风格区分的目标不再具有意义。那是从自 20 世纪 80 年代开始的,今天谁还在想象独特的东西吗?"他在质疑。

在我与 SHoP 建筑事务所的格里格·帕斯卡利的会面中,建筑师从形式驱动的艺术方法转向基于性能的模式,这种趋势进一步加剧了。我问过帕斯卡利为什么他认为年轻的建筑师在选择方案之前需要先做数百种设计方案。我表示那些喜欢将参数化设计作为一种实现特定解决方案的年轻建筑师并不知道他们真正想要什么。帕斯卡利对我的断言非常认同,他和同一时代的其他建筑师都不知道他们想要什么。相反,他称赞他们知道如何实现解决方案,他们认为这最能解决客户设定的特定问题。但似乎对如何迈出第一步犹豫不决,它不再是一种艺术姿态。并不期望个人迈出第一步,它越来越多地成为产生于集体内部的共同决策。

在对拉斐尔·维诺利的一次采访中,我问他是否项目中的所有设计决策都是他自己的。其实我已经非常清楚地知道答案,因为我曾经为拉斐尔工作过,而且我知道向他提出任何建议是没用的,因为他会假装他没有听到你的声音。所有关键的设计决策都是他一个人的。实施是另一回事,但每个项目都是一个他个人愿景的印记。我问他既然现在的建筑都非常复杂以至于一个人不可能完成一切,是否仍然相信单一视角的力量能够恰好出现并启发建筑师们。

他反对将项目设计的想法看作是多个人贡献的产物。他说，"到最后，建筑成了一个组合业务。"我同意维诺利吗？建筑师的目标是建造更好性能的建筑物还是想出独特的、充满感情的艺术作品？如果我们希望能在更多层面上欣赏建筑，那么这两点我们都应该做到。

然而，他说的一件事是正确的，对于建筑而言不能仅仅是好，而且要能够伟大，必须清晰地表现出一个声音、一只手、一个领导者。无论项目有多复杂，每个作品都需要通过一个统一思想来创造性地解决。换句话说，正如澳大利亚现代主义者哈里·塞德勒所评论的那样，"从没有伟大的画作是由群体制作的，雕塑也一样……而且我认为这个世界上最好的建筑总是归功于个人。"

尽管如此，这种个人创造性领导力的想法似乎正在被放弃。建筑变得有些公式化，这意味着拥有相似知识和方法论的不同个体可以产生相似的想法。最近在柏林为德国阿克塞尔·斯普林格出版集团进行的新媒体园区国际竞赛充分说明了这一点。决赛选手中有三位分别是 OMA 的雷姆·库哈斯和两位前同事，比亚克·英厄尔斯（BIG 事务所）和奥雷·舍人（Büro—OS 事务所）。

从纯粹的美学观点来看，呈现给评委的三种解决方案完全是相同的套路。事实上，这三个又都是同一个项目。这些公司以同样的方式运作，他们提出相同的问题，产生非常相似的结果，甚至使用相同的技术来进行文本制作和项目展示。库哈斯和他的学生们与其他建筑师的区别在于他们能够放下各种先入之见。他们克服了自己的个人风格偏好，找到了原创形式和内容之间最平衡的妥协，这种折中意味具有良好的、富有想象力的功能。他们似乎能够满足每个人——开发商、投资者、政治家、工程师、承包商、建筑商、公众、评论家和竞赛评委。这些项目的外观总是让他们取得成功，但这些建筑师们的解决方案总是在所有程序性问题得到完美满足的最后一刻才被"售出"。无论他们的结果看起来多么奢侈，他们都会被明确地表现为必然。

当谈到客户对项目外观的典型回应时，乔书亚·普林斯—拉莫斯说："我们不知道它是什么，它是我们见过的最奇怪的东西，但它回应了我们的所有立场，并且做到了。"当时他在 OMA 负责项目，现在他在纽约成立了自己的 REX 工作室。

不可否认的是，许多公司尤其是学生，正在关注并做出调整。我们现在处在一个平的世界中运转，自然而然世界各地的年轻建筑师都希望像库哈斯一样成功。库哈斯最终赢得了阿克塞尔·斯普林格的竞赛，他同样也赢了很多其他竞赛。然而，他偶尔可能会输给自己的学生，就像 MVRDV 赢得 2022 花卉园艺博览会的设计一样，他鼓励他的追随者不仅要向他学习，而且要更好、更成功。公式化方法产生的积极作用是设计师可以很好地掌握它们，另一方面，这种趋势导致了无数种非常相似的解决方案，带着企业冷漠的氛围，似乎缺少的是一个与众不同的手。

最令人好奇的是，雷姆·库尔哈斯本人作为一个永久性消除建筑中个体倾向的人，他正在无所畏惧地扭转他说的这种趋势——"建筑曾经是特定的、地方性的，已经变得可替换和全球化。"

这一关注是 2014 年威尼斯建筑双年展的重点，库哈斯是策展人。他传递的信息是要重新发现区域和个人的风格差异吗？然而，当然，他在两个相互冲突的方向上继续他的实践和理论，支持普通的和全球化，同时倡导特定的和地方性。矛盾只会让这个问题在最具影响力的建筑挑衅者手中变得更具吸引力，而"想象今天独特的东西"的想法突然从过时转向具有强烈的现实意义。

3.

最近能成功发现其独特地域建筑的地方就是哥伦比亚。对于来自世界各地的建筑师和评论家来说，这是一个真正的源泉。自20世纪90年代以来，这个国家经历了显著的政治和社会转型，其许多城市尤其是波哥大和麦德林，一直以创造性项目为世界带来惊喜，这些项目主要服务于最贫困社区的穷人。事实上，这正是使这些项目独一无二的原因。它们看起来并不全球化，因为它们专注于本地问题，而不是娱乐游客。

在与哥伦比亚著名建筑师吉安卡洛·马赞蒂的访谈中，我们讨论了他国家中具有社会意识的建筑，如学校、幼儿园、图书馆、体育场等，与发达国家最先进的建筑形成鲜明对比。在媒体上发表和谈论的建筑几乎完全是为精英和游客提供的，穷人甚至中产阶级很少直接接触到最高品质的建筑。当人们将哥伦比亚的简陋项目与精心设计的音乐厅、专属公寓、银行总部和顶级博物馆这些在富裕国家都是作为稀有的姿态来建造的建筑相比较时，人们开始意识到现代建筑的装饰本质，它通常已经背离了大多数人面临的生活挑战。"建筑"主要是令人赏心悦目吗？

哥伦比亚是否在这场博弈中领先了呢？可能是，但也许只是现在，因为国家正在改善的经济可能有一天会产生制造具有全球声望和权力象征的不可抗拒的冲动。伴随着地方财富拼命想成为全球文化的一部分，雇用明星建筑师是实现这一目标的必然方法之一。哥伦比亚建筑的值得称赞和独特的特性也将与随之变化。可以预测，一些我们最熟知姓名的建筑师的无特定位置的建筑将在哥伦比亚的一些城市进行规划。希望这些高调、昂贵的项目不会转移哥伦比亚政府对其社会议程的承诺。已经取得的成就是意义重大的，但现实中它只是刚刚开始划清界限。

无论如何，为什么哥伦比亚有现实意义？因为社会责任项目不仅需要在贫穷的国家，而且几乎无处不在。艾佛拉尔多·杰斐逊（Everardo Jefferson）是在20世纪90年代中期纽约卡普尔斯-杰斐逊建筑师事务所的联合创始人，他主要负责当地的社会项目，那儿恰好是我作为一名年轻建筑师开始职业生涯的地方。他随着巴拿马卑微背景的家人一起来到美国。他曾经告诉我，尽管他的父亲在纽约生活了60多年，但他父亲从未冒险去过一些地方，像林肯中心、古根海姆博物馆或者其他我们建筑师认为是成功的、标志性的建筑物。他都感觉不舒服，他不觉得自己属于那里。

杰斐逊说，建筑为每个人创造一种舒适感是非常重要的，而不仅仅为受过教育的公众。"我真的想创造一个这样的空间，从任何地方来的墨西哥或西班牙裔孩子都会觉得舒服，而且感到这座建筑特别为他建造"，他说。重要的是要意识到建筑具有这种社会维度，而不是仅仅关注其庄重的、表现性的品质。

许多问题仍然存在。例如，像哥伦比亚或俄罗斯这样的国家对于其城市而言是否应该欢迎向明星建筑师定制建筑这样的趋势？美国，中国和欧洲的城市是否应该继续增加他们的天际线和街景建筑，而这些建筑物是如此可以互换，以至于在纽约、北京或伦敦很容易找到？

举个例子，我确实相信保持明星建筑发光的重要性。明星建筑师确保了有益健康的多样性，除了风格化的身份，他们鼓励创新技术和复杂性的发展。他们是我们的催化剂，他们以最壮观的方式成功或失败。他们是我们在全球建造其他任何东西的试验场。他们专注于吸引我们的注意力，并为建成环境带来重音，否则建成环境将变成我们生活中一个同质和无个性的背景。

最重要的是，明星建筑吸引公众参与全球建筑话语，并提高了他们对优秀设计价值的认知。"绿色"建筑已经变得司空见惯，现在可以想象大多数建筑在未来都将是可持续的。"社会性"建筑因其对人类互动的明显好处也将陆续建成。

所有这些发展都将以某种方式进行。明星建筑师们首先关注的应该是投入他们的创造才能，为建筑带来最高的品质、富有想象力的原创性，并给人们以情感上的触动。

扎哈·哈迪德：古根海姆博物馆三十年建筑展，纽约，美国，2006年
照片 © 大卫·M·希尔德，古根海姆基金会，纽约

弗拉基米尔·贝罗戈洛夫斯基

比亚克·英厄尔斯：柏林阿克塞尔·斯普林格出版集团新媒体园区竞赛入围方案，2013—2014年
图片承蒙 BIG 建筑事务所惠允

弗拉基米尔·贝罗戈洛夫斯基

雷姆·库哈斯：柏林阿克塞尔·斯普林格出版集团新媒体园区竞赛获胜方案，2013—2014年
图片承蒙大都会建筑事务所惠允

弗拉基米尔·贝罗戈洛夫斯基

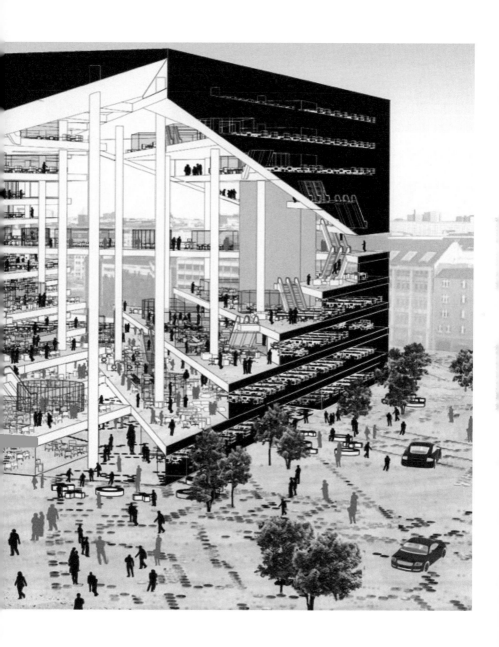

伦佐·皮亚诺：曼尼尔美术馆，休斯敦，得克萨斯州，美国，1987 年
照片 © 伦佐·皮亚诺建筑工作室

弗拉基米尔·贝罗戈洛夫斯基

密尔沃基艺术博物馆，密尔沃基，威斯康星州，美国，2001 年
照片 © 弗利兹·久撒

弗兰克·盖里：华特·迪士尼音乐厅，洛杉矶，加利福尼亚，美国，2003年
照片 © 弗拉基米尔·潘帕倪

对　话

大卫·阿加耶（David Adjaye）
建筑描绘了我们如何谱写文明的故事

你曾为BBC采访过许多著名建筑师，你会问自己什么问题来开始我们的访谈呢？

——（笑）我会问我自己：你作品的意图是什么？

那么就让我们从这里开始，你作品的意图是什么？

——我在建筑上的兴趣是找到能产生新的公众意识的策略。我的意思指的是一种新的看待他人、与人相处的方式。我把建筑看作一种服务机构，它能在公众生活的领域中推动这些机会。

你采访的建筑师有奥斯卡·尼迈耶、查尔斯·柯里亚、丹下健三、贝聿铭、摩西·萨夫迪，还有谁呢？

——名单上第六个人是菲利普·约翰逊，但在采访开始之前他去世了。我的想法是要采访与密斯·凡·德·罗、勒·柯布西耶、路易斯·康、阿尔瓦·阿尔托、瓦尔特·格罗皮乌斯、约瑟夫·尤伊斯、塞尔特等现代主义大师有非常紧密联系的一代建筑师。

是否有某个特别的问题，你会问所有的建筑师？

——第一个问题是：邂逅那些伟大的建筑师他们受到了什么启发，以及产生了什么样的精神碰撞？所以在某种程度上，我试图发现一种思想谱系。

他们是如何回答的？
——例如奥斯卡·尼迈耶在他 27 岁的时候见到了勒·柯布西耶。因此对于他来说，这是从他原来的领域到现代主义的一次彻底的转变。对于查尔斯·柯里亚，像路易斯·康和阿尔瓦·阿尔托这样的建筑师在现代主义的起源上有着深远的意义。对我来说，重要的是见证这些建筑师与现代主义理想的情感联系，以及他们观察世界的深刻方式。我发现非常有趣的是，很多建筑师的灵感都来源于微小的源头。这是我们所有人不断追溯的同一个源头。

你在伦敦、纽约和柏林有三个实践分支，它们是如何运作的？
——我认为传统的理想型的建筑工作室，无论是在瑞士的山上还是葡萄牙的海岸边，作为一种美丽的、孤立的构想已不再常见。然而，我们不是一个有着扩张到全球野心的公司型事务所。我会说我是一名以他人为中心的行星式建筑师，和其他建筑师一样，以追求满足客户的经济要求和场所要求来进行工作，是他们为我提供了工作的机会。我需要战略性地采取行动，并对全球各种机会作出反应，为此，我需要出现在世界各地。所以我在有项目的地方设了三个工作室，主要的工作室是在伦敦，有大约 40 名员工。我们在纽约和柏林的团队非常小，他们由已经跟着我很长时间的主管带领。我通常一个月会去一到两次。感谢上帝，建筑工程是非常缓慢的。完成一个项目需要花费三到五年时间，因此我们可以同时进行平行轨道上的许多项目。

你以与知名艺术家的各种合作而知名,这些机会是怎么来的?
——我寻求这些机会目的是作为重新思考建筑实践的一种方式。我试着汇集不同的专家来完成一个完整的工作,这是一种总体艺术。这种综合的艺术,它能够满足一个完整的建筑工程在艺术及技术上的预期。

你是如何开始建立合作的?
——我是在20世纪80年代受的教育,那是一个注重理论的时代。但我不想只通过思考进行实验,也想通过实践来学习。理论对于建筑的实践是非常重要的,但对于我来说,理论存在于建造、领悟、沉思和重塑之中,而不是在一种假设的位置上。在我看来,许多建筑师将宇宙的意义理论化,而另一些人制造荒谬混杂的后现代主义建筑。然后,艺术家们在建造他们自己深思的环境和装置,其中一些是真正的建筑。所以对我来说,艺术家们会本能地追寻世界的变化。所以我去了艺术学校,然后去皇家艺术学院,在那我结识了很多艺术家。

所以最终成为你的合作者和客户的人是你学校的同学,在某种程度上说,你是他们中的一个?
——是的。他们和我是一代人。

建筑和艺术第一次吸引你的兴趣是在什么时候?
——十几岁的时候我才通过我高中的美术老师知道了建筑,

在那之前我真的不了解建筑。

在南岸大学，你的论文是关于也门城市希巴姆，在皇家艺术学院的论文是关于神圣的场所和日本茶道。文化在你的工作中扮演什么角色？

——对我来说，文化创造神话。建筑师通过建立它来充实我们文明的故事。对我来说，建筑描绘了我们如何谱写文明的故事。我对各种文化着迷。也门的希巴姆是一个建造在干燥河床上的城市，在沙漠中心高耸的巨大工程，犹如一种巨大的海市蜃楼。日本也是非常迷人的，因为它植根于中国文化，但在日本人培养文化的能力下被完全改写并实际创造出来，我曾在京都住了一年。

让我们来谈谈你在莫斯科郊外的斯科尔科沃管理学院的作品，这是一个竞赛项目吗？

——是的，因为之前的作品我们得以被邀请参与这个竞标。其他竞争对手包括贝聿铭、圣地亚哥·卡拉特拉瓦、狄克逊·琼斯（Dixon Jones）。我是他们中最年轻的，而且从来没有做过这种规模的项目。我们提案是想象另一个乌托邦。因为承载教育的校园理想就是能够建设一个乌托邦，因为在某种程度上，大学校园是一个完美的修道院。这是一个田园诗般的天堂，远离世俗。我想那么好吧，我们就设想在这个冬天会下雪很冷，夏天也会很热的莫斯科建立一个梦幻般的乌托邦。其他的每个人也都提出大学校园的设想，但我提出的是更高层面上的。在某种程度上，是一个现代主义的想法，一个在巨大的圆盘顶部的垂直城市连接着景观和圆盘内的各种空间包括公共广场、集市和开放空间、居住和休闲设施。该项目基底被绝对地最小化，就是悬浮在27英亩优美环境上的一个点。在某种程度上，它是一个修道院，在概念上类似于由勒·柯布西耶的拉图雷特修道院。但建筑在形式是对马列维奇作品的致敬，我是他的忠实追随者。他的作品是理解现代主义和现代性历史的主要来源。对我来说，密斯代表国际风格的现代主义，是一个在很大程度上正交的系统，而马列维奇代表一种不同的现代主义，它从未被完全体现出来。如果密斯式的现代主义与城市相关，那么马列维奇式的现代主义就是关于某种随机性，但在这种随机性中会有一种隐含的环境秩序并且与自然相关。另一个影响这个项目的是约鲁巴（Yoruba）铜雕塑，客户并不了解。雕塑展示的是在铜板上把人从一个世界提升到另一个世界的想法。

这个项目是一次思想的交融，本质上它是一场创造乌托邦的实验。

——是的，但我的客户眼中这个乌托邦是一个传统的大学校园。所以他们都会说"校园"这个词，包括行政主楼、两边有四个教学楼，有广场、树木、湖泊等等。然后他们想让我们解决在零下30℃情况下从一个建筑到另一个的问题？那么问题是我们去地下吗？每个人都提出了非常详尽的计划，试图解决这个气候问题。但为什么会对校园提出一个没有必要的想法呢？所以我说，"我们需要一个新的模式，一个新的乌托邦。"我并非独自想象这个项目，它来自于一种对话。

你去过俄罗斯多次，对它有什么看法？

——我发现俄罗斯非常令人兴奋，而且引人深思。我第一次去俄罗斯时还是大学生，那是在 20 世纪 80 年代中期苏联改革之前。它还是一个共产主义国家，但人民的变化已经显现。我在那里与建筑爱好者在一起，我们目睹了一切。我参观了梅尔尼科夫、金兹堡等人所有主要的构成主义项目。之后在 20 世纪 90 年代我又回到了那里，体验到了巨大的变革。对我来说有趣的是对这个新城市的猜测，这个城市正被叠加在旧城上建造，这一点既迷人又可怕。我还参观了在金环地区的几个俄罗斯寺院和教堂。我为拱顶上的铰接屋顶着迷，这是整个世界的缩影。这个形象强烈地象征了天堂、乌托邦或一个传奇的完美城市或者是人们经常所指的那种天堂。能够将这些想法转化成俄罗斯东正教教堂的塔楼和穹顶的漂亮形式令我印象深刻。

你对构成主义建筑怎么看？
——它给我了很多灵感，但并不是说在字面上看到它对我作品的影响。它发挥作用的方式就是我们都继承这种创造性工作的伟大遗产，现在我可以将自己导向我觉得更合适某种解读的特定源泉。这便是建筑的美感和灵活性。对我来说，建筑不是一台机器，它是特定时代的人对欲望一种表达。

你在莫斯科进行斯科尔科沃这个项目的时候，是否发现某些有趣地看待这个城市的方式？
——方式之一就是不要以西方视角看待它。我的意思是，你看这个城市时，尽量不要带入你自己城市的形象。这样的策略使得建筑师可以真实地探索与发现。这看起来很难，大多数人会直接设计。他们带来先入为主的主观想法，然后模糊边界使它变得适合。有时，即使是居住在这个地方的人也不会认识到他们自己文明的特性以及当地文化的心理特色。

在俄罗斯，人们担心外国建筑师可能不了解当地的历史、文化背景以及建筑传统。以你的经验，你认为将一个大都市交给外国建筑师来建造的好处是什么？

——我认为我们生活在这样一个世界上，如果不在意，不从世界大都市发生的事情中学习将是一场潜在的灾难，因为大都市的概念不是指一个本地环境，而是指一个高度联系的全球系统。因此，我们需要了解纽约或上海正在发生的生产力，并能够在其他地方应用这些核心概念。当地的专家团队不大可能仅通过简单的旅行，就学习到其他城市发生的不同情况，并抓住知识，回到家里应用它。在过去它也是如此。古典主义的语言被意大利人带到了圣彼得堡和挪威。意大利人来到北方，并且教会其他人如何做到这一点。因此，某种情况下一个城市的形象的本土化是虚构的。它始终是全球性的，是思想的来源，这种思想会被带到下另一个地方，然后它就会发展成为一种特定的文化。最后，这都是关于思想的传播，如果个别想法是来自外国人，那么就是顺其自然吧。

你曾为葡萄牙建筑师艾德瓦尔多·苏托·德·莫拉（Eduardo Souto de Moura）工作。你是特意想要为他工作而去他的办公室敲他的门吗？你为什么会被他的工作吸引？

——绝对是的，他就像我的父亲！我在 20 世纪 80 年代末看到了他的作品，他刚刚在波尔图完成的一个惊艳的电影俱乐部。它是一个纯粹的建筑，基本上是一个在两端有两个对称门的花岗石墙和一个我所见过的最美花园。对我来说他是一个尝试形而上学建筑的建筑师，不只是关于功能，而是完全关于观念。我发现某些人，不是仅仅会制造机器的理性主义建筑师，而是会制造纯粹诗意的人。这非常引人注目，因为对我来说，这标志着另一种工作方式，恰恰是我感兴趣的。所以我去葡萄牙告诉他，我喜欢他的作品，并且想为他工作。那时他有八个人，他雇了我，我想可能是因为喜欢我专程飞去看他的作品。

苏托·德·莫拉说："场地可以是任何你希望的样子。解决方案从来不是来自场地，而是来自人们的头脑。"你同意这个说法吗？你自己是如何尝试联结场所与文化的？
——我认为建筑师的工作就是提出主张，放在那里让公众对某种含义产生共鸣。如果公众能够以要求建筑顺应他们文化环境的方式做出认知反应，那么你已经成功地与当地建立起联结。这是一种处理尺度和空间的现象学和生理学拓扑方法，它可以识别现存的文脉同时认知新的文脉。

你在一次采访中说，作为一个年轻的建筑师，你是"在建筑中寻找新的真实性，不只是风格化和回归材料的厚度。"你能详细说说吗？
——关键是表明我们不寻找时间上的局限。我不想说：好吧，我们以前能够建造非常漂亮的厚砖墙……但现在不能。我不在乎，因为那不是我所处的时代。如果我生活的是个薄墙的时代，那么我将根据它进行创作，并以最严格的方式表达它。

对我来说，问题在于设计本身，一切在于谁是设计者。

你的建筑是否会带来与现代英国建筑的冲突，这种冲突是系统化的、透明的、短暂的、薄的、非物质性的？

——是的。一方面，我在这里受过教育，彼得·史密森（Peter Smithson）是我的老师之一。我的第一个项目也是在这里建造的。我信奉从英国建筑中学到的东西，但我试图在借鉴中超越它。有能力使事情更好、更完美，这是英国的传统，我热爱这个传统。我所拒绝的是建筑表现得像是一个冰冷的完美机器。对我来说，建筑是一个富有情感的文化产物。我的作品总是不一样的，每个项目都是在应对特定的标准，即使我建在同一个社区，我也会提出不同的方案。我想这样会让建筑更丰富，这就是我的看法。

在伦敦散步时，人们经常会接触到那种对机械和节点近乎宗教般的迷恋。这种传统有史可依，当然，现在的一些建筑已经被剥去所有过去用来定义建筑的东西，完全的转变成了机器。我被一个女人逗乐了，她指着一个伦敦的理查德·罗杰斯的建筑说人们在建设中的建筑周围走动是危险的。当然，这个房子已经建成并投入使用了。

——这就是英国，但对我而言，建筑不是一台正在被完善之后就可以使用的机器。它是涉及演化和改变、突变、操纵及扭曲。我尝试调和我的建筑来适应各种条件及其周围生活的变化。

当你参观其他建筑师的作品，你最欣赏的品质是什么？最吸引你的是哪些案例?

——当我考察建筑的时候,总是会寻求观察现象学的品质,设计者是否看到一个新的愿景,是否新的愿景与人的观念和场所关联起来。无论它是什么都会感动我,好的建筑对我来说是不能定义的。它可以是很多不同的东西,我对各种可能性都持开放态度。例如,我们与艺术策展人长期合作,许多博物馆项目的主要问题就是建筑主导了艺术。好的博物馆可以为多种策展提供可能性,而不仅是在建筑限定下的一种展览。所以,只要你能成功解决这个核心问题,你就可以让你的建筑达到你想要的疯狂。

那么存在只有一个目的、一个意义、一个形象的博物馆,也存在解决许多问题,让艺术主导建筑师意图的博物馆。

——是的,例如丹尼尔·里伯斯金在柏林的犹太博物馆只提供了一种体验它的方式。它永远不能以任何其他的方式使用,那就是故事的结局。或者,即使是扎哈·哈迪德在罗马的建筑,它是美丽的,但它只能以某种的方式去体验。建筑应该根据建筑实体本身去设想,而不是根据建筑师的脚本。因此,所有艺术策展人的问题总是相同的:建筑是衬托艺术还是定义艺术?如果艺术由它定义,那么对建筑师来说它就是一个灾难或者一个虚荣项目。也许这是你在城市里所需要的,但它对艺术来说是可怕的。艺术需要大量的意义和故事,不单是签名建筑师讲述的那一种。

我想象你为了参观各地建筑已经有很多朝圣之旅。

——哦,是的,没有我没去过的地方,我拥有一个特权就是可以通过北极纵横全球。

你能说出一些你最欣赏的当今正在实践的建筑师吗？
——在日本东京，是西泽大良（Taira Nishizawa）。在美国亚利桑那州的沙漠中，有一位年轻建筑师里克·乔伊（Rick Joy）。在澳大利亚墨尔本，有一个年轻的杰出建筑师肖恩·戈德塞尔（Sean Godsell）。在德国法兰克福，有一个令人惊叹的年轻建筑师尼古拉斯·赫希（Nikolaus Hirsch）。在南非，有一个年轻建筑师墨菲斯·摩若奇（Mphethi Morojele），他在约翰内斯堡、开普敦和柏林都有工作室。伦敦也有许多优秀建筑师，有年轻建筑师乔纳森·伍尔夫（Jonathan Woolf），以及在国外设工作室的亚历杭德罗·柴拉－波罗（Alejandro Zaera-Polo）和法西德·穆萨维（Farshid Moussavi）。我们这一代有很多伟大的年轻建筑师，我看到过他们的作品，我说过："哇，这代表了我们的时代！我们熟悉彼此并且是一个关系网。"

伦敦：2008年4月

大卫·阿加耶（David Adjaye）

瑞温顿大厦，伦敦，英国，2007 年
照片 © 弗拉基米尔·贝罗戈洛夫斯基

斯科尔科沃国际管理学院,莫斯科,俄罗斯,2010 年
照片 © 弗拉基米尔·贝罗戈洛夫斯基

大卫·阿加耶(David Adjaye)

创意商店,白教堂路,伦敦,英国,2005 年
照片 © 弗拉基米尔·贝罗戈洛夫斯基

大卫·阿加耶

出生：1966年，坦桑尼亚

教育：皇家艺术学院（建筑学硕士，1993）

实践：1994年在伦敦成立阿加耶事务所，其他办事处：柏林，纽约

项目：弗朗西斯·格里高利邻里图书馆，华盛顿特区（2012）；斯科尔科沃国际管理学院，莫斯科（2010）；马车住宅，曼哈顿（2008）；当代艺术博物馆，丹佛（2007）；斯蒂芬·劳伦斯中心，伦敦（2007）；瑞温顿大厦，伦敦（2007）；诺贝尔和平中心，奥斯陆（2005）；创意商店，白教堂路，伦敦（2005）；暗淡住宅，伦敦（2002）；奥弗利住宅工作室，伦敦（1999）

书籍：大卫·阿加耶的非洲大都会建筑（里佐利出版社，2011）；大卫·阿加耶（里佐利出版社，2011）；大卫·阿加耶——输出（TOTO出版社，2006）；大卫·阿加耶：建造公共建筑（泰晤士和汉德森出版社，2006）；大卫·阿加耶：住宅（泰晤士和汉德森出版社，2005）

教学：普林斯顿大学，哈佛大学设计研究生院

奖项：大英帝国勋章（2007）

威尔·艾尔索普（Will Alsop）
大地应该留给人和花园，而非建筑

多年来，你在许多不同的国家工作。例如，20世纪90年代在莫斯科成立了事务所，你是否设想过为不同的地方建造不同的建筑？

——好吧，显然，气候存在差异，这会对你所做的事情产生巨大的影响。但是理想情况下，我不认为方法上有什么不同，无论你是在莫斯科还是在非洲的某个地方。肯定会有差异施加给你，你必须聆听。我真正喜欢的是带着期望和渴望去工作，我想我没有特定的风格。我用不同的方式做不同的事情。有些人说——这个是艾尔索普的风格，这是对我的侮辱，因为我希望避免它。我已经放弃了"建筑应该是什么"的想法。我的工作是去发现"建筑可能是什么"。而这种发现之旅也包含其他人，我喜欢与住在或工作在我项目所在区域的人交往，给他们提供铅笔或画笔。然后尝试理解这些互动，你可以获得真正的乐趣。

所以你的工作总是不同的，因为与你互动的人是不同的。

——是这样的。此外，我注意到特别是政客经常说，人们不想改变，他们总是喜欢现状。以我与人合作的经验来看——这不是真的。人们拥抱变化，并且越来越愿意接受一些新建筑与过去的一些最伟大建筑一样好的看法。有时从经验的角度来看甚至更有趣，因为这些新的非凡空间有适应性，新的方法可以实现美妙光影，可以采用更广范围的材料，以及我们可以更快速地建造，你不必用你的一生去等待看到一些伟大的建筑。因此，这是非常令人兴奋的。所以我的想法不是改变人们的观点，而是让他们表达自己的观点。这就是为什么我喜欢与人们合作。许多建筑师做出奇怪和牵强的形式我会觉得很奇怪。我需要为形式找到一个非常好的理由。你仅仅依靠材料本身也可以做一个非常诚实的好建筑。

什么是诚实的好建筑？
——有优秀的施工品质、良好的光影效果，特别是它关注到其地面层发生的事情，因为这是大多数人的经验。如果我是一个政治家，我会在每个城市制定一个法律，即从地面到10米甚至更高的地方应该架空，而不是直接触地。你仍然可以在地面层吃、喝，但不会有建筑物。大地应该留给人和花园，而非建筑。这将使我们的城市更幸福，特别是像莫斯科这样的地方，冬天太阳角度低。想想勒·柯布西耶的马赛公寓，我在马赛建造了我的第一个架空建筑的地方政府大楼。

你崇拜的建筑师有勒·柯布西耶、约翰·索恩爵士（Sir John Soane）、密斯·凡·德·罗、约翰·凡布鲁（John Vanbrugh），这些不同的建筑师是如何与你的作品产生联系的？
——我想他们呈现的是没有确定的方式来设计建筑，我认为这很好。我们的城市应该有多样性，统一性使生活缺乏趣味。在莫斯科周围或在英格兰北部就有很多，这让人感到无聊。建筑不只是关于仅仅在我们头顶上有一个屋顶，而更是关于一种归属感和舒适感。有时，很难解释如何做到这一点，但有人告诉我，我的建筑是非常舒适的。他们可能会来找我，问道："你怎么做到的？"我不知道，我不想知道，因为如果我这么做了，所有建筑设计的乐趣和探索将被毁灭。人各有命，所以你提到的所有这些建筑师都非常不同，但他们都有我们可以学习的品质。

你喜欢哪些近期的建筑？
——我喜欢不同的项目。例如，我喜欢诺曼·福斯特在纽约的赫斯特大厦。当你在第七大道向北行驶时，有一种视觉错觉的感觉。不知怎的，整个形式令眼睛非常愉悦。它相当引人注目，不像任何其他建筑。它的设计暗示了垂直的生长和延续，它有一个很好的高度和比例。另一方面，福斯特在莫斯科的项目就非常奇怪。或者，说到尼古拉斯·格雷姆肖（Nicholas Grimshaw），我总认为他更像一个工业设计师而不是一个建筑师，因为他对节点更感兴趣。

这是不是一个英式风格？
——好吧，它来自高科技，我想是与英国有关的。但是你也可以将它追溯到其他地方，因为一切都可以来自别的地方，例如来自于巴克敏斯特·富勒（Buckminster Fuller）。我们有很多非常有趣的工程师，我们的建筑师往往比其他人更喜欢赞美结构，我认为理查德·罗杰斯是最显著的例子。这是非常令人兴奋的，无遮蔽的开敞楼层，将其他一切布置在边缘，这种想法在商业上很有意义，但最终，它几乎是对比例和结构的一种拒绝。我不介意暴露结构，但不是出于功能原因。否则，建筑会被简化为高科技或一种风格。一旦高科技成为一种风格,便是建筑的终结。我喜欢建筑的是,只要是真实意图任何事情都是可能的。以 FAT 事务所的建筑师为例,我觉得他们的作品非常有趣。我从不会做他们做的事,但我喜欢它。

他们做了一些讽刺式的项目。
——哦,是的,我喜欢他们,我想帮助他们。例如,我正在为东曼彻斯特的一个 1500 套房子项目做总体规划,第一批房子要在那里建造,我将 FAT 事务所介绍给客户,现在已经建成了。我认为如果可以的话,作为老建筑师的一个职责就是去帮助新一代的建筑师。

你在 AA 建筑联盟学院上的学,你在那里学到了什么?当时谁是你的教授?
——当时我认为 AA 是最有趣的学校,也是我唯一申请的学校。到我毕业的时候,那是 1972 年,电讯派所有的建筑师都教过我。对我来说,他们的工作就像科幻小说,是关于建筑的社会学方面,更多地想象人们如何生活和工作。所以对于我的毕业设计,我写了一本科幻小说。我用这本小说作为载体来说明城市疏散。所以我创造了不同的场景,包括城市如何疏散清空,我们如何占据郊区的景观。

在 AA 之后,你为其他一些建筑师工作包括塞德里克·普莱斯(Cedric Price),这是怎样的经历?你向他们学习到了什么?
——经验非常重要。我是他最后一栋建筑的项目建筑师。人们可能会说,在建筑上,它不是一个有趣的建筑。但那是他的风格，说完全没有风格，我是会质疑的。首先，项目给了我很好的实践经验。其次，我试图通过做相反的事或对立的思考去理解他说的。所以我花了很多时间绘图，我不确定我真的理解塞德里克，但没有关系，这对我有好处。他是我的第二个建筑课程。现在我会告诉我维也纳的学生"在你完成学校的课程以后，如果可能的话，为你真正敬佩的人工作三到四年。然后你不必考虑超越他们，为其工作本身就会证明你想做什么。"

这里有你以前的学生吗？
——是的，有两个年轻的女建筑师。

可以描述一下你的艺术作品吗？它与你的建筑有什么关系？
——我喜欢画画和在画布上涂抹，喜欢花时间到处看看。我不知道我的作品是否可以称为艺术。有些人喜欢，有些人不喜欢，这没关系。在最近几年，我开始为自己创作艺术。例如，这个周末我将在当地医院和精神病患者一起作画。我们画在同一张纸上，当我说停下我们就停下，然后我说开始，我们就重新开始。他们开启了我对一个特别的艺术工作的尝试。我觉得有趣的是，在空白纸上做任何事都很难，但一旦有人打破它，它就变成别的东西并成为一个起点。这不是我的决定，而是别人的决定。在这方面它与建筑类似。我们都安于我们的文化包袱，但我认为我们的工作是超越这一点，看看有什么其他的可能性。有时它是有效的，有时没有。对我来说这样很好。在这项练习结束时，我们将为医院创作12幅画，并留在那里。我对这个项目感兴趣，因为在这个社区的人们是被迫在那里的，不是他们自己的选择，他们不得不在一起工作。

在你的网页上写着，"学校和学院建筑一定是昂贵的、启发性的环境，允许学生和导师之间的交流。"
——我对建筑物如何影响社区感兴趣。你知道，除了阅读人们可能会因为其他原因而去图书馆。年轻人可能去那里看看女孩，但他们可能会读了一本书或者会陷入爱河，这都是可以的。或者以我们在多伦多的安大略艺术与设计学院的夏普中心为例。建成两个月后，申请的学生人数增加了300%。多伦多市长告诉我，这个规模不大的建筑将城市的旅游水平提高了2%以上。所以可以看出，人们对我们的建筑响应非常积极，这种反应超越了这些建筑的原有功能。我对制作纪念碑或标志性不感兴趣。实际上建一栋房子很容易，但还需要一些其他的东西，使它变成建筑。主要的问题是它对其所在的城镇或城市做出了怎样的贡献。

你能谈谈伦敦南部的佩卡姆图书馆吗？
——有许多事情会使建筑作品变得优秀。对于佩卡姆图书馆，我们与当地社区合作，根据人们的需求设计该项目。所以它不仅仅是一个图书馆，而是一个人们进行聚会、闲逛、举行婚礼、参加母乳喂养课程等众多事情的地方。我们还发现，人们宁愿去图书馆解决经济或其他社会问题，而不是市政厅，这一点已经超越了习以为常的事物。

你与不同的社区团体发起对话，并邀请他们参加设计研讨会，

奇普斯住宅综合体，新伊斯灵顿，曼彻斯特，英国，2009 年
威尔·艾尔索普建筑师事务所设计
照片 © 克里斯蒂安·里希特斯

以发现佩卡姆的居民想要什么样的建筑。

——是的。这些研讨会对于建筑形式并没有告诉我什么。但他们在许多其他方面的帮助使项目取得了成功。路的另一边有一排商店,勉强经营着生意,人们对他们感到担忧。通过抬高建筑,你可以从公共空间直接看到这些商店。这些不是大型的商店,但它们至今仍然在那里,而且它们现在比之前经营得更好。关于建筑架空形式的另一个好处是图书馆可以在夏天组织许多不同的活动。在这个国家你永远不知道什么时候会下雨。但是,如果架空一座建筑物,它就会像一把伞。所以,如果下雨也没关系,因为你已经有了一把大伞。而且,虽然还有很多公共汽车站,但是据我观察许多人还是喜欢在大楼下面等车。因此,多方面的因素促进了这个建筑的成功。我还了解到,经常有佩卡姆的人说真的想要一个可以闲逛的地方,实际上有很多人到那去。所以在这个过程中,由于所有这些自发的行为活动,决定了图书馆的主体不应该建在街道上。如此你就能从日常生活中解脱出来。我还发现建筑的北边(它不是一个高大的建筑)可以看到圣保罗大教堂,而且看起来相当近。我认为这对佩卡姆的人很有意义,这会使他们突然意识到自己没有迷失在巨大的伦敦南部。他们实际上是在伦敦的中心,这对于人们去认知与定位自我非常重要。

你的参考和灵感来源于哪里?

——我不确定灵感是否重要。你知道托马斯·爱迪生的名言,天才是 1% 的灵感加 99% 的汗水。你通过工作而非做梦发现想法,你只有动笔才会看到东西。但除此之外,我认为旅行是相当好的，因为它拓宽了你的视野，并使你关注到各种品质与空间，这不仅关乎你看到的，更关乎你的感受。

你对未来建筑的设想是什么样的？你人生的目标是什么？
——我不认为我可以谈论未来，因为如果我知道它会是什么我就会去做了。我们被限定在我们生活的时代。例如，许多建筑师现在全神贯注于气候变化、可持续发展、生态问题，但这只是一些普遍意识，它们不能构成建筑。这些都是很重要的，但有些建筑师把自己包装成"绿色建筑师"。好吧，我们也一样，但我希望客户因为其他原因而选择我们。人们从来不会因为一个建筑师善于水暖工程而选择他。但是当水暖刚刚被发明时，也许有建筑师会说：我们了解水暖。在未来，我想看到更多的理念分享，有必要时我想与其他建筑师合作。至于目标，我想做一所医院。我想现在在英国大多数医院都是由以前做过医院的建筑师设计的，其中很多美国建筑师。但它们太像一台机器了，我参观过许多实际上会使你生病的医院。我认为医院应该是美丽的，当你出来时，你可能会再次坠入爱河或者发生其他美好的事情。

你对大胆色彩的迷恋来源于哪里？是如何开始的？
——是的，这总是一个很好的问题，不是吗？它是如何开始的？在某种程度上，它一直就在那儿。我在学习建筑学之前就学习了艺术，我曾经教过美术和雕塑。雕塑事实上与颜色没太多关系，但它可以。所以我一直对艺术和建筑感兴趣，对我来说有很长一段时间，我认为它们是不同的行为。但渐渐地，我明白所有的都是一样的，没有什么区别。我不会在绘画和思考之间做明确的区分。你问我关于颜色在我自己作品中的意义。这点我年纪越大越清晰：人们要么使用颜色，要么不使用；有些人用极少的色彩，而有人使用得很多。

但是你总会使用很多的颜色。
——也不完全是这样的。在过去几年，我曾在我的绘画中使用黑白两色。我不认为在我的案例里选择特定的颜色是有任何特定科学原理或理由。我最感兴趣的是把颜色放在一起，它可能是对的也可能是错的。我对颜色本身感兴趣。在建筑上，文脉非常重要。例如，我的佩卡姆图书馆。如果你看看它周围，那些建筑没有颜色——没有鲜艳的颜色。但是，如果你环顾自然，有很多的颜色。秋天一片罂粟花或是美丽的落叶。这些颜色很壮观！你几乎需要戴上太阳镜。但人们在建筑环境中害怕使用颜色。我想知道为什么？在伦敦，有很多灰蒙蒙的日子，城市中的建筑也没有起到帮助作用。我不太明白为什么没有人在这样的城市中想要拥有颜色。在伦敦，在灰色的日子里，我怎么想要看一个灰色的建筑呢？

这更多地与气候相关而不是意识形态。
——有趣的是，越暖和的国家，它的颜色越鲜艳。在墨西哥或加勒比海，色彩非常鲜艳。对此没有理性的解释。逻辑上，它应该是相反的。在没有太阳的地方应该有很多的颜色，而在阳光充足的地方有较少的颜色。这些只是问题和发现。但我注意到，在世界各地控制美学的人，会担心鲜艳的色彩。每次我提出一个新的方案，我都不得不捍卫对颜色的使用。但看看自然，上帝给了我们如此多的色彩！

你提到曾教过雕塑，这是否在某种方式上与你使用色彩的思想有关系？

——没有。我曾经在雕塑系教书。我告诉过我的学生，"我们在这里是为了制作雕塑，但如果它以其他形式来证明它是艺术，那很好；如果不是，那也很好。"我所做的是为了消除规则。因为这些20或者22岁孩子，一旦他们知道自己在雕塑系，他们会想："哦，我需要做一个雕塑。"但我不这么认为。你必须有一个很好的理由去完成一件雕塑。这一切都取决于你的观察。有时候，雕塑是不适当的；有时候，建筑是不合适的。我从来没有真正推崇过色彩的使用。

你是否认为颜色在你的作品中起到了特别的作用呢？

——在一定程度上，它会激励人们。在建筑书籍里没有关于颜色是无趣的说法。我认为颜色对我们的行为方式和感觉有着非常直接的影响。彩色的玻璃会投射出五颜六色的阴影。如果我的建筑中没有色彩，这将是一个完全不同的体验。建筑评论家认为，乐趣和建筑不会在一起。但我总是会问，为什么不呢？在规范中哪里说这些东西不能一起？建筑的趣味是其非常重要的部分。没有确定的方式来设计建筑，我认为这是好的。

你曾说过："绘画帮助我重新发现了什么是建筑，什么不是。"绘画如何帮助你发现建筑是什么的？

——我在一个非常大的尺度上画画，当我画画的时候会尝试很多东西，它可能看起来像我在控制，但其实我没有。我在过程中发现东西。每一个画家都有自己的想法。我画，我坐，我看，我的画经常暗示了下一步是什么。我从来也不确定。我从最初非常抽象隐喻的绘画变到更加具体。绘画的过程使我脱离了自己。有不同的方法来实现这个目标，有些人摆弄纸张，另一些人用小模型研究。在我而言，它恰巧是绘画。我不喜欢做的是把我的方式看成一个解决方案。等待灵感的想法不会有效的，在我知道我想要的是什么之前，我需要尝试许多事情，而且，我尝试大尺度的绘画。对我来说，在一小块纸上写下巨大的东西将会是什么样的想法是不合逻辑的。

你是否允许其他人参与到你的绘画和设计过程中，或者说这些都是你个人的事情？
——有时，我的作品变得折中，画作可能是与不同的人一起工作，反映我们的讨论和想法的集体作品。在一开始，通常只是我，之后工作室的其他人也会有所贡献。

是通过文字和评论还是通过在画布上添加大胆色彩来有所贡献？
——当然，他们在我的作品上画，没关系的。

你是否可以描绘一下你绘画中的情景？
——没有什么比一个空的画布更可怕的，所以我喜欢把一些没有任何意义的东西放在一起创作。我在郊区有一个工作室，在那里我会在大纸上创作。当我在一张纸上工作时，在地板上也放了一张，落下的油漆、木炭、尘土开始了下一幅画。这些消除了我对空白页的恐惧。有时候，我站在一张纸上。作画的一个原因是，你没有真正控制你在做的事情，这使我很有兴趣。

你试图在你的绘画或建筑中实现一种美感吗?
——不,我没有。我喜欢"美"这个词,我经常用到它。但如果你对我说,"我想让你做一个建筑,我想要它是美的,"这将是非常困难的。因为美是一个事实,它可以随时间而变化。早上丑陋的事情在晚上可以变得美丽。美不是一个健康的考虑因素,而是一个事后的分类。建筑师的工作是问这个问题:"这是美的吗?"

希望这个问题在项目完成前被问到。
——建筑是一个缓慢的过程,因此建筑师有很多机会提出这个问题。重要的是要记住,建筑不是任何东西的转化。建筑不能遵循理论、风格样式、时尚或技术,它的本质存在于自身中。理性已经毁了很多美。

你说有太多糟糕的建筑师和糟糕的客户,什么样的建筑师和客户是好的?
——那些认真和开明的人。我喜欢总是挑战人们期望的建筑师。这不意味着我喜欢他们做的事情,但是当他们的作品完成时,它将是存在的,而且将是构成城市是什么的重要组成部分。例如,我喜欢让·努维尔的作品,因为我不知道他下一步要做什么。但是如果你给我看一个扎哈·哈迪德要建的场地,我可以试着预想到这个建筑物会是什么样,而且有可能我的预测将会达到70%的精确度,这并不奇怪。所以我真正说的是,我不喜欢形式。至于客户,他们应该参与到过程中。我刚刚在伦敦完成了一所学校,在那里我和孩子们一起工作。他们是我的客户,我去见他们说:"我们要建一个新的建筑。对你们来说什么事情是重要的？"然后我们交谈，作画，这成为项目的开始。这个非常重要，我在每个项目中都经历这个过程。

你通过一个访谈赢得了佩卡姆图书馆的委托，这表明对客户来说想法比形象更重要。通常是什么推动了你的项目，想法还是形象？

——在那次特别的访谈中，我还没有想法，我谈了流程。对我来说，重要的是要提出问题："什么是图书馆？"我想和很多不同的人交谈，让这个新事物根据我的发现出现。这正是我们做的事情，在没有想法时的工作方法。

另一个类似的访谈就是我竞标多伦多艺术学院时进行的。但在那里，任务书非常详细，我在去访谈的飞机上读了读，这真的很无聊，每个房间都是规定好的，详尽无遗地列出了所有的功能。所以我要去访谈，并告诉那些人，"我读了任务书，我不知道你们是怎么知道这是正确的，这是你真正想要的。"在场有十六七个人，我说对他们说，"如果你真的相信这个任务书的话，请举手。"只有一个人举手。他是写这个的人。所以我说，"嗯……所以你们不是真的相信这个任务书？"在那一刻，我在他们面前撕掉了它，说："好吧，如果你给我这份工作，我想我和学生们、社区以及工作人员一起工作，我们会找出你们真正想要的。"

你所描述的似乎是一个非常民主的过程，但你说："民主和建筑不共存。"为什么？

——可能当我这么说的时候，我在想荷兰。我喜欢揭露问题的想法,并让人们一起合作解决问题。发现对我来说比设计更重要。但在荷兰,这个过程永远不会停止。每个人都有意见,每个人都想作出决定。但最终,我是建筑师,我需要作出决定。

你说:"教学的行为一定是一种利己主义的行为。我可以把教学的探索作为我自己的建筑探索的一部分。"你给学生留什么样的作业?

——随着年龄的增长,我给学生的作业越来越少。我问他们,"你想做什么?"我不试图要求他们在特定的日期和时间提交一个特定的方案。

你不给他们那么多的自由,是吗?

——我给他们很大自由。我会对他们说,这个学期,我们正在做这样的建筑,让我们考虑这些条件,等等。但我想让他们思考什么对他们而言是重要的。这样,对我来说更有趣。我也从他们那里学习,这就是为什么我把它称为"利己主义的行为"。当我教学时,我喜欢和学生们一起坐在一个大桌子旁,在大家面前一起讨论他们的作品。这样,我认为他们彼此之间以及从我这都可以学到更多。对我来说,这样工作量更大,我必须了解10或12个不同的方案,但这样会更有趣。

你说:"建筑的问题是建筑师认为他们应该对社会负责,而不是对自己负责。建筑师必须是自私的。一旦学到了这一课,建筑就有了开始。"你能详细说明吗?

——我认为这是真的。显然,我们建筑师有责任。世界各地的大多数建筑师都是以最好的意图进行建筑实践服务于他们的社会。通常,这些建筑师的名字被遗忘了。但严肃地讲,至少有一半的建筑师的责任是弄清楚你是谁,因为你没有成为一个建筑师只是为了组装不同的东西。你没有,或至少,我希望你没有。因为你有一种态度,一种观点,你有一种判断力。这是你被训练的目的,而这就是你所成就的。

因此,建筑设计的过程是一种利己主义的行为。我喜欢参与各种讨论,但最终,建筑必须给我愉悦感,它同时也可能给别人带来乐趣。我不知道这是怎么发生的,但我知道很多人喜欢我的建筑,并喜欢在里面。我知道,因为很多人都和我分享过这个。建筑是妥协的艺术,因此,妥协的基础必须坚强,也只有当你拥有自由梦想而不迎合社会的梦想时,它才能变得强大。

我必须说,之前我拜访过你在伦敦的许多建筑,我永远不会预想到,我会那么喜欢它们。单从照片来看,我从来没有预想过这一点,因为相比没有节制我更喜欢克制。但亲身体验推翻了所有的先入之见。尽管如此,我从未听说过要做好建筑,必须是一个自私的建筑师。你认为这是真的吗?

——谢谢,嗯,我不想概括,但我会说是的。当然,纯粹自私的人是可怕的,但是你需要在构成作品和做出重要决定方面自私。你可以开放地进行辩论,你可以享受它,并从中学习,但有一点,你是建筑师,必须是作出决定的那个人。这是建筑的艺术:把所有的一切以你自己的方式组合在一起。

伦敦:2008年4月,2010年10月

威尔·艾尔索普（Will Alsop） 121

地方政府大厦，马赛，法国，1994 年
图片由 aLL 设计事务所提供

佩卡姆图书馆，伦敦，英国，2000 年
图片由 aLL 设计事务所提供

威尔·艾尔索普（Will Alsop）

夏普设计中心,安大略艺术与设计学院,多伦多,加拿大,2004年
照片 © 理查德·约翰逊

威尔·艾尔索普

出生：1947 年，英国北安普敦

教育：AA 建筑联盟学院（伦敦）

实践：自 1981 年以来在伦敦开展各种合作；2011 年成立 aLL 设计事务所，在伦敦、重庆设有办事处

项目：上海国际邮轮码头（2010）；曼彻斯特奇普斯住宅综合体（2009）；英国西布罗姆维奇公共艺术中心（2008）；多伦多安大略艺术与设计学院夏普设计中心（2006）；伦敦玛丽女王大学的布利泽德大楼（2005）；伦敦南部的佩卡姆图书馆（2000）；马赛的地方政府大厦（1994）

书籍：《威尔·艾尔索普：噪声》（罗德里奇出版社，2010）；《威尔·艾尔索普的超级城市》（乌比斯出版社，2004）；《艺术 + 建筑》（美国学术出版社，2003）；《威尔·艾尔索普：1968—1990》（提纽斯出版社，2001）

教学：维也纳技术大学，汉诺威大学（1988），AA 建筑联盟学院（1986），不来梅艺术与音乐学院（1984）客座教授

奖项：RIBA 世界建筑奖（2004），大英帝国勋章（OBE，2004）；英国皇家建筑师协会斯特林奖（2000）

Photo © Antonio Dimos

亚历杭德罗·阿拉维纳（Alejandro Aravena）
我用建筑提升现实

昨天，当地的年轻建筑师领着我去智利天主教主校区看了一些你的建筑。我很喜欢那些令人兴奋的想法、创造性的建筑和空间，以及它们与功能和气候的完美结合。你会认为智利正在经历建筑的文艺复兴吗？

——我不确定这是个正确的问题，因为要复兴，你需要一些东西重生。我不认为在智利我们有一个强大的建筑遗产需要开始重生。在西班牙征服者抵达之前，我们没有像秘鲁、墨西哥或巴西这样的帝国……这里的建筑遗产非常薄弱。即使在西班牙人到达后，在这里建造的也很少有区别。所以，如果有什么，这里也是新生而不是复兴。

20世纪的建筑是什么情况呢？

——好吧，即便是现代运动也没有产生任何有意义的作品，可以提供给你去参观，你如果恰好在南美洲旅游的话。例如在巴西附近，就有具有非常强的现代建筑遗产。

你是说，在最近一波吸引了国际关注的现代项目之前，这里没有什么有趣的建筑吗？

——所有这些有趣的项目都是最近的。我们的年轻建筑师没有背负任何建筑遗产的包袱。我们不怕以最激进的方式进行创新。除了紧张的预算和具有挑战性的地理位置之外，没有有惯性需要克服。智利是一个有趣的地方。在某种程度上,我们是一个岛国,因为我们一侧是太平洋,另一侧是安第斯山。我们相当偏远,与世隔绝。所以偏远保护我们免受肆意专断和时髦潮流的影响。

我想知道,你是否能确定这些变化开始发生的一个特定时间点?
——1995年,我被《卡萨贝拉》杂志委托做了一个关于当代智利建筑师的专刊。这个专刊出版于1997年,到那时已经积聚了足够的临界质量。起点必定是皮诺切特执政统治的崩溃。

在他执政时期,这里有什么样的建筑?
——这十分伤脑筋。也许皮诺切特唯一积极的一面是信息控制使我们免于后现代主义的影响。因此,经济复苏使得建筑师的创造力集中于良好的建设而不是象征主义。在此之前,很难知道世界其他地方正在发生什么。

几乎没有建筑杂志可以看,甚至无法接触西方音乐……我们能学习的就是通过书。他们被认为书比杂志危险小。我们唯一看到的现代建筑来自葡萄牙建筑师,如阿尔瓦罗·西扎或苏托·德·莫拉。无论如何,我们在最后的趋势中得到了很好的保护。智利一直是一个穷国,我们有这种继承的务实主义感。我们特别关注可建造性问题,也不会忘记地震问题。无论如何,我们正在努力做到合理和实用。所有著名的智利建筑师:史密里安·拉迪奇(Smiljan Radic)、马蒂亚斯·克洛茨(Mathias Klotz),塞西莉亚·普加(Cecilia Puga),以及其他一些建筑师都来自天主教大学,距离这里只有两个街区。个人来说,我受到费尔南多·佩雷斯(Fernando

Pérez）教授的极大影响。他教会我们如何仔细思考，他给我们介绍路易斯·康，荷兰僧侣建筑师多姆·汉斯范德·拉恩（Dom Hans van der Laan），俄罗斯构成主义者……在学生期间我们就有了许多实践经验。到我们毕业的时候，我们都被期待可以开始执业，你不需要出去找工作。这就是为什么我们不太关注风格和复杂性。你不会画出比可以建造的东西更复杂的东西。我们必须使事物得以建成，而不是理性思考建筑的本质。

你会说你是这场运动的一部分吗？
——我们彼此非常了解。我们在这栋楼的 25 层，拉迪奇和塞西莉亚位于 20 层，克洛茨距离这里约 200 米。所以我们总会碰到对方，我们知道彼此在做什么。追求独特的原创的路径需要更多的精力和时间，所以很高兴能感受到你不是唯一投入额外努力的人。这创造了一个健康的竞争环境，但我们不一定是一场运动。

我打赌，即使在某些限制条件下，原创依然有压力。
——原创本身不是目标，而是试图抵达特定问题源头的结果。但事实是，如果我旁边的其他人正在做不可思议的项目，我就没有借口做糟糕的工作。我想这就是所谓的群聚效应：一个鼓励在协作和竞争之间取得平衡的环境。我们在智利有大约 10 个非常强的建筑师：多数在圣地亚哥，在康塞普西翁有一对夫妇。在当地媒体上我经常看到很好的新建作品，如果我看到一个熟悉的名字，我不感到惊讶，因为我期望这些好建筑出自这些建筑师之手，但现在我越来越多地发现我以前

亚历杭德罗·阿拉维纳（Alejandro Aravena）

从来没有听说过的名字，这是一个好兆头。这就是现在智利的那种时刻。

如果我要你总结什么是现代智利建筑，你会怎么说？你是否认为做出一个特定的区别和在建筑中定义国家认同感一样重要？
——我想，一旦你开始关注你的特征，它就将会丢失……看，就像打网球，你能想象网球运动员注意他的特定姿势吗？不，这个游戏是关于击球的。有个球以令人难以置信的速度飞到身边。我要考虑我的姿势吗？我完全专注于回球，有希望落在另一边的球场上……不，我们不能太痴迷于我们的表现。如果有的话，特征的问题应该只给予很少的注意，作为外围的东西。我们关注问题是如何形成的。形式永远是结果，形式从约束和环境中产生。我们的形式来源于预算、气候、政治、社区等等。在设计任何东西之前，我们提出问题：我们需要回答的问题是什么？

你在1994年27岁时创建你的公司，你的第一步是什么？你什么时候开始教学？最终把你带到哈佛设计研究生院的是什么？
——我毕业于1991年，我做的第一件事是用奖学金去了意大利、希腊和土耳其，第一次参观古代神庙。你必须明白，当时在智利我们只通过图像研究建筑。我花了第一年时间去测量和绘制我崇拜的建筑物。你只能通过非常仔细地研究每一个细节来理解建筑和建筑师的设计意图。我数了佛罗伦萨米开朗琪罗的劳伦图书馆的台阶，发现如果你通过中心走上去会比从两侧走少一个台阶，侧向台阶比中心台阶低1.5厘米。这就是为什么楼梯使人感到紧张、紧凑、有力……他像使用骨头、肉和肌肉一样使用石头进行建造。后来我出版了一本有关所有这些测量的书。1994年,我回来,开始教学和从事非常小的项目,如餐馆、酒吧、迪斯科舞厅、商店。这些项目都不会持续超过几年,他们都是小预算工程,但他们对我来说是很好的试验,因为我也在教学,所以我可以对一些客户说"不",并保持一定的品质水平。

然而,在测量了帕提农神庙之后,你一定感觉到你的理想和现实之间有巨大的断裂。
——是的。仅是一年后,我对这些客户感到厌烦,于是我决定退出建筑……我觉得研究所有那些大师然后做一些不相干项目,这是不对的。我决定,如果我不能正确地去做建筑,我宁愿不做,两年来我一直在经营一个酒吧。然而,我继续着我的教学工作。1998年,我得到了我的第一个大项目:在我教学的地方,天主教大学数学系馆的设计,该项目被提名密斯·凡·德·罗奖。当时哈佛建筑系主任乔治·西尔沃提(Jorge Silvetti)是评委,是他2000年邀请我去哈佛任教,这让我回到了建筑行业。

你已经在社会保障房领域工作了很长时间,目前状况是什么样?房屋短缺仍然是一个主要问题吗?
——目前我们的工作室正在做一个9000套单元的项目。智利有一个非常有效地增加新住房单位的制度。作为仅有1700万人的国家,我们每年可以建造10~12万套单元。这意味着在不到五年的时间里,智利的住房问题将得到解决。在智利建造的所有住房单位中约有60%是得到补贴的,所以社会保障房作为公共政策仍然非常重要。现在，我们有大约 25000 个家庭住在贫民窟，我们几乎都认识这些人。这里的情况现在与其他拉丁美洲国家相比是更加可控的，在那些地方非正规住房高达 50%~60%，但问题是质量不是数量。

在智利哪些人有资格获得补贴？
——任何收入不足以申请贷款的人，之前从未收到过任何补贴的人，以及从未以贫民窟居民身份参与掠夺私人财产的人（这是非法的，政府极度不鼓励）。当我们在 10 年前开始从事这些项目时，补贴是每个单元 7500 美元，包括购买土地，支付基础设施和建造房子。现在是大约 20000 美元。除此之外，一个家庭需要支付约 500 美元，其余由政府提供。所以，原则上，你得到一个房子只花 500 美元。这是一个很大的激励，例如，对于那些仍然与他们的父母生活一起生活，希望独立且不想进入贫民窟的年轻人。他们可以等待几年，就会得到一个永久的地方。

那些从其他地方刚刚来到这里的新移民呢？他们没有父母住在这个城市。
——在智利，我们约有 90% 的人生活在城市，往城市的迁移在几十年前已经开始了。我们快速、便宜地建造补贴住房的模式已经成为真正的实验和其他第三世界国家的典范。我们在所有可能的气候带进行尝试，因为智利长达 4000 多公里，从北到南，从沙漠、地中海气候和亚热带到苔原和冰盖。

2000 年，你在哈佛的时候就开始研究住房了，作为一个年轻的建筑师，你怎么意识到你可以有所作为？

——我并没有意识到。我与做这方面的人合作，我遇到了一名交通工程师安德·烈什科贝利，他当时正在肯尼迪政府学院攻读公共政策硕士学位。当我们第一次见面时，他问我："看起来智利建筑在世界各地得到了很多关注，对吧？"我很自豪。他继续说，"智利有很多优秀的年轻建筑师，对吗？"我感到荣幸……但是他问我："为什么社会住房这么差？"他问为什么所有这些项目，占所有建筑的 60% 却是如此糟糕。他是对的，然后他说："我们为什么不做点什么呢？"对我来说，作为建筑师"做某事"意味着一次研讨会、一本书、一个展览……但对他来说意味着：让我们创办一个公司在市场规则和限制下做项目。他说："让我们开始，申请 100 万美元来建造这些单元。"去找政府、政治家、赞助商，或者任何人，来证明可以按照传统的市场规则建立更好的模式。这不仅意味着更好的建筑，而且是更好的购买土地方式，更好的工作政策安排，等等。我们产生了非常不同的想法，并试图与哈佛的学生一起用一年多的时间来找出问题。我们想出的目标是：做一些能够获得持续价值的东西。设计必须用作人们克服贫困的工具。我作为一个建筑师的工作是能够将这些想法转化为具体形式。

在你的一本书中，你说："我们的社会知道如何用很多钱来建造良好住房。我们也知道如何提供低成本的住房，但质量非常差。真正困难的挑战是用很少的钱来做好住房。"你开发的住房单元，被称为"城市的基本部件和日常生活的舞台"。你能谈谈你对多孔结构和半成品房子的想法吗？

——研究表明，多数中产阶级家庭可以在约 80 平方米的房子或公寓里生活得相当好。但智利的公共资金仅可以支付大约一半。更重要的是，这些单元还需要拆迁，因此我提高到的每户 2 万美元不仅仅是建设资金，它还包括购买土地和建设基础设施的费用。

所以，我们得出了以下想法：如果没有足够的钱创造一个完整的房子，那么我们将 40 平方米不看作是一个小房子，而是一个好的房子的一半。你知道吗，如果你为家庭提供的房子太小，他们会竭尽所能使它变大。即使是生活在多层建筑中的家庭，当房子被迫增长时，根据需要拆除墙壁和移动位置，就会给建筑结构的完整性带来风险。这对于承受直接的荷载可能还是可以的，但如果有地震，这些人就处于极大的危险中。

显然，这种住房的价值随着时间的推移而下降。他们不是好的投资，但只是非常基本的生存之地。这就是为什么我们从一开始就计划预期这种增长。房子的结构是居民不能动的，所以我们提供一个完整的房子的框架，将围护部分只有一半，另一半留给未来的增长。住户准备好时，他们可以填充剩余的空间，而不进行任何结构改变。这保证了结构完整性，以及视觉秩序和一致性。此外，我们做了另一个设计，密度足够，但不过分拥挤，使得土地价格是通常社会住宅土地价格三倍的土地可以被承担。因此，代替了住在两个小时路程以外的地方，这些家庭被更好地整合到一个系统里，而不是隔离。他们可以更接近工作、学校、医疗保健、交通、公园和整体性更好的生活质量。因此，他们的财产价值就有可能上升。

你会继续探索半成品房子吗？

——我们仍然遵循相同的原则，但有许多不同的设计。这个想法遵循的主要方向是：低层、高密度没有过度拥挤，为这些家庭提供有扩大和达到中产阶级的潜力。所以我们总是试验扩展的想法，有时向侧面，有时向上。这取决于气候、场地、家庭偏好。最成功的模型是下面是独立住房，顶部是公寓。这样，我们使密度加倍，因此我们需要购买更少的土地，但仍然每个人都有自己单元的单独出入空间。没有公共空间，例如走廊或电梯，它们在恶劣的环境中总是难以维护。

你能谈谈你事务所的构成吗？分为两个组织，合作伙伴是智利石油公司 COPEC。

——我不是英雄，我想要为我的付出得到报酬。社会住房需要专业的质量，而不是专业的慈善。你为什么认为社会住房是如此糟糕？这是因为政府通常不会为深思熟虑支付费用。这就是为什么我们找到 COPEC 并问他们：作为社会责任计划的一部分，如果你花时间可以简化公共政策，改善公共资金使用方式，你会做吗？我们的主要想法不仅是建立更好的社会住房，而且要为整个过程带来创新和效率。他们喜欢这个想法，决定在我们公司投资。他们拥有 40％ 的所有权，大学占 30％，作为合作伙伴，我们有 30％。所以艾勒蒙特欧（Elemental）是一个关注社会效益的营利公司。我们将工作分为三个部分：城市设计（整个城市规模的干预），社会住房和机构建筑，以及企业客户。我的个人公司叫亚历杭德罗·阿拉维纳事务所（Alejandro Aravena Arquitectos），它只是我的。如果我被邀请做一个项目，我就像任何其他客户一样会雇佣艾勒蒙特欧。

为什么要有两家公司？
——我不认为大学和任何其他公司会把钱给私人的建筑事务所。艾勒蒙特欧作为一家足够大的公司而成立，为了可以处理复杂的项目，但也不是那么大以至于让我们失去对设计的控制，花费我们所有的时间去运行公司。

我很好奇你在哈佛的设计课叫"$ 3200"。为什么一个预算是主要焦点，而不是一个项目或建筑的其他方面？
——那是我在哈佛教的第二个设计课。让我们先说说2000年的第一个设计课。最初，我不知道该教什么，但我知道对建筑的最大威胁是任意性。建筑师可以在他们的作品中表达的第一件事情是什么，这使我非常焦虑。所以我给第一个设计课起名"否则"，意思是是否事情总是这样或那样，我试图消除任意性。我认为约束限制是一个很好的过滤器，可以防止多余。这就是我们在艾勒蒙特欧公司这里的想法。我们专注于给定主题的最基本的、不可简化的方面。在社会住房项目里，我们受到预算紧张的限制，因此我们被迫这样做，但即使我们正在设计其他类型的项目，而且预算更加慷慨，一个基本的、不可简化的方案也是令人向往的。

　　现在回到"$ 3200"设计课。我们不关注想法，而更关注限制。社会住房的主要限制就是预算，所以我问我的学生用特定的一笔钱可以做什么？这与学术界通常接触项目的方式相反。当你有一个非常低的预算，可以使用什么样的材料？非常便宜的海运集装箱、波纹金属、塑料箱和瓶子、轮胎等。答案是不，只是因为我们正在为穷人盖房子，这并不意味着他们必须生活在如此低劣的环境中。所以，尽管存在这种稀缺性，我们试图给这些项目带来尊严和高标准。增量成为我们的战略，让我们用现有的钱建成一半，当有更多的钱另一半也可以建立。这也导致了另一个转变：关注点不是一户人家，而是整个社区。问题不是7500美元可以建造什么样的单元，而是用75万美元为100个家庭可以建造什么？这带来了很多的可能性。

因此，这些项目考虑的不只是住房，而是作为整个城市的延伸，对吧？

——当然。不管每个单元的效率如何，如果这些住房与城市其他区域保持良好的联系，并且没有耗尽所有提供这些单元的资源，或者继续补贴那些不能很好融入当前经济的家庭，它就会让政府投资住房更有意义。在任何情况下，我认为学生需要限制。如果没有规则，就没有自由。这个想法很难在哈佛推动，因为每个去那所学校的人都想证明自己的才华，但我不是要求那些。我不在乎你是否有一个想法。这有一个问题需要解决，这就是焦点。

谈到这个设计课，你说："我对想法不感兴趣。我对约束和限制感兴趣。"你想表达什么含义？我问这个，因为我参观你的暹罗塔（Siamese Tower），它是充满了想法，不可能简单地从约束和限制中产生，你同意吗？

——你是对的。我们有很多想法，但不是起点。它们是提出具体问题的结果。

亚历杭德罗·阿拉维纳（Alejandro Aravena）

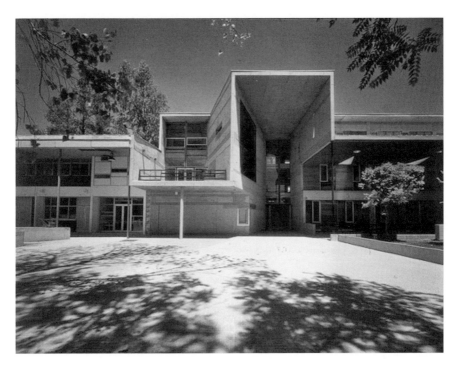

智利天主教大学数学馆，圣地亚哥，智利，1999年
亚历杭德罗·阿拉维纳建筑师事务所
照片 © 塔德乌什·贾洛查

暹罗塔，智利天主教大学，圣地亚哥，智利，2003—2005 年
亚历杭德罗·阿拉维纳建筑师事务所
照片 © 克里斯托瓦尔·帕尔马

亚历杭德罗·阿拉维纳（Alejandro Aravena）

只是为了补充我的观点：这座大学塔位于一个完美平整的场地，然而每个面都通过倾斜表皮使地平面的处理不一样，进入它，你需要下到地下层。还有建筑中的建筑这个双层表皮的想法，在上层将主要核心筒分成两部分等等。这是一个哈佛学生梦想的项目……

——嗯，我们都知道，平屋顶，你无论把它们密封隔离得多好，最终总会漏。因此，斜坡是尽可能使水尽快从屋顶和其他表面排走的方式。此外，倾斜的表面更吸引人们坐下，就像蓬皮杜中心前面的广场或锡耶纳环绕卡姆博广场的倾斜。这些地方是我的灵感，因为我认为重要的是学生有一个地方可以和别人一起打发时间，因为你永远不知道你会遇见谁，你可能有什么发现。学生们组成一个学习型的社区，所以它总会带来问题：你如何促进这样的讨论？

当然，总是有自由：使用什么材料的自由、窗户多宽、多陡，或者没有窗等。我不是说你不应该有这些想法，但我们不需要谈论他们。我们需要谈论更大的问题，应该由问题来定义一个特定的方向。解决方案是细节，我们不应该需要谈论每一个细节。这些都像是默认的，你只是知道正确的答案。解决方案应该是直接和简单，这就是所有。这是一个创造力和偏好的问题，没有什么可谈论的。

当沃尔夫·普瑞克斯（Wolf Prix）还是学院院长的时候，我曾问他是怎么教授建筑的，他说他的学生"学会赋形于他们的想法，不是根据现实的限制和陈词滥调，而是根据现实的可能性"。换句话说，学生想象什么是可能的。最有想象力的项目得以建成不是因为我们需要它们，而是因为我们有客户和建筑师能够想象到,你同意吗?

——他说的事情一言难尽……

好吧,你是否会同意,如果你作为一个没有经历类似训练的学生,你可能不知道什么是现在合适问的问题?现在,作为一个专业人士,你有选择正确方向的机会,但在早期,你需要被赋予创造自由以了解建筑中存在如此多的可能性……

——你需要知道目标是什么。如果你给我一些对象,说用它们生火,我可以拿出很多解决方案,但是如果在一天结束时候,没有火,所有的都是失败。如果你只是给我这些对象,我有世界上所有的自由,做任何我想要的,那么它是毫无意义的。没有矛盾、没有目的、没有办法衡量你是否成功。对我来说,创造力来自于克服限制。例如农业,这可不只是通过玩可能性就能发明出来的……

有一个具体的威胁和需求要发生。如果人们不死于饥饿,就不会有火。在智利,我们面临着非常具体的问题,这就是为什么我对在建筑方面的任意姿态非常批判。它可能是这种方式或以其他方式……我为某个原因去做建筑。我想要比以前做得更好。不只是不同,要更好。更好,意味着不只是设计,还有更好的生活条件。

你从哈佛回来后,还在这里继续教书吗?

——你可能已经感觉到我对学术界有质疑。自从回到智利,我没有教过书。乔治·伯纳德·肖(George Bernard Shaw)说,"那些知道怎么实践的人,不知道如何教别人。"我不懂如何告诉人们事情是什么或应该是什么,好像我已经知道了。

我知道的就是事情对我来说很难描述给别人……知识总是来源于发现新的东西。在我的事务所里，我们与来自世界各地为我们工作的人们一起做了大量的探索。

如你所见，在学术界人们经常发现需要解决的问题。但我们生活在一个已经有这么多问题的世界。为什么我应该把另一套问题引入已经充满了问题的世界呢？对于那些相信受益于去除现实世界的所有限制的人，学术界是一个完美的环境。我认为在大学待一段时间是件好事，因为它是一个完美的地方，去遇见合适的人，但是它太安全。在任何情况下，有很多好地方可以认识人：公共讨论、会议、讲座、展览等等，有很多方式可以进行专业对话。

你刚刚在大学完成了一个新的创新中心大楼，你能谈谈主要想法吗？

——有五个要点影响了这栋建筑的形式。首先，目标是从环境的角度建造一个高效的建筑。在这种气候下，四周厚实的建筑是有意义的，不要让太阳的热量进入内部。与具有玻璃幕墙的类似建筑相比，我们的建筑仅消耗了三分之一的能源。不是遵循潮流，我们想作常识性的选择。因此，建筑物拥有巨大的立面和空核。

第二点通过程序调节，其与第一点工作配合得很好。该建筑被认为是一个复杂的设施，而不是一个建筑。内部有一个工业起重机，可以把你可能想要的任何东西带到你的办公室。这意味着当你使用时你可以有许多选择。没有什么是永恒的。

第三点是关于社交互动。空心的核心允许内部的人知道每个人正在做什么和相互之间的互动，这可能引发协作等等。我们为这些偶然的面对面相遇创造了许多机会：更广阔的走廊、电梯前的休息区、公共外部露台等。

第四点是风格或外观。我们想要使它是一个非常稳定、严肃、中性并且具有工业风格的地方。我们想要一个你可以说没有任何风格的建筑。它是中性且脱离人们可以想象的时尚。创新中心的最大威胁是，它可能过早地过时。这就是为什么建筑不是关于一个特定的风格，而是关于它的功能。

最后，我们想使用不会随时间而变质的永久性材料。混凝土是一种优秀的材料。随着时间的推移，它变得更坚固。我们希望这栋建筑至少服务 50 年或更长时间，所以我们提出了一个简单的问题：随着时间推移这栋建筑看起来会更好还是更差？混凝土、木材和钢材随着年龄的增长往往看起来更好。

有趣的是，听到你描述你的建筑是中性的……我认为这是一个非常引人注目的建筑。它有重量，也是奇特的，以非常强大的方式吸引着你的注意。
——它确实是一个非常强大的建筑，我们并不因此害羞。它有一个严肃的性格，平静而自信。但它能够成为纯粹的背景，让你自然地过你的生活。

你的主要灵感是什么？我发现许多你的建筑模型可以很容易地抽象为雕塑，它们非常有艺术感。
——如果这是真的，它就像书写。没有什么我是能做的，即使我想。但这不是说我有一个特殊的风格。将它比作写字，我最感兴趣的不是笔体，而是内容。我想写什么？我想通过作品表达什么？"怎么做"是重要的，但不如"为什么"和"是什么"，因为不管通过什么我的笔迹都会出现。

当你在寻找一个答案，是否出现一些其他建筑师的作品呢？
——当然。在普利兹克奖委员会，我们参观项目不仅是最近建成，而且包括以往优秀大师的作品，重要的是提醒建筑曾经是什么。看看勒·柯布西耶的作品，包括是在印度和孟加拉国这样特别的地方的路易斯·康的作品，你开始考量这些大师建立的杰作，不会过时。康在印度艾哈迈达巴德的印度管理学院可以在 2000 年前建成，也可能在 50 年后出现。

此外，智利的建筑是我的灵感的大来源。我很自豪，我可以将我许多的同胞称为优秀的现代建筑师，我认为拉迪奇是有才华的。但我也被一些不知名的建筑甚至建筑物和墙壁的碎片，围栏、屋顶和人行道所感动，我对一些未受过训练的人做的建筑也有很多关注。

对我来说，营造差异是不言而喻的。就像人们能够通过发动机的声音来区别汽车是什么故障，我知道建筑物中的某些东西是对还是错。具有挑战的是能够用简单的术语解释不言而喻的东西，使得它们可以分享。这种不言而喻的确定性有一种精确性……我喜欢非常精确，我不是说一切都必须是直接的或一致的。有时一个项目失去了活力，正是因为一些东西太完美了。某人的脸上轻微的错位可能比一个完美的计算机生成的脸更有吸引力。我使用直觉和技术专长来获得某些效果，在建筑物中引入活力原则。

如果要你描述你的建筑，你会选择什么关键词？

——综合性。

2009年,你被任命为普利兹克奖评委会的成员,你能谈谈这个话题吗?

——我们刚刚公布2014年获奖者坂茂,他是我提名的第六个人。每年评委会前往各地参观杰出作品。2006年,他们来到智利,请我向他们展示我的一些项目。我感到荣幸,就是这样。

只有几年后,我接到了一个电话,问我是否有兴趣加入评委会。我不知道为什么他们邀请我,但我现在知道作为评委会成员,成员之间的化学反应是非常重要的。目前,他们大多不是建筑师:一个律师、一个商人、一个作家、一个策展人。他们都非常了解建筑,从许多角度看建筑物。重要的是,作为评委会成员不仅要了解这个问题,而且要有正确讨论它的态度。

这就是为什么化学反应很重要,所以如果需要我们可以强硬。不是每个人都同意,但有很大的尊重和公平。我感到非常荣幸也很有挑战性,能够参与我遇到过的知识水平和专业度最高的讨论。我记得其中一项讨论,就是建筑师本身,显然所有讨论的建筑师都是非常有才华的,但我们在讨论绝对最好的。这就像一个100米的决赛和每千分之一秒的计数。我记得一个关于建筑物的评论,说,"这个建筑师的工作太甜了。"所以你可以理解这些讨论的水平,这些决选项目都符合最高标准,所讨论的内容都是最好的,很少是感观印象。这可以与评论一顿美食相提并论。我们不是在谈论一个菜是过度烹饪还是太咸了……我们在谈论变革的经验。

除了建筑"太甜了",你们还讨论哪些问题?

——当然,我们正在谈论建筑在一个特定时刻的状态,建筑和社会之间的关系,政治、社会、环境、创意方面。我们提出了很多问题:社会的期望是什么?它的挑战是什么?世界会向哪里发展?谁是问这些问题和挑战惯例的建筑师?什么类型的作品值得庆祝?什么将经受时间的考验?

我们所讨论的建筑水准使我非常谦虚,专注于我自己的工作。看到这些伟大的作品后,你不能继续做蠢事……我对坂茂的入选很高兴。让我们认真考虑一下:你能用纸管做什么?他扩展了超越我们已知的建筑领域。

自从我参加过评委会以来,我一直对每位获奖者都非常满意:彼得·卒姆托、妹岛和世、艾德瓦尔多·苏托·德·莫拉、王澍、伊东丰雄……所有这些都是才华横溢的建筑师,从来没有什么奖是颁给特定建筑师的,因为除了卓越还需要一个议程。从来没有出现根据——这是拉丁人,或黑人建筑师或女性……的时代来决定,奖项的授予只是基于工作的品质,被评判的建筑都是非常动人的和具有最高品质的。现在有七个日本人得奖,那是一种什么立场?唯一的目标就是品质和卓越,纯粹而简单。所有其他议程都要完成,如果不是这样,我会离开……

作为一个建筑师,你是否有一个想要实现的特定目标?

——能够改变住在我们城市的穷人的生活是否是一件好事?我没多想。艾勒蒙特欧公司是一个"行动的巨人",不只是一个智囊团。我们对现实的评论不是通过写信给报纸,而是通过做一个项目。我改进现实的方式是通过建造,这是我的方式。十五年前,我们有一个想法,14公里不间断的行人公园,圣地亚哥大都会海滨长廊,我去找圣地亚哥市长,最终智利总统推动了它。经过许多争论后,我们现在拿到这个项目,最终接近完成。我喜欢在雄心勃勃和现实之间保持平衡。

智利圣地亚哥:2014年4月

亚历杭德罗·阿拉维纳（Alejandro Aravena）

暹罗塔，智利天主教大学，圣地亚哥，智利，2003—2005 年
亚历杭德罗·阿拉维纳建筑师事务所
照片 © 弗拉基米尔·贝罗戈洛夫斯基

蒙特雷住宅，新莱昂州，墨西哥，2008—2010 年
艾勒蒙特欧（ELEMENTAL）公司
照片 © 拉米罗·拉米雷斯

亚历杭德罗·阿拉维纳（Alejandro Aravena）

智利天主教大学创新中心——阿纳克莱托·安吉里尼,圣地亚哥,智利,2011—2014年
艾勒蒙特欧(ELEMENTAL)公司
照片 © 艾勒蒙特欧公司

亚历杭德罗·阿拉维纳

出生：1967年，智利圣地亚哥

教育：智利天主教大学（1991）；历史与理论，威尼斯建筑大学（1992—1993）；在威尼斯艺术学院学习雕刻（1992—1993）

实践：1994年在智利圣地亚哥成立亚历杭德罗·阿拉维纳建筑师事务所；与COPEC智利石油公司和天主教大学项目合作成立艾勒蒙特欧（ELEMENTAL）公司，自2006年起担任执行董事

项目：智利天主教大学创新中心——阿纳克莱托·安吉里尼，圣地亚哥，智利（2014）；菲尔德别墅，马乌来地区，智利（2013）；蒙特雷住宅，新莱昂州，墨西哥（2010）；暹罗塔，智利天主教大学，圣地亚哥，智利（2005）；智利天主教大学数学馆，圣地亚哥，智利（1999）

书籍：《艾勒蒙特欧：增量住房和参与式设计手册》（哈提耶·康茨出版社，2012）；《亚历杭德罗·阿拉维纳：建筑中的力量》（TOTO出版社，2011）；《亚历杭德罗·阿拉维纳，设计和建造》（雷克塔出版社，2007）

教学：哈佛大学设计研究生院（2000—2005）；智利天主教大学（1994—2000）

奖项：普利兹克奖（2016）；美洲建筑奖杰出项目提名奖（2014）；马库斯奖（2010）；英国皇家建筑师学会国际会员（2010）；第十一届威尼斯建筑双年展银狮奖（2008）；埃里希·谢林建筑奖章（2006）

坂茂（Shigeru Ban）
在我之前没有人用纸建造永久性的结构

你一直想成为一名建筑师吗？

——从小我一直想成为一个木匠，喜欢参观建筑工地。我的母亲是一个时装设计师。当我在高中时，我偶然看到一本刊物叫《建筑＋都市主义》的杂志（A＋U），其中有专题介绍建筑师团体纽约五人组的空间创新住宅：约翰·海杜克、彼得·埃森曼、查尔斯·格瓦斯梅、迈克·格雷夫斯和理查德·迈耶。他们点燃了我对建筑的热爱，当时，海杜克、迈耶和埃森曼正在库伯联盟学院教书，所以我选择去美国学习。1984年我从库珀联盟毕业，并立即在东京开设了我自己的建筑事务所。我的第一个项目是为我母亲设计工作室，直到今天，我们还在共享这个空间。

人们通常会问你什么样的问题？

——人们总是问我一样的问题：我的纸房子可以持续多久，是否不怕下雨。

你是第一个使用纸作为建筑材料的建筑师吗？

——巴克敏斯特·富勒曾在他著名的穹顶结构中使用纸管，但在我之前没有人主要用纸来建造永久性结构。

这是怎么开始的？

——偶然的机会,在 1985 年我刚刚开始实践的时候。我在为埃米利奥·安巴斯(Emilio Ambasz)在东京轴线画廊(Axis Gallery)的展览进行设计工作的时候,我使用了透明织物划分空间。展览后,我留下了很多用于运输和存储织物卷的纸板管。一年后,在同一个画廊,我当时正在为阿尔瓦·阿尔托作品展做布展,阿尔托以其使用天然木材的温暖舒适的室内装饰而著名。但是,使用天然木材作为展览将是非常昂贵的。然后我想起了管子,去了当地的纸厂,发现纸板管可以制造任何直径和长度。就是这种如此廉价的材料,模仿木材出现在展览上,然后这一次又一次地出现在我的许多其他项目中。

所以纸房子能持续多久?
——永远!它与材料无关。

你的意思是磨损的构件可以更换,但是只要有需求,房子的寿命可以持续下去吗?
——是的。任何其他建筑都是一样的,无论建筑用的是木头、混凝土还是钢。

你的纸房子不怕下雨、火或者寒冷的天气吗?
——你必须明白这无关乎材料。任何建筑不管它是什么做的,必须是防火的且能隔绝恶劣天气。所以建筑是由什么做成的有什么区别呢?用于建设的纸经过专门的防火和防水处理。不要忘记,同样的硬纸管常被用来浇筑湿混凝土制造整根的圆柱。所以这个材料经过了充分测试。没有人质疑,木材是

临时"纸教堂",神户,日本,1995 年
照片 © 平井弘之

比纸更坚固的材料，或者钢材比木材强度更大。但在不同的情况下，我们更偏爱一种材料，是出于各种原因。纸有许多重要的品质，例如它们很容易制造、运输、处理、切割，最后它还非常实惠。

你是国际建筑师团队 THINK 的成员，提出了世界文化中心这个方案，在纽约世界贸易中心重建项目竞赛中获得第二名，而丹尼尔·里伯斯金最后胜出。组建 THINK 团队是谁的想法？
——建筑师弗雷德里克·施瓦茨（Fred Schwartz）联系的我。当我还在学校读书的时候，我作为模型师在罗伯特·文丘里纽约的事务所工作，在那里我第一次见到了弗雷德里克。很多年后，我们才再次见面。弗雷德里克提议我加入由拉斐尔·维诺利领导的团队。

9月11日的悲剧发生后你的第一反应是绘制了一个小的纸制教堂，为什么？
——是的，就是这幅画。（坂茂拿出他的手绘本，找到一个画着微小的圆柱形结构的图纸，结构由纸板管组成，支撑着一个朴素的空心锥形屋顶，手稿画于2001年9月16日。）对我来说，这是一个巨大的悲剧。我在纽约学习，现在我每个月都来这里出差。在悲剧发生几天后，我去了原爆点。目睹了整个花海和数以千计在那里丧生的人的照片，照片贴在圣保罗教堂四周的围墙，就在世贸中心塔楼的街对面。我想创造一个适度的纪念馆，所有在哀悼的人都到那儿向死者表示敬意。

让我们回到这个竞赛。你们的想法是提出两个中空的网格结构,来提醒我们被毁掉的双塔吗?

——这是一个集体的作品。谁首先提出的想法并不重要。从一开始,我就反对这场竞赛。但是当我被邀请,我决定不拒绝邀请。这里是图纸,团队第一次讨论时我的方案。(坂茂展示了计算机效果图,描绘了两个双塔,与THINK团队提交的最终成果很相似。)

这些塔是空心的吗?

——不,它们是办公楼。经过多次讨论,它们被改成空心,有着象征性钢网格结构,在不同高度设置音乐厅、博物馆、观景台。

里伯斯金反对回到可以回忆起世界贸易中心的塔楼的几何形体,他认为这将展示出怀旧情绪,把我们的注意力转向过去,而不是未来。

——我不认为这是怀旧。对我们来说,这是一个重生的象征。有这么多人记得双子塔的强大形象!我们的塔将带回这种形象,让数百万人熟悉和珍惜。

你对里伯斯金的方案怎么看?

——我喜欢它,我很确定他会赢得竞赛。

你能谈谈你在长岛参与的萨加波纳克项目的房子吗?在那里建设一个有数十个独户住宅的新社区,许多是由世界著名的建筑师设计:扎哈·哈迪德,菲利普·约翰逊,理查德·迈耶，埃里克·欧文·莫斯（Eric Owen Moss）……
——是的，这是非常有趣的项目。萨加波纳茨有一个现实情况：建筑师不能监督施工。这就是为什么我决定提出一个家具屋。所有的墙、外部和内部都是预制的胶合板家具单元，支撑起一个平屋顶。这种房子只能以一种特定的方式组装，即使是由无经验的工人来组装。这样，我保证对最终结果有一个看不见的控制。以前，我在日本和中国建了几个这样的房子。为什么把潜在的生活空间浪费成实墙？衣柜和书架也可以用作结构墙。

建筑对你而言是什么？
——建筑是我的生活。

建筑最重要的是什么？
——人的反应。当我能遇到进入我的房子的人，我会很开心。这就是为什么我不喜欢设计公寓综合体，因为我不知道谁会住在那里。偶尔，我喜欢参观我的博物馆或教堂，隐藏在一个纸柱后面，只是观察游客，我非常喜欢这样做。

你梦想的项目是什么样的？
——多年前，我的梦想是设计一座桥。现在我正在设计一座葡萄牙的人行天桥。当我还是一个学生的时候，我想为世博会建一座日本馆。我两年前在德国的汉诺威做到了。我还想与弗雷·奥托那个世界知名的德国建筑师与结构工程师一起工作。他1972年在慕尼黑设计了有盖的体育场。当我确定我将在德国设计日本馆时，我努力去寻找奥托。在那一刻，我甚至不知道他是否还活着。他以极大的热情同意帮助我，在第一次见面时，他就带来了纸板管，非常投入。

看来你实现了你的所有梦想。
——现在我正在为中国天津中心区制定一个新的城市规划。我从来没有梦想过这样的尺度。这个项目是纽约世界贸易中心尺度的十倍！

纽约：2003 年 2 月

坂茂（Shigeru Ban） 159

纸之家，山中湖，山梨县，日本，1995 年
照片 © 平井弘之

2000 年世博会日本馆，汉诺威，德国
照片 © 平井弘之

坂茂（Shigeru Ban）

阿尔瓦·阿尔托展,轴线画廊,东京,日本,1986年
照片 © 清水幸生

坂茂

出生：1957 年，日本东京

教育：南加利福尼亚州建筑学院（1980）；库伯联盟学院（1984）

实践：1985 年在东京成立坂茂建筑师事务所；在东京、纽约、巴黎设立办事处

项目：纸板大教堂，基督城，新西兰（2013）；蓬皮杜中心，梅斯，法国（2010）；萨加波纳克住宅，长岛，纽约（2006）；曼哈顿游牧博物馆（2005）；2000 年世博会日本馆，汉诺威，德国；纸之家，山中湖，山梨县，日本（1995）；幕墙宅，东京，日本（1995）；纸教堂，神户，日本（1995，2005 年拆解）

书籍：《坂茂》（塔森出版社，2012）；《坂茂，1985—2010 全集》（塔森出版社，2010）；《坂茂，建筑学论文》（里佐利出版社，2009）；《坂茂》（费顿出版社，2003）；《坂茂》（普林斯顿建筑出版社，2001）；《坂茂，进展中的设计》（TOTO 出版社，1999）

教学：京都艺术设计大学教授；曾在横滨国立大学、庆应义塾大学、哥伦比亚大学、康奈尔大学、哈佛大学设计研究生院任教

奖项：普利兹克奖（2014）；法国国家勋章（2011）；托马斯杰斐逊建筑奖章（2005）；阿诺德·W·布鲁纳建筑纪念奖（2005）；世界建筑奖：世界上最好的房子（裸宅，2002）；《时代》杂志年度创新者（2001）；日本建筑家协会年度最佳年轻建筑师奖（1997）

伊丽莎白·迪勒（Elizabeth Diller）
我喜欢在灰色的区域工作并制造陌生化的音调

你的搭档里卡多·斯科菲迪奥（Ricardo Scofidio）曾经把你们的项目比作"洋葱"，意思是它们有很多层，越剥就越能达到的核心。看着你那些令人着迷的作品我感觉像在给整个洋葱剥皮，但我却远未达到其核心。你们的项目并不是从表面上看到的那些东西，对吗？

——我不认为我们的工作是一个旨在展示的公开表态。它总是面向多元化的使用者和不同类型的观众。例如，"模糊建筑"是我们的第一个大众项目。你知道，瑞士的每个小学生都会去那里，作为学校教育的一部分。作为世博会建筑，它面向各式各样的人，因此不得不在很多层面上同时考虑。事实上，不同的人有很多不同的印象，这对我们来说是非常有价值的。我们总是考虑不同的观众，同时有自己的计划，每次都试着开辟新的东西。

你1979年毕业于库伯联盟。那个时代——从20世纪70年代中期到80年代初——对学校来说是个非常特别的时期。斯坦·艾伦（Stan Allen）、坂茂、丹尼尔·里伯斯金、森俊子（Toshiko Mori）和赫塞·瑞塞尔（Jessie Reiser）等等都是那些年从这所学校毕业的。你能谈谈那段在学校的经历吗？你从库伯联盟学到的最有价值的工具是什么？

——约翰·海杜克（John Hejduk）对我来说真的很重要，直到 2000 年去世他当了 25 年库伯联盟建筑学院院长。他是一个很深奥的人，说话很少，但是他描述世界的方式是非常丰富和吸引人的。正是因为他，我从艺术学院转到了建筑学院，我喜欢向他学习，但我的工作是不同于他的。虽然库伯联盟在建筑学校中很不寻常，但对我来说它是正统的，所以我试图非常挑衅地去破坏那里的建制。

我必须抵制并找到一个不同的方向。约翰·海杜克对我的工作很好奇，我们是非常紧密但又有摩擦的关系。就在我毕业一年后，他邀请我回到库伯教书。那一刻给了我一种建筑文化上的独立性和跨学科性。学校非常开放、活泼、不拘一格、思维活跃，拥有比艺术学校更多的课程。有很多欧洲人在这里教学——阿尔多·罗西（Aldo Rossi）、保罗·索莱里（Paolo Soleri）、拉斐尔·莫内奥（Rafael Moneo）。学校让我看到了建筑的许多方面，我一直在库伯教书到 1990 年，然后有个机会我来到普林斯顿大学继续教书。

似乎所有伟大的建筑往往是自我参照，最终追求美。比如那些由米开朗琪罗、帕拉第奥、勒·柯布西耶、赖特、斯卡帕等所做的项目，你的建筑肯定可以被称为美的，但似乎并不是真正的主要目标，总是关于别的东西——监视、展示、表演、操纵和对观点进行问题化等等。为什么你认为建筑应该提出概念性、挑战性、修辞性和争议性的问题？

——为什么应该这样？我不知道是否这是应该的或必需的，我只能代表我自己。我把建筑看作营造表演的载体。任何类型的设计都是这样的。我们总是试着评估事物，我认为重要的是要有空间意识、问题意识、文化条件、主次分层等等。例如，我们对监视很着迷，同时当人们面对如此多的监视开始有意识地在摄像机前进行表现的时候，我们对后偏执也产生了兴趣。因此，对我们来说，这是对某些可能未被公众明确意识到的状况的鉴别，让我们找到那些能增强已经发生事情的机会，所以建筑最终成为事件的主角。

是什么让你想在每一个项目中都具有创新性和原创性？
——我想这是一种反常的受虐狂表现。对我来说，如果它具有挑战性，仅仅意味着有趣。我们不喜欢同一件事做两次。但我们并不是为了原创而原创，这是一种强迫症，打破常规做一些违背期望的事情。

赫伯特·马斯尚普（Herbert Muschamp）说过，你是最重要的求真者。你认为他是什么意思？
——这是赫伯特的话，不是我的。我们试图用复杂的方式看待事物，建筑不能脱离政治、经济或文化，我们有兴趣收集周边所有的影响力量。而且我认为这是一个更真实的方法，而不是建立一个自治的世界并生产其自己的现实，采用这种方式的形式主义建筑师们似乎生活在某种气泡之中，他们为了创造自己而将自己与世界隔绝。我们着迷于现在以及在这里发现的事物。当前在纽约工作对我们来说是非常刺激的，我们不能把这些事实放在一边。

你能尝试定义你正在寻找的真理吗？
——我不确定有没有真理。我认为问题是美丽的，答案是死的。我们试图产生共鸣和一种感觉，不是规定性的而是有足够激发性的。例如"模糊建筑",它真的没有什么可做的,也没有什么可看的。但是,处在这种的环境中会让你意识到很多事情,包括没有什么可以看这个事实,当出现焦虑时就产生出一种摩擦,但也有其他的感官欣赏。这不是关于真理,而是关于用一个非常简单的方式产生意识,我们对营造预期的概念很感兴趣。

"模糊建筑"是体验虚拟世界的一种尝试吗?
——不,这是一种对环境的反应。你如何在水面上建造东西?但环境不仅仅是湖,还有世博会的历史和临时的展览建筑,技术在其中总是扮演了重要角色。由于我们经常在工作中使用媒体技术,我们想反对被媒体技术所包容的建筑。这是对高清晰度、高分辨率、视觉上和听觉上模拟环境的反叛,我们想要做的恰好相反——一个低清晰度和低分辨率的建筑。

我们不想呈现最完美的渲染和模拟现实。但是,在这样一个想法下,你怎样才能在世界博览会上做出一番景象呢?没有观众,没有内部,没有外界,也没有中心焦点,事实上所有都是模糊不清的。那么,如果没有什么可看的,你如何使它变成一个景观呢?这有点不合常理。但它不是关于虚拟体验。这是非常高科技,但不是炫耀技术,而是为了产生模糊,然而许多人并没有意识到这一点。它看起来几乎是反技术的。最后,它产生了许多不同的反应和隐喻,这是我们无法预料的。大多数人用"云"来定义它,云的高明之处在于它们产生了如此多的隐喻。有些人认为它只是一块湿地,但对其他人而言这是一块精神化空间。有些人认为这是政治上的不确定性。它成了制造意义和隐喻的机器,但我们对此并

模糊展馆,瑞士世博会,纳沙泰尔湖,瑞士,2002 年
照片 © 迪勒斯科菲迪奥 + 伦弗罗建筑事务所

伊丽莎白·迪勒（Elizabeth Diller）

不承担任何责任。

你的每一个项目就像是一个表演性的行为。如何让表演的理念成为建筑？过程是什么？
——我们的建筑是概念化的。我们会同时进行空间性和概念性的考虑。每个项目都有独特的情况。此外，我们总是有自己的计划。例如，在我们开始做博物馆设计之前，我们总是站在墙的另一边。所以墙变成了我们不得不做出应对的东西。当我们有机会做一个展览时，我们会尝试探讨视觉、展示、揭示和隐藏、使用文脉等概念。因此，我们总是在尝试通过持续处理每一个新项目中一些问题和特殊情况，来产生动态。

杜尚是你灵感的决定性来源吗？他的想法对你的工作有什么影响？
——灵感之一，他是一个艺术家，理解艺术家的角色，并操作得如此之好。此外，他的作品在视觉和文本世界之间的跨越如此美妙。换句话说，他在印刷文字中的兴趣和他在图像中的一样多。他有很多的兴趣，并且不断地打破风格流派，闯入许多不同的学科，并将他们塑造成他特定的逻辑。他有一个非常复杂的视野，他的作品中没有一个是一样的。所以他的影响不是很具体，更像是一种对待世界的态度和视角。

你们灵感的其他来源是什么？
——好吧，里卡多和我是不一样的，在我的成长过程中，我关注柯布西耶的作品比其他建筑师更多。同时我也欣赏艺术家罗伯特·史密森（Robert Smithson）和戈登·马塔–克拉克

（Gordon Matta-Clark）的作品。但是在纽约的时候我也受到了纽约舞蹈和戏剧场景的影响。我看过斯坦利·库布里克（Stanley Kubrick）的每一部电影。所以我的灵感来源大多在建筑之外。

你没有从建筑上受到启发？
——从历史建筑中受启发是很困难的，因为建筑物已经是别人的答案。勒·柯布西耶很重要，但我对他激进的转变和风格的转型更感兴趣而不是他的那些特定的建筑。另一方面，我喜欢自由女神像内部的消极空间，以及PS1现代艺术中心的詹姆斯·特瑞尔展厅。

在你目前的项目中，你试图探索什么样的想法？
——很难说，因为很多建筑项目的创意来自于外部。这是关于产生一种谨慎的系统。例如，高线公园是为了铺设不同的系统，也是为了检验特别的想法，所以我们的项目非常具有文脉性。

那么啤酒屋餐厅的文脉性是什么样的？
——啤酒屋是在与现代主义对抗。它位于这个国家的顶级玻璃建筑中，密斯和约翰逊的西格拉姆大厦，但是在地下室，一个你看不出来的地方。所以这里有现代主义建筑的历史背景。作为对透明性感兴趣的建筑师，我们使用视觉传达打破了空间的物质性和20世纪五六十年代的遗产。

你2003年在惠特尼博物馆的作品展是一个非常有争议的项

目。有趣的是，它受到建筑师的普遍好评，但受到艺术评论家的批评。你为什么认为这两个领域之间存在着这样的鸿沟，而这两个领域你似乎根本就没有分开？

——我们提出打破艺术和建筑之间界限而不是建筑师通过艺术家的眼镜看世界。这个作品展并非人们期待的那样展示建筑效果图和比例模型。因此有些艺术评论家认为，我们正在闯入艺术世界。艺术和建筑之间的界限仍然非常强大，每个行业都有这种界限。我们不想成为艺术家。相反，我们认为我们是艺术语境中的建筑师。

你的作品很难归类。它是非常概念化的，所以很自然地在艺术博物馆的背景下，主要被看作艺术品。例如，弗兰克·盖里在古根海姆的作品展很明确是关于一位建筑师－雕塑家的。有一点毋庸置疑，你的作品是不明确的，对吧？

——是的，很难对我们进行分类，但我们喜欢这样。我们没有被艺术家所接受，我们也没有被建筑师所接受，我们喜欢在外面。

或者是在边缘？

——并非真正在乎是在边缘或在中间，但我认为我们从未妥协过任何事情。谁能想到我们会被雇来重新设计林肯中心？也许现在他们认为自己犯了一个错误？我们是同理查德·迈耶和诺曼·福斯特一同面试的。我们说，我们想让林肯中心比林肯中心更加林肯中心，也就是说，以扩大其最成功的属性，同时梳理其未实现的潜力。这一点非常吸引他们，因为其他人都想推倒它并构建新的来替代它。

伊丽莎白·迪勒（Elizabeth Diller）

评论家惊叹于你的建筑是令人兴奋地迷失方向，为什么现代世界里的建筑师往往会去模糊方向？
——我不知道是不是除了彼得·埃森曼以外其他人是故意这么做。

里伯斯金、蓝天组、盖里……
——你可能意思指感知转变，模糊……

但是为什么你认为有必要模糊？例如迈耶是在相反的方向探索，他的建筑是纯净、理性、有序、平衡和追求理想化的完美。
——我喜欢在灰色的区域工作并制造陌生化的音调。我们经常看到的一些事情让我们变得盲目。我们经常被绝对可见性和可用性蒙蔽。所以我认为，作为建筑师，我们应该置入刺激或催化剂，而不是采取任何确定性的东西。建筑应自我建构。

你为什么认为像远程信息处理这样的技术应该与建筑相融合？
——它只是另一种建筑材料。我不认为这是一个意识形态的问题。它非常实用，使用周围的东西创造你想要的效果。它是关于发明新的材料和发明使用这些材料的新方法。你知道，一个更好的声音可以通过调整某些形状和使用真实材料来实现，或者我们可以用电子设备代替所有这些。对我而言远程信息处理是另一个系统，就像管道一样。

你说建筑学的挑战是解释遗传密码，什么是建筑遗传密码？
——真的，我说过吗？我认为我们的媒体、戏剧和互动项目有一种遗传编码，但这种情况发生在不知不觉中。我们的项目看起来不同，但是总是有某些个人化的东西连接着我们的各个项目。但我认为我们的工作更多的是构建而不是编码。正如我在开始时所说的，我们总是试图在很多不同层面上针对不同的受众。

像洋葱，是吗？
——是的，如果有人只看到表面或者有人是盲目地学着可以看到第十三层的表皮，那很好，但丢失的东西是显而易见的。融入和感知是我们工作中的关键概念。

纽约：2005 年 8 月

伊丽莎白·迪勒（Elizabeth Diller）

林肯表演艺术中心海帕馆，曼哈顿，美国，2010年
照片 ©伊万·巴恩

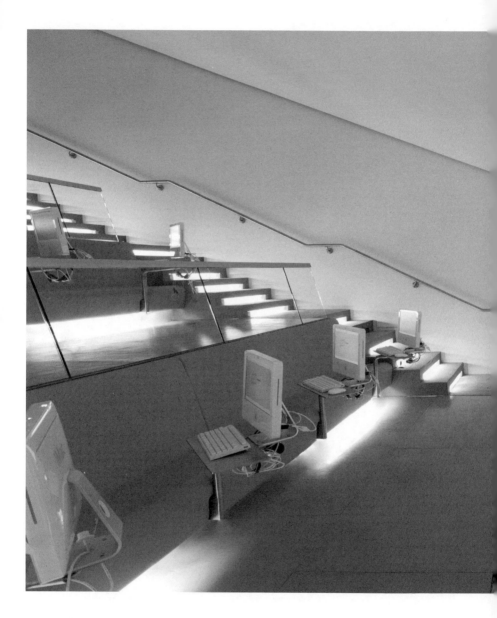

当代艺术学院,波士顿,美国,2006 年
照片 © 伊万·巴恩

伊丽莎白·迪勒（Elizabeth Diller）

高线公园第一段,曼哈顿,美国,2009 年
照片 ©伊万·巴恩

伊丽莎白·迪勒（Elizabeth Diller）

伊丽莎白·迪勒

出生：1954 年，波兰罗兹

教育：库伯联盟学院（1979）

实践：迪勒斯科菲迪奥 + 伦弗罗建筑事务所；1979 年在纽约开始与里卡多·斯科菲迪奥合作；2004 年查尔斯·伦弗罗成为第三个合作伙伴

项目：图像和声音博物馆，里约热内卢，巴西（2015）；林肯表演艺术中心重建，纽约（2006—2012）；布朗大学格兰诺夫创意艺术中心，普罗维登斯，罗德岛（2011 年）；高线公园，纽约（与詹姆斯·科纳风景园林事务所和荷兰园艺师皮特·欧多夫，第一段：2009，第二段：2011，第三段：设计中）；当代艺术学院，波士顿（2006）；滑动住宅，岐阜县，日本（2003）；模糊展馆，瑞士世博会，纳沙泰尔湖（2002）；啤酒屋餐厅，西格拉姆大厦，曼哈顿（2000）；慢房子，未建成（1991）

书籍：《外观》（DESTE 基金会出版，2014）；《迪勒斯科菲迪奥 + 伦弗罗建筑事务所：图像后的建筑》（芝加哥大学出版社，2013）；《迪勒斯科菲迪奥 + 伦弗罗建筑事务所：林肯中心由内而外：建筑账户》（达米亚尼出版社，2013）；《迪勒斯科菲迪奥 + 伦弗罗建筑事务所：纤毛功能》（斯凯拉出版社，2007）；《扫描：迪勒 + 斯科菲迪奥的异常建筑》（惠特尼美术馆出版，2003）；《肉体：建筑探究》（普林斯顿建筑出版社，1996）；《回到前线：战争之旅》（普林斯顿建筑出版社，1996）

教学：普林斯顿大学（1990 年至今），库伯联盟学院（1980—1990）

奖项（迪勒）：国家学院终身成就奖（2014）；巴纳德奖章（2013）；美国艺术与文学院学术奖（2012年）；阿斯彭研究所哈曼-艾斯纳艺术村计划奖（2012）

奖项（迪勒和斯科菲迪奥）：英国皇家建筑师协会奖学金（2009）；《时代》杂志世界上最具影响力的100位人物（2009）；美国人文与科学院学术奖（2008）；史密森尼学会国家设计奖（2005）；麦克阿瑟基金会"天才"奖（1999—2004）；美国艺术与文学学院布鲁纳奖（2003）

奖项（迪勒斯科菲迪奥 + 伦弗罗）：罗马美国学院百年纪念荣誉奖章（2013）；纽约艺术基金会（NYFA）名人堂（2012）；入选《快公司》杂志评选的世界50家最具创新力公司（2010）；美国建筑师协会主席奖（2009）；美国建筑师协会荣誉勋章（2009）；史密森尼学会国家设计奖（2005）

文卡·度别丹（Winka Dubbeldam）
我们总是生活在生存的边缘

很难将你的作品与其他当代著名荷兰建筑师的建筑区分开，如班·范·伯克（Ben van Berkel）和雷姆·库哈斯。总有一种非常明显的对创新的努力追求。当我问艾伦·贝茨基（Aaron Betsky）为什么荷兰人的设计如此优秀，他说："荷兰，大部分国土是从海洋和河流中获得的人造土地，因此可以说，整个国家就是一个建筑。它必须不断重新安排，以适应不同的日常活动和功能用途。通过这个过程，人们开始意识到景观的非自然性，而且它还允许开放和实验，因为那儿没有固定的土地。"

——西蒙·沙玛（Simon Schama）写了一本伟大的书，叫作《财富的窘境：黄金时代荷兰文明的一种解释》。它讲述了荷兰利用液压系统控制水位，形成一种集体记忆。所以从一开始理性是最重要的，理解与你生存相关的自然力量是非常重要的。所以我认为这会导致荷兰人做出许多大胆的决策，因为我们总是生活在生存的边缘。

此外，我认为重要的是，荷兰人被认为是优秀的商人。我们喜欢贸易和谈判，而这正是我们要对土地所做的事——进行交易和谈判。那种关于时间性的观念总是有助于思考未来。我们没有过去的包袱，我们欣赏过去，但我们不会试图复制它。

我们生活在当下，这就是我们想表达的。我们总是试图改进事物同时想得很远。我们一直在改变景观，并在需要的时候在陆地和水下挖掘隧道。这是荷兰人的心态。我们对改变并不感到情绪化或多愁善感，我们就这样做的。

你的作品中哲学与建筑有什么关系？
——我喜欢德国哲学家马丁·海德格尔的观点，他把艺术看作社会和科学的精神层面，称为"真实的理论"，并把"真实"看作"存在"。这对我来说非常美好，那就是建筑，它介于精神性与科学性之间。因此，重要的是研究建筑不是从风格或形式层面开始，而是基于建筑更多的表述行为开始的。这种方法不是定义一种风格形式，拿住宅做例子，住宅是有机地调节自我的建筑。我们运用这种方法的方式是工业设计师设计一双非常舒适的鞋或一把椅子的方式。我喜欢这样的尝试，无论我们做什么，都不是出于一种风格的想法，而是出于调查和研究的方法。它是半直观的、半科学的或半艺术加半科学的过程。如果我寻找灵感，我会读一些东西，例如，法国哲学家吉尔·德勒兹（Gilles Deleuze）写的书。我从不从其他建筑师的作品来寻找灵感。

你把你的建筑描述为"形态产生于对完美的不断描绘"，那么你所指的完美是什么？
——我们不是在追求完美的理念，而是追求一种调节的生成过程。我们有一个目标，但我们让过程部分地指导我们。这是个关于寻找和感觉的过程，某些东西必须接近其原始的完美。我喜欢《几何学的起源》，埃德蒙德·胡塞尔写的这本书。

它谈到了几何与数学之间的差异。

数学之所以有趣，是因为它描述了"事物的状态"，而不是绝对值。例如，我们都知道在任何三角形中所有角度加起来都是 180 度。但如果你把它投射到一个凸面上，角度数值会增大，投射到凹面上，它会变小。数学允许这些不确定的状态来描述和测试，而在几何学中你总是会去寻求绝对值。此外，数学认识到事物不是静态的，它们可以导致并生成新的环境。

对我来说真正有趣的是，早在 19 世纪中期数学家们就理解了复杂形状，如黎曼的表面、莫比乌斯环，以及其他拓扑变形，建筑界却花了一个半世纪才赶上。我们仍然称这些形状为"新的"，这部分是因为建筑发展至今被认为主要是一种跟从大师学习的手艺，并且基于风格的方法。仅在过去的 10 年或 15 年，它才更多地向生成方法开放，在复杂系统中探索涌现。你看，医学已经整合了这种思维方式，银行甚至是法律也是如此。我认为建筑应该更均衡，不仅依赖于艺术，还要依赖于科学。

一个伟大的哲学家和数学家戈特弗里德·威廉·莱布尼茨（Gottfried Wilhelm Leibniz）认为，有可能为由视觉符号组成的通用语言创建一个模型，你认为建筑可以探索这样一种系统吗？

——这听起来很荣格（Jung，瑞士心理学家）。不，我想不会。我认为这是以文化为基础。一个圆圈在西方代表一种含义但在东方可能代表另一种。黑色在一种文化中代表悲伤而在另一种文化中可能代表快乐。符号可能是很重要的，但它们也是地域化的。

能谈谈格林尼治公寓项目吗?
——我们用建筑物的外立面作为与城市的一种连接膜或界面。所以我们真的试图重新思考作为界面的外立面角色。我们实际上采取分区代码,融入了两个代码系统——直线和倾斜。通过这样做,我们创造了一个更加集成的完整的折叠飞机,它把一些公寓推向街道,将居民悬浮起来,其他公寓被拉开,所以天空看起来似乎要坍塌在他们身上了。

互联网将公共空间带入到我们的客厅,因此,不再有真正的私人和公共空间的分离,我想研究并赞美这一点。邻居之间有一种奇怪的几乎是偷窥的联系,因为有时候向上或者向下看视线可以穿过其他公寓。我自己也住在这栋建筑里,人们和我谈论他们的空间体验,他们很高兴住在这栋楼里。对我来说,建筑物有"性格"和"个性"是很重要的。

过去,建筑师不得不到罗马去看看废墟,然后画、测量、复制和解释他们在那里看到的东西。现在的建筑更加注重真实与虚拟、空间和平面、经验和交流。你认为现在的年轻建筑师应该怎么做,才相当于过去的建筑师去罗马目睹古代遗址?
——也许学习更多数学和哲学,了解复杂的系统?

所以我们不用再旅行了?
——如果你想增加学识,你必须做大量的阅读和旅行。我总是要求我的学生阅读批判理论和哲学。得出你自己的论点和看到你相对于其他专业人士的立场是非常重要的。很奇怪的是这个在美国经常出现,即建筑历史在古代就开始了,但它停在勒·柯布西耶,勒·柯布西耶后一切都省略了。但我认为学生必须了解直到现在的一切,我们正在填补这一空白。研究过去是有益的,但只是把它和未来作比较,我们也不能忽视近代历史上发生了什么,因为主要的创新都发生在这个时代。像汉斯·夏隆、密斯和阿尔托这样的建筑师都取得了巨大的跨越。

所以你不必去罗马,但你必须了解批判性思维和建造建筑是如何演变的。建筑始终反应文化和技术的变革。汽车的发明被引入未来主义者的思想中,电视和原子弹的发明是建筑电讯学派作品的基础,而互联网体现在我们目前工作的方方面面。我认为研究这些文化转变比简单地研究罗马遗址更重要。

建筑师总是着迷于形式,加上结构、空间和光构成了建筑的四大基石。当代建筑师,包括你,经常说建筑不是关于形式,而是关于性能,那是为什么?

——这很简单。我认为在过去也同样如此。对我来说,一个建筑是由一个过程来创造的,这个过程分析了性能,并从中衍生出一个非常具体的形式。但我认为大部分时候,当一个人讨论形式的时候,他实际上是关注某种风格。有时建筑师找到成功的形状和语言,然后他们继续不断地重复他们。这种方法就是风格化。我对这个不感兴趣。我感兴趣的是从我们正在研究的事物的起源中找到一些东西,并研究如何将其有机地表达出来。

例如，我喜欢我们吉卜赛路住宅，不是它的实体，而是它能产生另一种效应和环境。我们研究各种性能方面来优化，这导致了完全不同的布局和构成，形成了对传统的走廊和房间关系的一种批判。事实上，那个房子里没有一个走廊，没有空间的损失。相反，有一个性能的核心，可以根据功能压力有机地调节自身，通过核心它完全解放了它的用途。这所房子感觉很好，因为它是连续的，几乎像一个莫比乌斯环。

你的格林尼治街公寓和吉卜赛路住宅似乎是两个完全相反的项目。你能谈谈它们的关系吗？
——我认为它们都遵循类似的研究。你为什么认为它们是相反的？

因为住宅的设计似乎是由内而外产生的，而公寓是从外而内设计的，不是吗？
——不，我认为公寓楼的立面是从里面创建的。立面有一个交互界面，它在内部和外部同时运作。公寓与城市的协调互动是通过它的屈折变化，住宅与周边环境的协调对话是通过它活跃的内核。

当我跟艾伦·贝茨基（Aaron Betsky）说，尤其是在像纽约这样的地方，立面是建筑师最后的前沿，如果世界越来越成为关于沟通、表面和效果的世界，那么让我们接受它，并在效果和表面层面上对待建筑。
——哦，那是非常消极的！不！我们在这儿不做这些。我拒绝接受，我们不是整形医生。

GW497 大厦，曼哈顿，2004 年
照片 ©Archi-Tectonics 建筑事务所

西萨·佩里（Cesar Pelli）说："有时候，建筑只是一个 1/4 英寸的问题。"

——嗯，那是真的。但那是完全不同的，那其实很诗意。显然，建筑不会减少到 1/4 英寸。相反，它意味着有时你会在 1/4 英寸中发现建筑。看看努维尔的建筑，就是一个例子。但我对只是做表皮不感兴趣，对我来说，建筑是协调内部和外部，并创造空间和环境。我们的项目一点也不平坦，有很多摩擦和协调，以及对空间的重新思考。

你会用什么词来描述你的建筑？

——创新是一个词，也就是原创。我们喜欢把事情投射到未来，去创新和研究。另一个词是深层结构，我拥抱复杂性使结果成为一个往往简单的姿态。建筑不是说说那么简单。它涉及许多外力：经济、政治、社会、文化……建筑不仅仅是一个空壳。这就是为什么我不赞成怪异的立面。

你曾为纽约主要的建筑师们工作过。你从他们身上学到了什么，谁对你的影响最大？

——我向他们所有人学习。但是我觉得我从彼得·埃森曼那学到的最多，因为他专注于建筑学和理论，以及批判性思维。

"文脉"在你的工作中有多重要？

——它可以是重要的。但更重要的是将建筑物与文脉构成之间的对话作为一个设计过程。

不只是视觉，对吗？例如，埃森曼使用文脉，其并不是真的存在。在他的作品中，文脉可以只是过去暂时存在过或者根本不存在的事物的痕迹。

——当然，我认为建筑应该是一个机智的游戏。它并不总是积极的，也可以是讽刺的。它是关于回应、反馈，有时甚至是抽离。

你最喜欢的建筑是什么？

——我最喜欢的建筑是汉斯·夏隆设计的柏林爱乐音乐厅。我认为这是第一个真正的表现性建筑，其结果产生了一个非常有机的、原创的，甚至是怪异的结构。它完全令我着迷。夏隆本人称之为的"丑"建筑。我认为它很棒！

在20世纪初阿道夫·路斯在装饰和罪恶之间画了等号。你认为在21世纪初是否可以提出类似的结论"直线就是罪恶"？

——不，没有必要，但是我们可以把表皮看成是包装样式，而不是应用到表面上的装饰。因此，在某种程度上，它也是一种批判，但在一个完全不同的问题上。

直说，我的意思指的是刚性和静态。

——我认为坚持"常规"就是罪恶。直线可以像弯曲的曲线那样有激发性，如果做对了。你不必从形式上去激发。但我同意动态形状通常是一个有趣的挑战。

你把时间看作空间的一个维度，那么时间在动态模式和视野转变中呈现，这是唤起或模仿运动，对吗？

——不是的。我不是在模仿什么！认为"动态"意味着或者

文卡·度别丹（Winka Dubbeldam）

涉及物理运动，这是一种误解。力的呈现是将其自身凝练于形式之中，来表达动态。它不是关于实际运动。在数学中，时间与运动无关，而是下一个维度的投射，如超立方体，是第四维度，而不是"时间"。

当人们谈论古典建筑时，他们说它是永恒的，这是事实。似乎时间不存在于不朽的、静态的、完美平衡的古代寺庙里。这似乎与现代建筑正相反，现代建筑是非常动态的、似乎是在移动，转瞬即逝，换句话说，投射到未来。
——我认为这从时间维度上投射出我们在哪里。你说的那是一个没人向其他地方迁移的时代，我们现在生活在一个不同的时代和文化里。我们也有一个非常不同的生活方式。看看汽车的设计演变。一开始，它是轮子上的方形盒子。现在为什么不是方盒子了？并不是因为它之前是不运动的而现在是运动的。不，它总是在运动，但它进化了。我认为建筑是文化的表达，也反映了技术的进化。也就是说，建筑将艺术与科学结合在一起。

纽约：2005 年 6 月

吉普赛路住宅,克罗顿水库,纽约,美国,2002 年
照片 ©Archi-Tectonics 建筑事务所

文卡·度别丹（Winka Dubbeldam）

V33 大楼，曼哈顿，美国，2014 年
照片 ©Archi-Tectonics 建筑事务所

吉普赛路住宅,克罗顿水库,纽约,美国,2002 年
渲染图承蒙 Archi-Tectonics 建筑事务所惠允

文卡·度别丹（Winka Dubbeldam）

Photo © Archi-Tectonics

文卡·度别丹

出生：1966年，荷兰

教育：鹿特丹高等职业建筑教育学院（1990）；哥伦比亚大学（1992）

实践：1994年在纽约成立Archi-Tectonics建筑事务所

项目：曼哈顿V33大楼（2014）；曼哈顿LRH大楼（2014）；塔山餐厅，费城（2011）；荷兰建筑博物馆，荷兰建筑学会和荷兰时尚双年展馆，鹿特丹，荷兰（2011）；费城美国阁楼大楼（2009）；费城栗子酒店大楼（2008）；GW497大厦，曼哈顿（2004）；吉卜赛路住宅，克罗顿水库，纽约（2002）；阿依达沙龙（2000）

书籍：《Archi-Tectonics建筑事务所》（DAAB出版社，2010）；《AT建筑事务所项目汇编》（普林斯顿大学建筑出版社，2007）；《文卡·度别丹建筑事务所》（010出版社，1996）

教学：宾夕法尼亚大学设计学院院长兼教授

奖项：代尔夫特理工大学：荷兰名人堂（2009）；史坦顿岛：绿色住宅设计竞赛第一名，纽约（2008）；智能环境奖，国际室内设计协会和大都会杂志（2006）；最佳天才奖，《时尚先生》杂志提名（2004）；纽约建筑联盟新兴声音奖（2001）

彼得·埃森曼（Peter Eisenman）
建筑不解决问题，建筑创造问题

为什么你认为建筑应该参与理论讨论？为什么建筑应该是批判性的？

——纵观历史所有建筑都是一个批判性的论述。建筑需要打破常规，因此，它是批判性的。任何学科的历史都是关于打破常规。建筑的独特性在于其自主性来自于一个事实即它要取代它必须放置的事物。换句话说，建筑必须建立场所，同时又取代场所。它必须设置功能，但它又取代功能。这是唯一这样做的学科。任何伟大的作品，无论是电影、音乐或艺术都源于其本质上的批判性。这是在回应已经存在的东西，取代的目的是创造将要存在的东西。创造不是重复。

建筑是什么？

——这个问题就好像在问生活是什么？我认为建筑是什么这个问题是很明确的。它是一项批判性的文化活动。它体现了社会在某个时刻对自我的感受，与音乐、文学或诗歌一样。这是一个对于建成环境非常广阔的视角。它不只是一个庇护所，或者功能。它不解决功能，它提出问题并因此产生功能。它不回答问题，而是问问题。它不解决问题，而是创造问题。

客户希望建筑能解决问题。

——但并不是这样的。这就是人们对建筑的错误看法。

彼得·埃森曼（Peter Eisenman）

你会用什么词来描述你的建筑？

——批判性的、弱形式、模糊的、非辩证的、反形而上学的、关注内部原则的、内爆发的、关注大地图形的。

在阅读你的著作的时候，皮纳乃西（Piranesi）、乔姆斯基（Chomsky）和德里达（Derrida）的名字经常会被提到。你的作品是如何与三者分别建立关系的？

——首先，皮纳乃西是一个批判性的建筑师。他做的设计结合了真实的建筑和虚构的建筑。他虚构了景观和不同的时间和空间观念。我的作品与皮纳乃西的间质性空间观念有关。他在其战神广场作品中创造了一个间质性的空间即之间的空间。这不是一个剩余的空间，而是明确表达的空间，是对一个残留空间的积极表达。

乔姆斯基，我很早就接触了，当时我正在研究语言学的概念。语言中有一个组成概念，称为深层结构。任何语言都是基于你和我理解的直觉机制。所有语言都有深层结构，这就是我与乔姆斯基的关系。语言学试图将建筑从形式惯例中移除。

德里达说不存在一个形而上学的能指。不存在一个事物出现在其他事物之前。这没有真理。这没有价值的起始。一切事物都向痕迹的本质开放。在有什么事物之前，就会有一些事物的痕迹。在这有什么东西之前，这没有什么东西。德里达会认为缺席总是出现在存在之前。这些议题将我和德里达联系起来，痕迹的问题或者我称之为互文性（intertexuality）。

你设计和建造过很有争议的房子。为什么一个抽象概念、生成空间，比满足一个特定客户日常生活的必需品更为重要呢？
——因为客户的日常生活并不有趣，也不会生成建筑。让我们来看看波洛米尼和帕拉第奥的教堂。你不会问，教会的功能是什么？为什么波洛米尼的四喷泉圣卡罗教堂不同于帕拉第奥的圣乔治·马焦雷教堂？不是因为教会的功能改变，而是因为建筑作为一种观念载体建筑观念改变了。所以生活变化了，需求就变化，但建筑有自己的要求。你不需要会把浴室布置在卧室边上的建筑师，对吧？你需要一个建筑师来做更多的事情。所以建筑与功能与客户的需求无关。

比起住宅，一个教堂可能并不是一个令人信服的例子，让我们说说住宅。
——住宅是有史以来最具教学意义的建筑类型。帕拉第奥、勒·柯布西耶和弗兰克·劳埃德·赖特改变了对于住宅的整个观念。莫伊塞·金兹伯格（Moisei Ginzburg）在莫斯科设计的纳康芬公寓改变了世界上以前的做法。你知道，住宅可以改变世界的方向。在一座住宅里甚至有一个城市的概念。正如阿尔伯蒂所说："住宅是一个小城市，城市是一个大住宅"，所以城市和住宅的观念是相互关联的。

你最早开始实践是为你的客户实现非常有争议的住宅，而许多建筑师是从他们的自宅或者父母的房子开始他们的第一个住宅宣言。这曾经是你的一种选择吗？
——不，我住在纽约的公寓里，是由另一位建筑师设计的，他是我以前的学生。我不想生活在我的作品中。艺术与生活是不同的。我没有说人必须要住在建筑里。那些来找我说要住在建筑里的人,我把他们推荐给其他建筑师,我不想做住宅。

你编辑了一张我们这个时代最重要的建筑清单,都有什么?
——它们不是最重要的,说起来,它们是建于 1950 年到 2000 年期间最具批判性的建筑:

· 路易吉·莫雷蒂设计的吉拉索莱公寓楼(又名向日葵公寓楼)
· 路易斯·康设计的阿德勒住宅和德·沃尔住宅
· 勒·柯布西耶设计的斯特拉斯堡会议宫
· 密斯·凡·德·罗设计的范斯沃斯住宅
· 阿尔多·罗西设计的位于意大利摩德纳的圣·卡塔多墓地
· 詹姆斯·斯特林设计的莱斯特大学工程学院大楼
· 雷姆·库哈斯设计的朱西厄大学图书馆
· 丹尼尔·里伯斯金设计的柏林犹太人博物馆
· 弗兰克·盖里设计的凯斯西储大学彼得·路易斯大楼
· 罗伯特·文丘里设计的文娜·文丘里住宅

你的名单上没有埃森曼的建筑?
——是的,因为我很具批判性,这是在我的作品之外的。

你最喜欢给学生布置什么样的设计作业?
——分析波洛米尼、帕拉第奥、辛克尔、伯拉孟特、柯布西耶、皮纳乃西、路斯……设计的伟大历史建筑,或者我让他们读威廉·福克纳（Willian Faulkner）、马塞尔·普鲁斯特（Marcel Proust）、詹姆斯·乔伊斯（James Joyce）的作品。绘画、阅读、分析、再绘画。目的是训练、开启学生们新的思维和体验方式，以及设计建筑的方式。你看，当一个作曲家去音乐学校时，他们不会坐下来说谱写一首奏鸣曲。他们不知道如何做，他们听巴赫、莫扎特、贝多芬的协奏曲。在他们能做什么之前，他们必须知道什么是音乐，什么是可能的。什么是深层结构的音乐？你不能直接做建筑，直到你知道什么是建筑。什么是所谓的建筑的内在性？我教的是建筑是什么，而不是怎么做。

柏林大屠杀纪念碑背后的主要思想是什么？它是想要什么样的感觉？

——我可以告诉你这个想法是什么，但我不能告诉你在它完成之前想要什么样的感觉。我的意图是沉默的概念。也就是说，我不相信怀旧或内疚，也不相信救赎。体验当下，挑战你对空间和时间的期望。当你处在满是石头的场地中，你会感到迷失方向，迷失在空间中，独自一人，类似于在集中营或战俘营中的感觉，但没有任何意义，只有迷失和孤独的体验。如果你有这种感觉，那么我就成功了。

为什么会有2751块石块？

——它只是填补场地，数字没有意义。在城市中一切事情都会有意义。我们的项目呈现了在时间和空间上的一个困境，类似于1933年至1945年间第三帝国的困境。这是一个沉默的场所，去聆听死者的声音，而不是生命的声音。会说话的是死者的声音!

你梦想的项目是什么?
——它仍然在未来!如果你问我,你想在俄罗斯什么地方建房子?我想在圣彼得堡或在莫斯科建一个文化项目。我不想在符拉迪沃斯托克(海参崴)建房子。我会对设计一个新的俄罗斯东正教堂感兴趣。这对我来说应该是一个新体验。或者高层建筑,或者监狱,有很多我想做的事情。

我不想做我已经做过的事情。我不想再做一个博物馆,我在寻找新的体验。我喜欢体育场,我可以做两个或三个以上。我想在我的家乡纽约设计一个重大项目,我想在我的大学康奈尔设计一个重大项目。我不想在澳大利亚珀斯建房子,因为没有人去看它。我想在华沙、布达佩斯……建房子。

让我们说说西班牙的圣地亚哥-德孔波斯特拉。正如你已经提到的,你的很多项目都与德里达拒绝绝对的开始的概念有关系,没有一个绝对的开始,一切都是开始的痕迹。在有什么事物之前,有一些事物的痕迹……在圣地亚哥,你发现了四个:历史上的市中心街道网格;山的排列方式;抽象的笛卡儿网格和圣地亚哥城市的象征符号扇贝壳。然后你将这四个抽象相互叠加,以创建一个虚构的场所环境,成为您的项目的真正的场地。
——是的,建筑形式来自于叠加。因此,不是从实际的场地开始的,而是从德里达意义上的场地的痕迹开始的。

为什么这些痕迹对你很重要?

——是的，因为如果你认为对起源、存在、形而上学和超验能指的信仰是错误的，并且你接受了德里达的思想，那么这些痕迹就非常重要。因为它们表明了一点，设计一个项目可以不将真实的物理场地作为主要内容的可能性。弗洛伊德说，罗马不是我们今天看到的样子，而是多层次的历史和场所。那就是我对景观的概念。在每个项目中，我们都会质疑实际场地的形而上学特征。这使我们的方法与众不同，不是更好，而是与其他建筑师不同。

这些痕迹对你生成一个特定的几何重要吗？或者你认为对于游客而言是否可以解码和识别它们？
——是的，我想是这样。我绝对是希望人们能够体验这些痕迹并将它们解码。看到过这个项目的人告诉我，他们能感受到这些痕迹的来源。

你曾经说过你不想做太多的建筑，相反，你想做20栋建筑，因为你有大约20个好想法。圣地亚哥的主要想法是什么？与你的其他项目有多么不同？
——首先，这些局部痕迹的特殊叠加是不同于任何其他项目。使它不同的是，它对室内产生了不同的影响。材料是不同的。这里所有的材料都是当地的，路面和立面的节点等都是基于抽象的地方传统。室内有一整个区域，地面是镜面玻璃，墙是石头的它在玻璃表面反射，使你相信你走在石头上，所以你不知道你在哪里。整个项目有很多这样的体验。

你说建筑需要质疑传统并且具有批判性，而建筑的伟大矛盾在于它需要创造场所，但是相反它取代场所。这适用于圣地亚哥项目吗？什么取代了场所？

——看看那个玻璃地板。你开始取代你所走的地面。我们的建筑屋顶是山坡。把山放进建筑，盖上屋顶，看起来像山坡一样。现在里面的地板不再是地面，所以我们把玻璃放在地板上，它反射了真实的地面，反射的这个却在你头顶上。所以我们形成自己的注释是通过质疑地面、地板、墙壁、立面和室内空间这些常规事物产生的。

在艾伦·贝茨基的书《景观设计师：与大地一同建造》中，他说："建筑取代土地，这是建筑的原罪"。这是因为替代土地的建筑带走了空间、阳光、空气等等。圣地亚哥项目是否试图救赎这种传承的建筑原罪？

——好吧，我不能不同意你可以这样解读，但我不能说我对这种救赎感兴趣。

你的目的不是重建自然，也不是通过建造新的东西来取代自然，是吗？

——不是自然，而是非自然的自然。通过先进的计算过程，我们有能力创造非自然的自然。我想创造的自然会让你意识到它不是自然，它看起来像自然，我称之为非自然的自然。我们在圣地亚哥的建筑看起来像山顶，它们看起来不像是被放在那里，它们像巨大的山脉从地面涌出一样。换句话说，它就像是一个自然过程，10年内发生了1000万年的事情。所以如果这就是你所说的救赎，那我就认了。

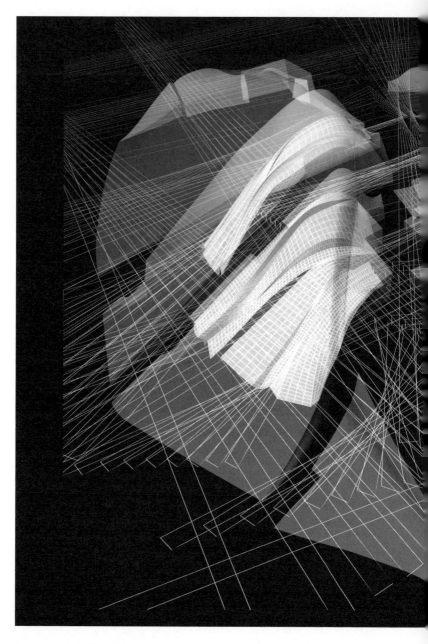

加利西亚文化之城,圣地亚哥德孔波斯特拉,西班牙,1999—2013 年
计算机图 © 埃森曼建筑师事务所

彼得・埃森曼（Peter Eisenman） 207

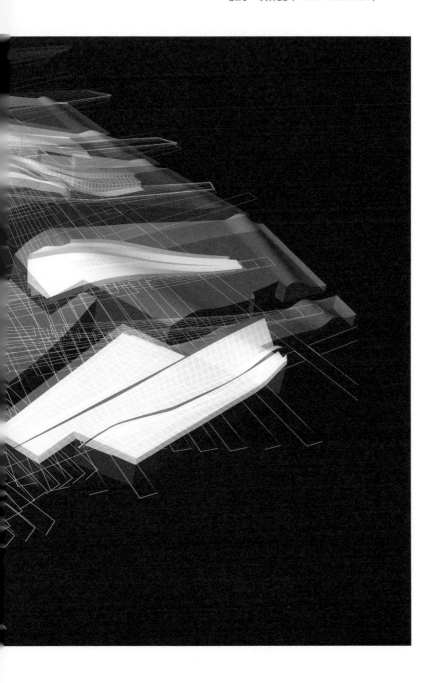

你的建筑从不关于表现什么，现在你正试图表现和复制自然？

——但它并不表现自然！这是非自然的自然。我的建筑从不表现任何东西。它不表现非自然的自然，它就是非自然的自然，这不是自然。因此，我的建筑不表现自然。但这并不违背自然，有人工的、有自然的、我想要的是非自然的。这是我第一次这样做。

你做过的建筑看起来像是在试图改变现状。它们旨在挑战、迷惑、重新定位，换句话说，使人不安。那还是你圣地亚哥项目意图的一部分吗？通过这样做，你想传达什么信息？

——不，不是使人不安和改变现状。我感兴趣的是取代传统的反应。我希望人们了解他们周围的物质环境。我希望他们有不同的感觉，是主动的而不是被动的。因为在我们生活的媒体世界里，我们变得被动，身体、心灵和眼睛之间没有联系。那么建筑可以做的是其他学科做不了的，即将身体、心灵和眼睛关联起来。

圣地亚哥项目的意图就是让人们更加了解自然环境，因为大多数人在森林里散步时，他们只看到树木和石头。在这里的人不只是走在大自然。我希望他们相信，他们走在古老的城市，走在历史中，走在时间里。

我想让他们感受事物，触摸事物，让他们更了解自己的环境。所有的建筑里面，空间都是非常不同的。例如，图书馆里的书架是空间流动的一部分。书感觉就像是地面的一部分。六个建筑感觉不同但它们组成了一种弦乐六重奏。

你认为你在圣地亚哥的项目很美吗？

——我告诉你，到那里去，走一走，是一种很奇妙的体验。它与我的任何项目都有很大不同。规模是令人难以置信的……这是非凡的……好吧，我不知道什么是美丽。我会说，它非常有效，非常感性……

你尝试过让它美吗？
——不，我没有，我从来没有试图让任何事情美丽。

所以你的项目是由理论的概念单独产生的而不是由美学？
——它们是慢慢展开的。

但你难道没有过尝试稍微调整一下结果，使它或多或少有吸引力？
——我不这样想。不，不是的！我们关心细节，但这并不是使项目美丽的原因。那些都是小事……

嗯，我认为这个项目是美的，因为与景观有诗意的联系。
——我没有说它不美，但我不使用这个词。我想，如果你去那里，你会说 - 它是美丽的。让我问问桑德拉（Sandra Hemingway）这个项目是否美。（桑德拉·海明威是加利西亚文化城项目的首席建筑师，加入了我们的对话）我们有一个问题，也许你可以回答。我想要一个真正诚实的答案而不是一个彼得·埃森曼式的回答。你认为这个项目是美的吗，如果是的话，我们是否有意让它美的？
桑德拉：我不认为这个项目是常规意义上的美。

为什么？你没有尝试让它美吗？

——桑德拉：我认为这是一个令人兴奋和令人回味的项目，我认为这是美的。

因为原始形式产生的想法是美的还是因为它看起来美？

——桑德拉：我不认为是那么简单。我不懂看起来美丽是什么意思。

你知道当你看到它。

——埃森曼：我知道当我去那里的时候我感到很惊讶！它带走了我的呼吸……但那不是美。

——桑德拉：那不是美。它做了一些事情，这是令人回味的……它会改变你的空间感知和期待。美带着一定的期待。这个项目做到的是它违背了你的期望。

——埃森曼：你不同意吗？桑德拉，它就是这样发生的。我们不是那样设计的。我们很奇怪，不是吗？我们控制了细节，但没有控制项目的全部。

——桑德拉：我可以这么说，因为我花了这么多时间在这个项目上，我对空间的形状并不感到惊讶，但是我很惊讶地感觉到这个场所的力量。

是你肩负设计这个东西的职责，还是由你的计算机决定的？

——桑德拉：不，我认为这是一个故意的和深思熟虑的设计行为。我们当然设想了项目形成的一系列规则，但最终的结果是充满意外的惊喜：双曲率、折叠、反射、倾斜、倚靠、隐藏的剩余空间，以及各种各样的比对，它们就发生了。这些瞬间的震撼并不是有意的，它是如此动活跃的和动态的，我们不可能预见到一切。

——埃森曼：我们试图使每一个建筑都令人回味，并让整个建筑群有一种超凡脱俗的感觉。这个项目比美丽更崇高。许多震撼的瞬间是不能被设计的，每次我去那里都会发现一些新的东西。

——桑德拉：我认为美是一个很被动的术语，这个地方并不平静、舒适、宁静。这些空间是非常模糊的。那里有很大的张力。我们在非常紧凑和爆炸性的空间之间进行了大量不断变化的收缩和扩张。我认为这个项目是意义深远的。我们希望人们知性地与这座建筑交流。

——埃森曼：我认为这个项目不是喜欢或不喜欢。如果你去那里，你就知道你在某种存在中。

你是为数不多的质疑建筑的基本原理的建筑师。从圣地亚哥你学到了什么？这是你迄今为止最大的项目，而且它会让你在你的下一个项目做些什么？

——我没有很多想法。我认为圣地亚哥是这个事务所的新理念。别忘了，这个项目已经10年了，从那时起我们做了三四个项目，它们都与圣地亚哥的想法不一样。我们不能说我们学到了什么，我们没有一个新的想法。我们还没有发现。我认为把建筑和景观结合起来的想法是一个非常有效果的想法。

纽约：2003年10月，2009年6月

彼得·埃森曼：欧洲被害犹太人纪念碑，柏林，德国，1998—2005 年
照片 © 辛西娅·戴维森

彼得·埃森曼（Peter Eisenman）

欧洲被害犹太人纪念碑，柏林，德国，1998—2005年
照片 © 辛西娅·戴维森

阿罗诺夫设计与艺术中心，辛辛那提，俄亥俄州，美国，1988—1996 年
照片 © 杰夫·戈德堡 / 埃斯托摄影公司

彼得・埃森曼（Peter Eisenman）

加利西亚文化之城,圣地亚哥-德孔波斯特拉,西班牙,1999—2013年
模型 © 埃森曼建筑师事务所

彼得·埃森曼

出生：1932 年，新泽西州纽瓦克市

教育：康奈尔大学建筑学学士；哥伦比亚大学建筑学硕士；剑桥大学建筑学硕士和博士

实践：1980 年在纽约成立埃森曼建筑师事务所

项目：加利西亚文化之城，圣地亚哥德孔波斯特拉，西班牙（2013）；凤凰城大学体育场，亚利桑那州格伦代尔（2006）；欧洲被害犹太人纪念碑，柏林（2005）；辛辛那提大学阿罗诺夫设计与艺术中心，辛辛那提，俄亥俄州（1996）；大哥伦布会议中心，哥伦布市，俄亥俄州（1993）；韦克斯纳艺术中心，俄亥俄州立大学，哥伦布，俄亥俄州（1989）；六号住宅，康沃尔，康涅狄格州（1975）；福克住宅（二号住宅），哈德威克，佛蒙特州（1969）

书籍：《十个典型建筑 1950—2000》（里佐利出版社，2008）；《埃森曼由内而外：精选作品 1963—1988》（耶鲁大学出版社，2004）；《图解日记》（宇宙出版社，1999）；《模糊区域：间隙的研究：艾森曼建筑事务所 1988—1998》；《纸牌屋》（牛津大学出版社，1987）

教学：耶鲁大学，库伯联盟；纽约市建筑与城市研究所创始人兼总监（1967—1982）

奖项：沃尔夫基金会艺术奖（2010）；美国建筑师协会国家荣誉奖（1988，1993，2007）；柏林建筑奖（2006）；建筑终身成就金狮奖，第九届威尼斯建筑双年展（2004）；英国皇家建筑师协会詹克斯建筑理论奖（2004）；库珀·休伊特国家设计博物馆建筑国家设计奖（2001）

诺曼·福斯特（Norman Foster）

想象一下……打电话给你的私人无人驾驶零污染汽车，它将以最短的可能路线带你到达目的地

你最早是怎么了解建筑的？

——在学校，美术是我最喜欢的科目之一。从我十二岁起，我就对素描、油画和建筑史感兴趣。作为一个孩子，每当我骑自行车离开曼彻斯特，我都会去看看卓瑞尔河岸天文台的射电望远镜。在十六岁的时候，我在曼彻斯特市政厅工作，这是一个很棒的建筑。在我的午餐时间，我会步行去看每日快报的大楼或者约翰·莱兰兹图书馆，那是曼彻斯特最早采用电气照明的公共建筑之一，或者去维多利亚时代铁和玻璃的巴顿商场，其灵感来自于米兰带顶棚的拱廊商业街。

通过公共图书馆我还发现了建筑的另一个方面，在那里我读了关于弗兰克·劳埃德·赖特和勒·柯布西耶的书。例如，我在那看到了勒·柯布西耶的《走向新建筑》，这本书最近再版了。但是，我从来没有把感兴趣和学建筑或者成为建筑师联系起来。

很久之后，当我21岁的时候，我已经作了足够的研究来建立这两方面的联系。那时，我已经作为雷达技术员在皇家空军完成了两年的国家服役，在曼彻斯特市政厅财政部工作了两年，在大学里完成了会计和商业法律的学习，所以我在建筑的世界中起步较晚。而且，我得不到助学金，所以我不得不挣钱来保证我的学业。但是，我认为同时学习和工作对于我来说是一个很好的经历。

诺曼·福斯特（Norman Foster）

从曼彻斯特大学毕业后，你获得了到耶鲁大学学习的奖学金，那是什么样的经历？

——我当时获得到美国学习的奖学金，我可以选择耶鲁大学和哈佛大学。当时耶鲁大学可以说更好，因为有出色的教授——保罗·鲁道夫（Paul Rudolph）、文森特·史卡利（Vincent Scully），当然还有一位俄罗斯教授塞吉·希玛耶夫（Serge Chermayeff）。

鲁道夫、史卡利和希玛耶夫是如何影响你的？

——他们是互补的。保罗·鲁道夫是一个行动派。据说，他为了设计自己的办公室忙了一整个周末，我可以相信。所以，当他到设计课给学生们指导的时候，如果学生没有任何图纸或模型，那么就会什么都不说了……

文森特·史卡利对于历史和评论非常有洞察力。他有非凡的客观性，是一名尖锐的评论家。他可以在当地电影院谈论《七武士》，也可以谈论旁边埃罗·沙里宁在设计课上干什么。在设计的间隙，他总是鼓励我们去研究重要的建筑如弗兰克·劳埃德·赖特和其他建筑师设计的建筑。

塞吉·希玛耶夫是高度理智的，也是一个纯粹的健谈者。你可以尝试所有的视觉效果，但他想知道你为什么在作你的设计。对话和理论探讨比图纸更重要。所以对我来说，这是一个组合，鲁道夫的行动（这是非常有力的，因为我认为建筑是关于建造的），史卡利的历史洞察力，希玛耶夫的理性研究。我相信在我的设计课上他们每个人都展现出非凡的能量和乐观进取的心态，这种状态来自于对研究和历史意识的价值的真正信念。那么，耶鲁大学的办公环境是一个非常有价值的典范，某种意义上，它也是一个每天 24 小时，每周 7 天开放的地方。

你是怎么遇到巴克敏斯特·富勒的？在你们多年的合作中，你从他的身上学到了什么？

——1971 年，他来到英国牛津大学设计塞缪尔·贝克特剧院项目，他需要一个合作者。一个共同的朋友安排了午餐，我们在特拉法加广场附近的艺术俱乐部附近见面。我也准备好了我的办公室来接待他，办公室里每个人都很兴奋。在午餐结束的时候我说，"我想带你去看看我的办公室。"他问为什么，我说："因为你正在寻找一个合作伙伴，我想试着说服你。"他说："哦，不，不，你是我的合作者！"这就成了。我们在午餐时的谈话是真正的会面，当时我并没有意识到。他真的是世界上第一个绿色建筑师，对生态和可持续性的问题充满热情。

他是一个怎样的人？

——他非常有煽动性——他是那种人，如果你遇到他，你会学到一些东西，或者他会把你带上一条全新的探索之路，事后证明是很有价值的一条路。他完全不同于每个人想象的那种刻板印象或者漫画形象。他对诗歌和艺术作品的精神维度感兴趣。有一次我把他带到我设计的塞恩斯伯里视觉艺术中心，他立即开始谈论小因纽特人象牙雕塑的尺度，并且反思它们坐在一个很高的空间中很舒服的方式。我们穿过大楼，然后在外面待了半个小时，然后又回去了。当我们回来的时候通过同一个入口时，他引导每个人都注意太阳的移动方式以及它是如何影响光影的。然后他问了我一个问题:"福斯特先生,你的房子有多重?"我不知道,然后当他离开时,我对我的人说:"也许我们应该弄清楚我们的建筑有多重。塞恩斯伯里中心的重量是多少?"然后我开始思考,我们分析了建筑地上与地下部分的重量。我给他寄了一封信,写了所有这些数字。我记得在地上的巨大部分实际上只是非常重的地下室的一小部分。我想你可以从这个比较中得出许多有趣的设计结论。

所以,你从富勒那里学到的一课就是问问题。
——当然。一个人需要不断向人们学习,有时你向一个年长的人学习,有时你向一个年轻的学生学习。我设立了一个小的基金会,为学生们进行建筑旅行提供资助,资助他们去探索设计理念。今年我们考虑了一些提议,最后我们从中学到了很多非常有趣的东西。一个提议是人们可以从在南美洲的贫民窟学到什么。一个特别的学生用相机和速写本观察和记录了有创造性的环境和回收举措。这是对匿名的设计技巧的极好洞察力。一旦这位学生从旅行回来,我们将邀请他在我们全体员工前作演讲,这已经成为我们一个令人兴奋的传统。

能剖析一下你设计的摩天大楼吗?也许作为一种延续,你在香港设计的第一座银行大厦也促成了莫斯科最新的超高层摩天大楼项目——600多米高的俄罗斯塔?
——我认为一系列项目代表了这种演变过程。香港汇丰银行(1979)是第一个质疑摩天大楼核心筒的建筑。我仍然觉得很了不起，这是摩天大楼历史上第一次尝试质疑并分散核心筒，将其移到边缘。这就是路易斯·康在位于费城的理查兹医学研究实验室所做的事，实际上那是一个低层建筑，他明确表达了"服务"和"被服务"空间。因此，一旦你将电梯、楼梯、通风井等等固定的服务因素移到一侧，就可以获得被服务楼层空间的更大潜力，并且可以打破垂直方向上的匀质性，利用双层高度楼层，万一发生火灾也可以作为避难层使用。这种想法在未建成的东京千禧塔（1989）上进一步发展，然后是在法兰克福商业银行上（1991—1997），这个建筑开创了螺旋式空间组织方式和三角形的想法，三角形的想法在巴塞罗那通信塔（1988—1992）上探索过。然后14号螺旋天空花园是这个系列中下一个，如果你把它们联系起来，螺旋形就发展成瑞士再保险大厦（2001—2004）。但是当你进入一个新的规模，塔的长宽比发生变化。换句话说，一个金字塔比一根针更稳定。在某种程度上，莫斯科塔的转变是说服客户做一个单独塔楼而不是一组三个建筑。所以，如果你把这三个建筑合在一起你会得到一个塔，在视觉上形成更加完美的形态。它的长宽比接近金字塔，像一个三脚架，非常稳定的三角形——这让我们回到巴克敏斯特·富勒。他会用一条摇摇晃晃的项链来做这个游戏，你拿掉一个小珠，它会摇摇晃晃，然后你拿走另一个，它仍然会摇摇晃晃，一个接一个这样做下去。最后，当它剩下三个就变得坚固稳定。这是富勒谈论的三维几何、三角形。当然，俄罗斯塔，其结构是基于相同的想法和本质上是刚性稳固的。富勒会试图用自然界的图像来证明这些想法。然后，他会综合功能，使其成为一个节能的微型城市。例如，当一处能源需求正在下降时，其他能源需求正在上升，因此您可以获得这种精彩的协同效应，以及对于莫斯科这样气候的积极响应。俄罗斯塔不深，有很好的自然通风，自然光线渗透也非常好。它是一个非常灵活的建筑，因为没有柱子，不需要购买重复多余的楼面，你可以买一个空间，根据你的需要塑造它。所以，这样的建筑非常灵活且非常安全。

构成主义者对你设计俄罗斯塔有影响吗？
——我认为许多建筑师包括我早已被构成主义者所触动。当我在耶鲁大学读书时，我花了很多时间和住在康尼狄格的纳姆·嘉宝（Naum Gabo）交流。当然，塔特林塔不仅对我而且对我这一代人来说都是一个非常令人回味的形象。我去了梅尔尼科夫宫和其他一些在莫斯科的伟大建筑。莫斯科是一个我非常喜欢的城市，我认为俄罗斯有着巨大的精神力量。

在你的许多项目中，你都强调技术和生态方面。在什么情况下，建筑形式会出现？例如，在纽约赫斯特大厦上使用对角线的原因是什么？
——我认为我的作品主题之一是利用三角形，它能使结构变得刚性且使用更少的材料。我想在纽约，赫斯特大厦给出了一种城市秩序。我认为这座塔高度的重复模式产生了舒适的比例感。密斯·凡·德罗的西格拉姆大厦这样的建筑物以不同的方式打破了优雅的青铜竖框。赫斯特大厦与其下部砖石艺术装饰形成了非常刻意的对比。我觉得这是元素、概念、风格之间的良好关系。尽管按照纽约的标准来看这是一个小建筑，但是建筑提供了非常强的识别性，特别是靠近纽约中央公园。因此，在建筑的象征性方面，技术和材料的经济适用融合得很好。

让我们谈谈你的事务所如何运作的吧。你每天花多少精力参与设计项目？

——我会对某些项目投入更多，但我会接触所有项目，保证它们在精神品质上是一致的。我们的事务所是一个类似于我读书的那种大学和一种全球化的研究型咨询公司的交叉体，我们由一系列设计师领导的个人团队所构成。这有一个设计委员会，我是这个设计委员会的主席。所以，我们事务所并不依赖于一个人，而且我们的想法是创建一个有趣的继任模式，这将使事务所超越我的参与。

你仍然拥有你的公司吗？

——我有非常大的股权，但我不拥有公司，我也不想，因为这个公司面临的挑战会占据我的一生。我有浓厚的兴趣但我没有过去那种主导支配的兴趣。所有权的很大比例分给了一小群比我年轻两代人的高级合伙人。还有一个外部投资者，他拥有该公司的一部分，并且对投资全球基础设施非常感兴趣。然后还有一个约有40个合伙人的集体股，拥有较少的公司股份，如果你加入我们的事务所作为一个年轻人你有希望获得所有权。我们一些股东的年龄也就20多岁。

你对福斯特及合伙人事务所的未来规划是什么？

——更多的是维持现状！（笑）

诺曼·福斯特（Norman Foster）

你目前正在做的有多少项目？
——你知道，每天早上我都有几分钟到半小时的会议，所以在一个早上，不管怎么样，我可以轻松地浏览10个项目。所以，在一个星期里，我可以轻松浏览50至70个项目。在典型的一周里，我可能在世界各地的三个不同的地方。

你还画很多草图吗？
——是的，一直是。

为什么你认为外国建筑师在世界各地做建筑很重要？
——这是一个由来已久的传统。在有人发明全球化这个词以前，多数国家的建筑遗产就成了一个全球化的故事。看看随便哪个国家，如英国、美国或是俄罗斯。从历史上看，大量的文化交叉融合都是通过建筑师、艺术家和工匠的四处走动形成的。全球化已经持续了几百年，今天这个健康的传统继续在不同的尺度上进行。

你认为未来建筑物的大小和高度会显著增加吗？
——我想如果你看看城市与可持续发展和能量消耗之间的关系，你会看到密集的和紧凑的城市能源消耗大大低于那些扩张的城市。传统上，最令人向往的城市是非常密集的。例如，每个人都喜欢威尼斯。它没有汽车，非常密集，有许多公共空间。或者看看伦敦的这些区域，是非常城市化和最密集的区域之一——贝尔格莱维亚、肯辛顿、切尔西、梅菲尔——它们是非常密集的街区，也是最理想的和最昂贵的房地产开发区域，那儿没有私人花园但有非常漂亮的公园和广场。所以，无论是否有高层建筑的文化，我认为构建非常紧凑密集城市的趋势将继续。当然，更密集的城市将更具生态可持续性，将提供更高质量的城市生活。

莫斯科水晶岛的灵感是什么？和1962年巴克敏斯特·富勒设想的在曼哈顿上空的网格球穹顶有关吗？

——哇！你知道，我从未想过这个类比……是的，你让我意识到了一些事情：在某种程度上，这个场地是一个非常大的工业荒地，这个项目的想法是创建一个重要的公共空间，鼓励更多的河流交通，并在城市中创建一个城市，拥有文化、教育、展览和表演设施，以及酒店、公寓、办公室和商店的城市。这个项目的表皮基本上是一个象征性的、人造的天空和一种无限延伸的外壳形式上升到450米。帷幕杆的想法是无限连续的，它就像马戏团的帐篷，是一个无柱空间。这种结构形成了透气的第二层表皮，作为主要建筑的热缓冲层，保护了内部空间免受莫斯科极端夏季和冬季气候的影响。这种表皮在冬天会封闭，以减少热量的损失，并在夏季开放，使内部可以自然冷却。这是一个紧凑的、混合使用、可持续的城市规划范例，具有创新的能源战略，建成后将成为世界上最大的单体建筑。

你预计类似的结构会在世界的其他地方设计运用吗？

——当然，这只是一个缩影，但会只有一个水晶城。这个方向将会有更多的发展——在一个屋顶下更加密集、多用途的发展。

诺曼·福斯特（Norman Foster）

你对50年或100年后现代城市的愿景是什么？

——大多数城市随着时间的推移而演变，一瞬间形成的即时城市是例外，它们往往是象征性的，像华盛顿特区、昌迪加尔、巴西利亚或堪培拉一样。大多数城市是自发的聚居，完全不同的发展模式和随着时间推移而分层。我们未来是否还有其他即时城市是一个有趣的想法。我想是的，我认为它们将成为典型的、进步的样板，融合了整体性的设计——有点像我们自己设计的马斯达城，那是阿布扎比未来能源公司新的600万平方米的可持续型碳平衡、零废物社区。我认为马斯达尔城的神奇之处是我们设计它的同时还在设计交通系统，但现在设计尚未完成，我们正在研发交通系统。

如果你能想象，在未来你能用手机给你的车打电话，然后，不到三分钟的步行路程内，你就能坐上私人无人驾驶零污染汽车，它将以最短的可能路线带你到达目的地。所以，如果它是一个即时城市而不是一个将持续进行改造的传统城市，它将受益于非常先进的交通系统。此外，它也会是非常适宜行人使用。已经有150亿美元投资在这个城市上，它正在建设中，在不久的将来完成。在周密的扩张规划中，周边土地将包含风电场、光伏电站、研究园区和种植园，使这座城市将是完全自给自足。新的城市是一个非常令人兴奋的前景，未来将呈现像马斯达尔城这样的即时城市和像伦敦、纽约、莫斯科这样改造过的历史城市的混合状态。

伦敦：2008年4月

赫斯特大厦,曼哈顿,美国,2000—2006 年
照片 © 查克·崔

诺曼·福斯特（Norman Foster）

塞恩斯伯里视觉艺术中心，诺威奇，英国，1974—1978 年
照片 © 肯·柯克伍德

千禧桥,伦敦,英国,1996—2000 年
照片 © 奈杰尔·扬

诺曼·福斯特（Norman Foster） 231

汇丰银行总部大楼，香港，中国，1979—1986 年
照片 © 林保贤

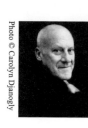
Photo © Carolyn Djanogly

诺曼·福斯特

出生：1935 年，英国曼彻斯特

教育：曼彻斯特大学（1961）；耶鲁大学建筑学硕士（1962）

实践：1963 年共同创立了 Team 4；1963 年在伦敦成立福斯特事务所，现称为福斯特及合伙人事务所；办事处位于伦敦、纽约、马德里、香港、北京、上海、阿布扎比、布宜诺斯艾利斯、格拉斯哥、吉隆坡、圣保罗、硅谷、新加坡、瑞典、越南

项目：北京首都国际机场 T3 航站楼（北京，2008）；温布利球场（伦敦，2007）；赫斯特大厦（纽约，2006）；米约高架桥（法国南部，2004）；圣玛丽大街 30 号／"小黄瓜"（伦敦，2004）；千禧桥（伦敦，2000）；大英博物馆的大中庭（伦敦，2000）；德国国会大厦改造（柏林，1999）；德国商业银行总部（法兰克福，1997）；汇丰银行总部大楼（香港，1985）；塞恩斯伯里视觉艺术中心（英国诺威奇，1978）

书籍：《诺曼·福斯特作品集 1-6》（帕莱斯特出版社，2003—2014）；《诺曼·福斯特：绘画 1958—2008》（象牙出版社，2011）；《你的建筑有多重，福斯特先生》（DVD，2010）；《诺曼·福斯特：建筑生活》（眺望出版社，2010）；《福斯特：40 个主题与 40 个项目》（帕莱斯特出版社，2007）；《诺曼·福斯特：沉思》（帕莱斯特出版社，2005）；《诺曼·福斯特：全球化建筑》（宇宙出版社，1999）；《建筑与认同》（建筑出版社，1997）

教学：巴特利特建筑学院城市研究客座教授，伦敦（1998）

奖项：普利兹克奖（1999）；斯特林奖（1998，2004）；高松宫殿下纪念世界文化奖（2002）；终身贵族（1999）；美国建

筑师协会金奖（1994）；法国建筑学院金奖（1991）；骑士荣誉称号（1990）；英国皇家建筑师协会金奖（1983）

扎哈·哈迪德（Zaha Hadid）
当你对事物划分层级的时候，某些新事物就会产生

你是在什么样的房子中长大的？

——巴格达有一个美妙的花园城市郊区，那有很多现代主义的住宅。我们住在其中一个非常漂亮的住宅里，20世纪30年代建的，里面有很多50年代的时髦家具，房子现在还在。我父亲穆罕默德·哈迪德是有国际化视野和远见的人，当时巴格达正在经历现代主义的影响；建筑大师弗兰克·劳埃德·赖特和吉奥·庞蒂都在那儿设计过建筑。

我记得我七岁的时候，我和我的父母一起去了贝鲁特的一家家具制造商的工作室，看看我们为家里订购的新家具。风格是棱角分明的现代主义的风格，颜色是黄绿色的，而我的房间则有一个不对称的镜子。镜子令我很兴奋，也使我开始了对不对称的热爱。当我们回到家时，我重新布置了房间。它从一个小女孩的房间变成了青少年的房间。我表妹很喜欢我的房间，并要我帮她设计她的房间，然后我的姨妈让我设计她的卧室，所以这一切就开始了。但这也是我的父母给了我信心去做这些事情。

那么你现在住在哪里？

——我住在伦敦东部的克勒肯威尔。我在那儿有个工作室已经超过20年了，是在一个维多利亚时代的旧校舍里，随着我的工作越来越多，我的工作室也不断扩大。大约两年前，我

出门旅行的时候,我的旧公寓被水泡了,我不得不立即搬走,搬到离工作室很近的地方。我现在的家不是我们工作室设计的,但是这个新空间的好处之一是,它比我的旧房子大得多,可以在家里做一些工作。

你从小就想成为一名建筑师,是什么影响了你对建筑的迷恋,你为什么会先去学数学?
——来伦敦之前,我在美国的贝鲁特大学学习数学,在那里我开始对几何产生兴趣。我对逻辑和抽象的混合很着迷。马列维奇和康定斯基的作品将这些结合到了一起,并将运动和能量的概念引入建筑,在空间上给人一种流动和运动的感觉。我特地从贝鲁特来到了伦敦建筑联盟学院学习。我哥哥曾告诉我那是学建筑最好地方。那时候在 AA 学习是很美好的,阿尔文·博亚尔斯基(Alvin Boyarsky)是 1971—1990 年间 AA 的主席,他在学校创建遗留了全球主义。他的远见卓识使 AA 成为世界上第一个真正的国际建筑学院,充当了世界各地学生们思想的催化剂。我很高兴我当时在那里。

在 AA 的体验是什么样的?
——当时 AA 有一种感觉就是反建筑。我们知道,后现代主义、历史主义和理性主义,作为在 20 世纪早期的现代性思想的解毒剂而兴起。所以找到有一些先锋性的替代者,比如俄罗斯的先锋派,这是令人耳目一新的。作为一个学生,很天真的,你认为你正在第一次发现新的事物,那是非常激动人心的。我们不知道我们在追逐什么,也不知道会导致什么,但我们知道它将有一个富有成效的现实。

你经常去莫斯科,能谈谈你在那儿的工作吗?

——在俄罗斯工作与在国际建筑领域的任何其他地方一样具有挑战性。俄罗斯,尤其是莫斯科,那儿是一个中心,有着特殊的、悠久的建筑传统和建筑创新。还有另一个方面,特别是一个叫国会山别墅的项目,有一个独一无二的特点就是需要与原始的自然进行对话——尤其是在冬季。有大雪的极端冬季在当今世界越来越罕见,然而俄罗斯的冬天依然存在 2 米厚的雪和达到零下 30℃的低温。

除了别墅,你现在还有几个其他项目在俄罗斯,你是怎么得到这些委托的?

——我们工作室参与这些项目,原因是新经济引起俄罗斯建筑行业的上涨,以及对重新对接国际建筑话语产生兴趣。大多数的项目委托是通过国际竞赛,其他的则是客户私人的兴趣。我们看到俄罗斯客户的总体特点就是有强大的意愿去实验,并且有能力承担风险去实现非凡的项目。

你想在你的建筑中表达莫斯科的独特品质是什么?

——这个城市的尺度是令人难以置信。莫斯科是世界上最壮观的城市之一。这个尺度是其他任何城市的两倍或三倍。如果你去麻雀山,你可以看到七座斯大林式摩天大厦,这些大厦的设计基于克里姆林宫的塔楼,但尺度更大。

事实上,我的作品最早的灵感来自早期俄罗斯先锋派,特别是卡济米尔·马列维奇的作品。俄罗斯先锋派拥抱新事物以及对创新力量坚定信仰的冒险精神吸引了我。马列维奇是一个抽象艺术的先驱,也是利用其开创性的"建构"直接将抽象艺术与建筑联系起来的先驱。这些立方体积与相邻平面的正交构成实现了非常动态的平衡。基于这些构成的现代主义建筑可以在莫斯科各个地方看到。

莱昂尼多夫（Ivan Leonidov）1927年设计的列宁研究所比那个时代超前了50年，他1934年设计的苏联工业部大楼的竞赛作品——一组不同的塔楼放置在一个城市平台上，今天仍然是大都会建筑的灵感来源。最令人耳目一新的是这些项目融入了由展览、学术机构和公共竞赛推动的激烈讨论。这些实验性项目具有真正的社会意义和政治实质。我为自己设定的任务之一是继续现代主义未完成的事业，用早期前卫的实验精神，激化一些构成技术如碎片化和分层。

你说你的建筑是针对什么是可能的进行的实验和测试，随着时间的推移你的工作进展得如何？
——我的理想始终是在各个层面上创造流动的空间和体验。此外，我是支离破碎的，因为所有的突破不仅包括规则，还包括从现代性和历史城市中继承的东西。过程的分层变得更加复杂。在过去的五年里，我一直在努力实现复杂性和流动性。目标总是改变。随着工作的成熟，作品内部积累了参考点，这样工作就可以从内部资源中发展并多样化。如果某些事情没有得到解决，从没有被挖掘或研究过，那么那些发现就永远不会发生。所以这种追求是有用的，即使你知道你已经发现了一些东西，总会有更多东西要去发现。

关于现代建筑的全球特征，有很多讨论。你曾经说过，"我们在全球范围内工作，但要避免揣测当地国家经验的影响。任何这样的揣测只会从当前城市环境的问题上分散注意力。"什么条件对你来说是重要的，是什么使你的建筑成为一个特定的场地或城市所特有的建筑？

——我们总是有兴趣扩展我们的项目类型，同时在不同的环境中做不同的事情，但有一些原则，我们始终坚持。其中一个是尝试将一个对象嵌入到具有一系列清晰关系的文脉中，试图从文脉中提取出特征，以便最终将"嵌入性"和"适应性"的感觉融入文脉中。

一个项目的设计可以根据场地研究揭示的事物而改变。一个理想的情况是罕见的。我们学会了将新技术应用于城市化。正如现在在我们的建筑中做的那样，各种元素配合在一起构成一个连续体。我们已将其应用到整个城市。

我们可以设计整个区域的建筑，每一个都是不一样的，但在逻辑上与下一个是联系在一起的，创造一个有机的、不断变化的建筑区域。三种或四种高度相关的建筑物。我们看到一种秩序，一种逻辑的、合法的建筑差异，具有连贯性的优雅。当我们尝试创造环境的时候，我们会去看很多大自然的系统。很难解释，也很难理解，人们必须看到它。

1985年，你根据伦敦的一个场地创作了一幅迷人的油画叫作《伟大的建筑》。你能否解释一下一个典型的现场条件通常会如何激发你的想象力去创造这样的绘画？这些画作是如何作为真实的介入来塑造和重构实际场所的？

——我迷恋马列维奇作品的一个结果，就是我把绘画作为一种设计工具。这种媒介成了我进行空间创造的主要领域。我觉得我被贫乏的传统建筑绘画系统所限制，于是我开始寻找

扎哈·哈迪德（Zaha Hadid） 239

国会山别墅，莫斯科，俄罗斯，2006—2014 年
照片 © 扎哈·哈迪德建筑师事务所

新的表现方式。

　　它给我提供了在形式和运动方面强烈的实验性工具，这使我们采用激进的方法来开发一个新的建筑语言体系。我喜欢绘画，它总是一种对我们作为设计师觉得当前有用的东西的批判。我的意思是一切都可以通过平面和剖面来完成。所以这些画之所以这样是因为我当时认为投影需要一定程度的失真和变形，但是当然，它最终可以影响到作品本身。作品

变得更加具有可塑性，因为作品的起源也关于分层叠加，就像历史的分层，当你将事物分层叠加时候，一些东西就会产生。

伦敦：2008 年 7 月

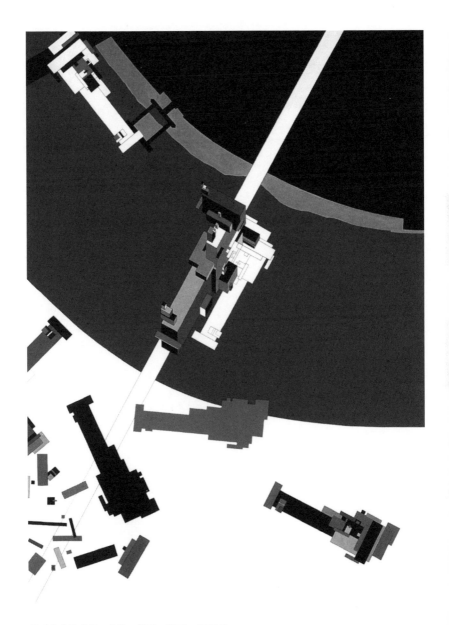

马列维奇的建构,伦敦,英国,1976—1977 年
渲染图 © 扎哈·哈迪德建筑师事务所

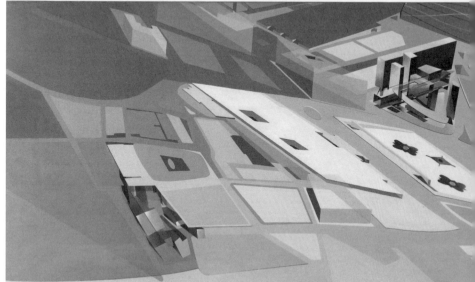

伟大的建筑,特拉法加广场,伦敦,英国,1985 年
渲染图 © 扎哈·哈迪德建筑师事务所

扎哈·哈迪德（Zaha Hadid）

21 世纪国家艺术博物馆（MAXXI），罗马，2010 年
照片 © 罗兰·哈博

扎哈·哈迪德（Zaha Hadid）

盖达尔·阿利耶夫文化中心，巴库，阿塞拜疆，2013 年
照片 © 赫夫顿 + 克劳摄影公司

扎哈·哈迪德（Zaha Hadid）

广州歌剧院,中国,2003—2010 年
照片 © 赫夫顿 + 克劳摄影公司

扎哈·哈迪德

出生： 1950 年生于伊拉克巴格达，2016 年去世于迈阿密

教育： 贝鲁特美国大学（数学，1968—1971）；伦敦建筑协会建筑学院（AA）（1972—1977）

实践： 1980 年在伦敦创办了她的工作室

项目： 盖达尔·阿利耶夫文化中心，阿塞拜疆（2013）；21 世纪国家艺术博物馆 MAXXI，罗马（2010）；广州歌剧院，中国（2010）；费诺科学中心，德国（2005）；莱比锡宝马中央大厦（2005）；罗森塔尔当代艺术中心，美国（2003）；伯吉瑟尔滑雪台，奥地利（2002）；维特拉消防站，德国（1994）

书籍：《哈迪德：1979—2013 年全集》（塔森出版社，2013）；《扎哈·哈迪德和至上主义》（哈切·坎茨出版社，2012）；《扎哈·哈迪德：动态形式》（耶鲁大学出版社，2011）；《扎哈·哈迪德：建成作品集》（里佐利出版社，2009）；《哈迪德》（塔森出版社，2012）；《扎哈·哈迪德》（古根海姆博物馆，2006）；《扎哈·哈迪德》（里佐利出版社，2004）；《扎哈·哈迪德：建筑》（哈切·坎茨出版社，2003）；《扎哈·哈迪德：建成建筑和方案》（里佐利出版社，1998）

教学： 建筑联盟学院（1980—1987）、哈佛大学设计研究生院、伊利诺伊大学建筑学院（芝加哥）、哥伦比亚大学、耶鲁大学、维也纳应用艺术大学

奖项： 普利兹克奖（2004）；大英帝国勋章（2012）；斯特林奖（2010，2011）；法国艺术与文学勋章（2010）；被《时代》杂志评为"世界 100 位最具影响力人物"；日本艺术协会授予的"世界文化奖"（2009）；荣登福布斯第 69 届"世界 100 位最有影响力的女性"（2008）

斯蒂文·霍尔（Steven Holl）
巨大的愉悦来自于组装、制作、建造、绘制、梦想、可能性

你最近刚从俄罗斯回来，这是你第一次访问那里吗？

——是的。我在莫斯科及其周边待了一个多星期。我被这座城市的历史层次和它所具备的伟大品质深深吸引。我参观了地铁系统，这是世界上最令人惊叹的地铁系统之一。而且，我对莫斯科目前的谨慎状态也十分着迷。一周前我刚好在中国，那里我正在进行一些大型项目，我很好奇莫斯科看起来似乎在推动文化工作方面有一点停滞。然而，我在那里遇见了一些年轻的建筑师，看到一些有趣的小项目，充满着一些能量。

你在世界各地旅行和建房子，在建筑方面，你认为当今最令人激动的地方在哪里？

——我认为建筑是一项非常特别的活动，不仅仅对于一个区域，对于正在和你合作的客户而言也是特别的。最终，客户会想要好的建筑。当这种情况发生时，你在哪并不重要。经过三十年的建筑实践，我越来越感觉到建筑中最重要的事情就是拥有一个好的业主。拥有巨额预算并不重要。

尽管如此，当今最令人兴奋的建筑正在中国发生，你能评论一下你在那儿的项目吗？

——我在南京设计一个艺术与建筑博物馆，这是一个 30000

斯蒂文·霍尔（Steven Holl）

平方英尺（约 2800 平方米）的建筑，位于中国国际建筑实践展览区，该展会由矶崎新协调，邀请了 25 位建筑师来设计 25 个项目。我们的博物馆是那里的主要门户之一。在南京的时候，北京有人邀请我去设计八座塔楼，包含有 800 套公寓。它将成为一个新的浮动住宅区，拥有自己的电影院和商店。这八座 22 层的塔楼在二十层通过几座桥连接起来。这是一个非常有趣的项目，是关于 21 世纪的生活与混合的项目。我很惊讶中国人如此前瞻。我在北京做了这个方案汇报，方案非常激进，有很多新的想法。在这个一个半小时的汇报结束时，开发公司的主席说："重要的是精神品质，我们相信我们可以卖得出去这些公寓"。他们真的在寻找建筑，这是一种极具前景的文化饥渴。

在完成像博物馆和复杂住区之类的重大项目后，你还有兴趣设计小住宅吗？

——是的，完全有兴趣！目前我正在设计四个小住宅项目，都是非常不同的。对我来说，建筑的乐趣来自于建造过程中诗意的张力。它不一定要大，一个小住宅也是美好的，因为它可以在很短的时间内实现，不像大型项目需要通过很多政府部门审批。所以通过设计小住宅，你能够很快体会到诗意表达的喜悦。

你早期设计的著名项目斯特列多住宅，灵感来源于现场流动的水流。

——还有音乐。当我从事这个住宅的设计工作时，我学到了一个术语叫"紧密和应"，这是一种音乐形式，将一个音乐乐句与另一个音乐乐句重叠。这个项目中，水从坝上流过，就像紧密应和在音乐中一样，是外面景观和内部空间的重叠反映。当你从一个空间到另一个空间时，平面与剖面之间的关系就会被反转，从正交平面和曲线屋顶到平屋顶和曲线平面。这种反转是基于乐谱中节奏韵律的变化。

一些建筑师回避为别人设计住宅，甚至为了避免关系过于个人和亲密。例如，彼得·埃森曼不喜欢有人住在他的建筑中，而他自己住在他的学生设计的公寓里。丹尼尔·里伯斯金委托他的朋友设计他的公寓，为此他辩解说："你不要指望理发师为自己理发。"

——啊，那不是我的立场。我住在一个住宅里，那个黑色的皱纹的立方体就在那里（指着坐在桌子上的小纸板模型）。那是我周末的住所，从纽约向北一个半小时的车程。我在2001年自己设计和建造了它，非常喜欢它。我相信建筑中的现象学、建筑中的体验维度。所以你可以有知识维度、思想和理论，但它的体验维度是品位、营养和所有努力的乐趣。我完全致力于制作并实现小作品中的张力，而且我自己住在里面。

换句话说，如果你为别人设计和建造，为什么不为自己做呢？

——的确，即使大家都知道整个项目的收费是亏钱的，我还是会继续做设计，因为想法和实验的可能性是如此令人喜悦。

你是怎么开始对建筑感兴趣的？

——当我四五岁的时候，我开始制作东西。我的哥哥和父亲是雕塑家。我们一起在华盛顿布雷默顿自家的后院建造了许多小型构筑物。我从小就制作和建造东西。巨大的愉悦来自于组装、制作、建造、绘制、梦想可能性。

谁向你介绍的建筑学？
——没有人，真的。当我该上大学的时候，我说："我选择建筑学。"那就是我想去尝试的，所以我去了华盛顿大学学习建筑学。也许我最大的改变是1970年我去罗马学习建筑的时候。那是一次很棒的经历，从那以后我一直专注于建筑。1974年我拿到了执照，当时我只有25岁，但我接不到任何项目，所以我回到学校。我去了伦敦的建筑联盟学院，当时阿尔文·博亚尔斯基是学院主席，扎哈·哈迪德是雷姆·库哈斯设计课上的一名学生。

你的项目常常具有概念性和理论性。为什么你认为建筑中需要理论和哲学？
——生活中的每一件事都需要理论和哲学。我同意古代哲学家的观点，他们说未经反思的生活是不值得过的。我们应该考虑一下我们所做的每一件小事，包括节能、全球变暖和政治。我认为我们时代最大的悲剧之一就是没有足够的理论和哲学。对于我们在世界上刻意或者无意做的事情，我们并没有足够的真正深刻的思考和讨论。建筑确实需要理论和哲学，因为它是一种更永久的艺术。

伯纳德·屈米认为建筑中的形式并不重要，重要的是思想和概念。你同意吗？

——1989 年，我写了一篇文章叫《概念与现象》，建立了一种双重层面的立场——概念是推动设计的力量。但真正重要的部分是空间、纹理、光这些事物的现象学经验，因此所有这些都是交织在一起的。那么，说形式并不重要，对我而言有点油嘴滑舌了。但是，推动设计的概念肯定是非常重要的。

你说过建筑是概念和形式之间的链接。
——建筑是思想与张力，哲学与希望，世界的物质性之间，光线与空间之间的纽带。建筑体现了所有这一切。建筑师花时间和精力在设计上，空间和形式将设计和思想辐射回来，人们可以感受到它。我在奥地利建了一个小葡萄酒中心，它向老的拱顶倾斜，切割进立面，一个非常简单的想法——里面是软木，外面是混凝土。每个月都有 10000 人来看这座建筑，这个项目如此成功，以至于我们在其旁边正在建设一个新的酒店，为所有来到中心的人提供住宿。我认为这个小建筑正是有如此强烈的链接才使得那么多人都很喜欢它。

有没有哪一个建筑（历史的或现代的），你会推荐给建筑学学生去亲自体验，为什么？
——我认为参观里昂附近勒·柯布西耶设计的拉图雷特修道院教堂是一项至关重要的教育，因为它体现了他的许多想法。它仍然存在，你可以租一个僧侣的房间去真正体验一下它。勒·柯布西耶设计的朗香教堂，也是一个值得去体验的伟大建筑。在美国，我认为弗兰克·劳埃德·赖特设计的威斯康星州拉辛的约翰逊蜡烛大厦是他的一个至关重要的关键作品，我能真切地、很强烈地体会到。我曾多次去过这些建

斯蒂文·霍尔（Steven Holl）

筑物，它们散发出极大的启示。

你能谈谈在一个新项目中你推进概念的过程吗？
——很简单。我从图像和文字开始，有时候是空间，我是用水彩画的方式来进行的。如果你问任何关于我的设计，我可以立刻回到过去，告诉你这些设计是从什么地方开始的，因为 20 多年来我一直都是用同样大小的水彩画来工作。它们按照这些目录归档（将手伸向一个长长的带标签的纸板箱）。有时我会探索四到五个不同的方向。有时我坐下来，第一次就得到它了。但有时也非常痛苦的，甚至六个月后，我仍然不确定。所以，这是一个将词汇、句子、写下的概念和图像结合在一起的过程。

你可否解释一下什么是现象学建筑和现象学体验？
——它的本质在于穿过空间的身体运动以及我们感官可以体验到的所有现象：光线质量，声音，气味，音响效果，以及在身体运动过程中的变化。这些对于建筑而言是珍贵的。电影永远不会将这些从建筑中剥离。在这个意义上，音乐、雕塑和绘画都是二维的。建筑是一种需要体验的艺术，是对其自身最大维度的真正探索，百分之百的现象学维度。

例如，如果你去赫尔辛基的基亚斯玛博物馆，你沿着坡道走过整个画廊的序列，最后到达顶部的大画廊，这是令人愉悦的体验，但是如果我仅向你展示这些照片，你是无法体会到的。这不是很容易理解，也不是一回事。所以真正的体验维度是在建筑的内部，它有很多方面。1993 年，我写了一本名为《知觉的问题》的书，共 11 章，11 种现象学情况像田地的网格一样划分。例如,当我和你说话我可以向外看,看到哈德逊河和直升机上升,船也正开过来。和你进行谈话的体验拥有的这个维度非常重要。我们不是在一个黑房间,也不是在一个封闭的壁橱里,也不是在地铁上。因此,所有这些事情结合在一起构成了空间中的体验情境。我认为这非常重要,因为建筑师只是在一张纸上绘图,他们需要考虑所有其他的维度,这一点至关重要却经常在绘图过程中被忘记。

基亚斯玛博物馆的设计中,使用了交织的概念。基亚斯玛在希腊语中意思是交织,你能解释一下为什么你要选择探讨这个概念,以及为什么你选择这个希腊词来命名博物馆?
——这是一个竞赛项目,我们的概念是关于城市肌理和景观之间,建筑弧形与太阳弧线之间的交织。在最后时刻,我们想要给我们的竞赛展板起个名字,于是我想起名为"交织"(Interwining),但是后来我想到法国哲学家莫里斯·梅洛·庞蒂关于所有感官交织在一起的著名文字"交织 – 基亚斯玛"。基亚斯玛(Chiasma)在希腊语中的意思是像字母"X"形状一样两个通道的交叉。因此我们把我们的项目称之为"基亚斯玛"。当我们赢得竞赛的时候,博物馆希望使用我们的命名作为他们的新名字,但是在芬兰语中没有"ch"于是他们把它替换成"k"——"Kiasma"。它就位于赫尔辛基市中心的基亚斯玛广场。

有人将你的建筑比作一个放大镜头使我们的感官集中在基本元素上。
——我不知道是谁说的,但是我很喜欢。我认为材料、细部、

基亚斯玛当代艺术博物馆,赫尔辛基,芬兰,1998 年
照片 © 弗拉基米尔·贝罗戈洛夫斯基

表皮、反射率等所有这些方面都是非常重要的，而且它们没有得到足够的重视。例如，路易·康设计的加州拉霍亚的萨尔克研究所就通过一种方法做到了，它带给你的基本空间关系非常特别。

在与理查德·迈耶、彼得·埃森曼、查尔斯·格瓦斯梅合作的世贸中心设计项目中，你试图定义一个令人兴奋的巨大尺度的新建筑类型。你能评论一下对水平摩天大楼的想法吗？
——多年来，我一直在研究水平摩天大楼。我已经设计几个项目来探讨这个想法。例如，柏林图书馆或者米兰隆巴迪中心。对于我而言，重要的是在 21 世纪的城市中，塑造空间环境的可能性不仅仅在地平面维度上，在垂直维度上也可以进行。

埃尔·利西茨基（El Lissitzky）在 20 世纪 20 年代为莫斯科设计了著名的水平摩天大楼，他的项目是你的灵感来源之一吗？
——当然，但是不要忘记那是他和马特·斯特蒙（Mart Stam）一起设计的。

西蒙斯楼背后的概念是普通海绵吗？
——不！概念是孔隙度。我们研究了一个建筑如何成为多孔的不同方式。我们想要实现开放，而不是塑造一堵墙。最简单的隐喻是海绵，海绵在不同方向上存在很多不同类型的孔洞。但是一位评论家太过于字面理解，他写到我是用海绵洗澡的时候突然想出了这个概念。你知道，我们建筑师生活在

斯蒂文·霍尔（Steven Holl） 259

连接复合体，北京，中国，2003—2009 年
照片 © 何舒

对记者的恐惧中,他们喜欢对我们所做的进行类型化和误解。这里的概念是孔隙度。

这个建筑受到勒·柯布西耶马赛公寓的影响吗?
——我们的建筑还是有点不同的,但当然,色彩概念我们可以追溯到勒·柯布西耶,但是我们的色彩实际上与建筑结构的能量有关,与实际结构图示有关,立面上不同的色彩代表不同的力。

你梦想的项目是什么?
——我每天都有一个梦想中的项目。

那么,今天的是什么?
——好吧,我真正的梦想项目是高线公园。(霍尔指的是废弃的高架铁路连接线,其中很好的一个部分正好距离他的办公室仅仅一个街区,就在宾州火车站调车场上方)在过去 20 年里,我一直致力于一些可能性的研究,我希望它们将是纽约市非常重要的一部分。有一天,它将成为一个高架的绿带穿过城市。它将是一个为你提供不同视野的公共空间,不仅仅是高架视角,还有声音和寂静。你无法真正从那里听到这个城市,它是如此安静和美妙。

纽约:2004 年 6 月

斯蒂文·霍尔（Steven Holl） 261

天津生态城市规划博物馆，天津，中国，2012年
草图 © 斯蒂文·霍尔

尼尔森-阿特金斯美术馆增建,堪萨斯城,密苏里州,美国,1999—2007 年
照片 © 安迪·瑞安

斯蒂文·霍尔

出生：1947，布雷默顿，华盛顿州

教育：华盛顿大学（1971）；建筑联盟学院（AA），伦敦（1976）

实践：1976开始在纽约和洛杉矶从业

项目：水平摩天楼-万科中心，深圳，中国（2009）；当代MOMA，北京（2009）；尼尔森-阿特金斯美术馆增建，堪萨斯城，密苏里州，美国（2007）；瑞士大使住宅，华盛顿特区，美国（2006）；基亚斯玛当代艺术博物馆，赫尔辛基，芬兰（1998）；西雅图大学圣伊格内修斯小教堂，西雅图，华盛顿州，美国（1997）；艺术与建筑商店，曼哈顿（1993）；斯特莱托住宅，达拉斯（1992）；世界公寓，福冈，日本（1991）

书籍：《城市希望》（拉尔斯·缪勒出版社，2013）；《色彩点亮时代》（拉尔斯·缪勒出版社，2012）；《尺度》（拉尔斯·缪勒出版社，2012）；《水平摩天楼》（威廉·斯托特书店，2011）；《城市主义：与质疑同行》（普林斯顿建筑出版社，2009）；《用建筑诉说》（里佐利出版社，2007）；《房屋：黑天鹅效应》（普林斯顿建筑出版社，2007）；《孔隙度实验》（布法罗大学建筑与规划学院，2005）；《斯蒂文·霍尔》（宇宙出版社，2003）；《概念与现象》（拉尔斯·缪勒出版社，2002）；《水中书写》（拉尔斯·缪勒出版社，2002）；《视差》（普林斯顿建筑出版社，2000）；《交织》（普林斯顿建筑出版社，1996）；《锚定》（普林斯顿建筑出版社，1989）；《建筑手册7：桥屋，斯蒂文·霍尔》（威廉·斯托特图书出版社，1981）

教学：1981年开始在哥伦比亚大学任教

奖项：美国建筑师协会金奖（2012）；英国詹克斯奖（2010）；史密森尼学会库珀–休伊特国家建筑设计奖（2002）；《时代》杂志美国最佳建筑师（2001）；当选美国艺术和文学学会会员（2000）；阿尔瓦·阿尔托奖（1998）；克莱斯勒设计创新奖（1998）；法国建筑学院建筑学金奖（1998）；美国建筑师协会纽约分会建筑荣誉奖章（1998）；美国艺术和文学学会阿诺德·威廉·布伦纳奖（1990）

比亚克·英厄尔斯（Bjarke Ingels）
建筑不是独立存在的艺术形式，而是社会的工具

我听说你十几岁时想成为一名漫画小说家，对建筑产生热情在成为哥本哈根皇家艺术学院的学生之后，所以建筑并不是你从小向往的事，对吗？

——我去皇家艺术学院的建筑学院，基本上是为了提高绘画水平。但经过两年的徒手绘画和其他技能课程后，我开始接触到建筑，并被它迷住了。除了乐高或者詹姆斯邦德电影中的酷炫建筑外，我从未对建筑这种艺术形式感兴趣。对我来说，引爆点是当我发现建筑不仅仅是一种艺术形式，而且你不能将其独立于社会、经济和政治问题去认识。政治学是我高中时的主修课，因此我接受了建筑与现实生活问题相关的观点。我的老师们在学院里不太谈论美学，更多的是谈论建筑对人的影响。在那儿有很多令人兴奋的事情是关于什么是可能的。

你毕业前就开始实践了，那是什么样的经历？

——1998年，我在巴塞罗那还是一名学生，我与四名学生一起参加为大学校园扩建进行的包含两个阶段的竞赛。我们与其他九家公司一起被选为决赛入围者，并获得了90000美元去继续深化我们的方案。为了完成这个项目，我们暂时休学并租了一间办公室。我们团队成员是在竞赛开始前的几个星期才认识的，我们并没有真正达成一个共同的愿景。最后我

们提交了一种弗兰肯斯坦（毁灭创造者自己之物），没有获得任何奖励，但这是一次很好的经历。

你们的合作结束了？
——是的，我的第一次合作结束了。

巴塞罗那是世界上最美丽的城市之一，除了这个原因，你为什么会去那里学习？
——我想在巴塞罗那生活，但主要原因是向恩里克·米拉列斯（Enric Miralles，1955—2000）求学。当时我对建构问题很感兴趣，我的确受到阿尔托、米拉列斯和西扎等建筑师的启发。但是在选了米拉列斯的课程之后，我非常失望并且退出了。对我来说没有意义，那些是难以理解的拼贴，将诸如法国哲学、历史参考、太空行走的想法、中世纪的街道网格、自然中的图案、诗歌等等混合在一起。我无法理解所有这些与现实生活有什么关系。我就像在一个气泡里与世界的其他部分完全脱离。我会离开课堂去看看汽车交通、人、自行车、商场。当我回到设计课上，看到的这一切又都不重要了。这不是我想要的。

你对法国哲学不感兴趣？
——我感兴趣，但不是像建筑师阅读它的字面意义上的方式，他们阅读德勒兹的《皱褶：莱布尼兹和巴洛克》，他们真的开始使用皱褶。对我而言，哲学不是目标，生活是目标。哲学是一种有助于扩展生活可能性的创造性行为。

8 字住宅，哥本哈根，丹麦，2010 年
照片 © 德拉厄航空摄影

比亚克·英厄尔斯(Bjarke Ingels)

所以你就回哥本哈根了？

——在巴塞罗那之后，我回到哥本哈根从学院毕业，然后去了鹿特丹的 OMA 事务所为雷姆·库哈斯工作，在那里我参与了西雅图图书馆项目。

你为什么对雷姆·库哈斯感兴趣？

——学校的教育非常自由。我花了很多时间在图书馆，通过书籍我发现了雷姆·库哈斯，他引起了我的兴趣。通过他的书，我发现了勒·柯布西耶，以及建筑不是独立存在的艺术形式而是社会的工具的思想。

你是先发现雷姆·库哈斯之后才发现勒·柯布西耶？

——是这么发生的。

你为雷姆·库哈斯工作了三年，你从他那里学到了什么？

——库哈斯是我的一个重大发现，那就是我想为他工作的原因。没有他，我不能认清现代建筑。他是我受教育的主要动力。他教我的不仅仅是面对一个独立的项目如何设计一个漂亮的建筑，而是教我如何将建筑作为一种工具介入到开发、政治、社会结构中，以及自由地实现各种表达方式。建筑对他而言不是关于美学，建筑不是由风格驱动，而是由理念驱动的。我们的建筑从不会由单一事件而引发，从不被单一思想所构想，也从不仅用一只手来塑造。它也不是个人计划或纯粹理想的直接具体化，而是不断适应社会的多重冲突力量的结果。我们建筑师不能控制城市，我们只能追求干预。建筑的进化源于政治的、经济的、功能的、逻辑的、文化的、

比亚克·英厄尔斯(Bjarke Ingels)

2010世博会丹麦馆,上海,中国
照片©伊万·巴恩

结构的、环境的、社会利益的,以及尚未命名和无法预见的利益的碰撞。

在你的灵感源泉中你提到过科幻作家伊恩·M. 班克斯（Ian M. Banks），他的著作如何影响你的建筑?
——我认为他是一位优秀的思想家,而且他是关于未来可能性的伟大思想家。他的许多预见都与建筑和创造新世界有关,都关乎技术和社会生活之间的关系。我还喜欢阅读《连线》杂志,因为它调查技术创新对社会的、政治的和文化生活的影响。

纽约：2009 年 12 月

8字住宅,哥本哈根,丹麦,2010年
照片 © 泰·斯坦格

VM 住宅,哥本哈根,丹麦,2005 年
照片 © 约翰·福尔林

比亚克·英厄尔斯（Bjarke Ingels）

山形住宅,哥本哈根,丹麦,2008 年
照片 © 雅各布·博塞拉普

比亚克·英厄尔斯

出生：1974 年，丹麦哥本哈根

教育：皇家艺术学院（1999），巴塞罗那建筑学院（1998）

实践：2001 年与朱利安·德·斯梅特在哥本哈根共同创办了 PLOT 建筑师事务所；2005 年创立了比亚克·英厄尔斯公司（BIG）；2010 年在纽约市开设分公司

项目：丹麦海事博物馆，赫尔辛格，丹麦（2013）；8 字住宅，哥本哈根（2010）；2010 世博会丹麦馆，上海；山形住宅，哥本哈根（2008）；VM 住宅，哥本哈根（2005）

书籍：《是就是多：建筑进化之建筑漫画》（塔森出版社，2009）

教学：莱斯大学建筑学院、哈佛大学设计学院、哥伦比亚大学和耶鲁大学建筑学院，客座教授

奖项：2011 年《华尔街日报》"年度建筑创新者"；2011 年世界建筑节最佳住宅楼（8 字住宅）；2008 年巴塞罗那世界建筑节最佳住宅楼（山形住宅）；2008 年斯堪的纳维亚 AID 论坛奖最佳建筑（山形住宅）；2006 年斯堪的纳维亚 AID 论坛奖最佳建筑（VM 住宅）；2004 年威尼斯建筑双年展金狮奖（挪威斯塔万格音乐厅项目）

隈研吾（Kengo Kuma）
光影可以控制一切

我听了你最近在纽约的演讲，你一开始先讲述当前的经济危机，为什么？

——谈论这些事情很重要。就个人而言，我经历过三次经济危机。第一次是在 1973 年，是石油危机。那时我 18 岁，刚被东京大学录取。20 世纪 60 年代和 70 年代正是建设活动蓬勃发展的时期，那时建筑学非常受欢迎。我喜欢上了建筑，是因为我喜欢 1964 年东京奥运会建造的体育场馆，特别是由丹下健三设计的国家体育馆。由于发生石油危机，前途突然变得黯淡。这实际上是学习和思考的好时机，我想设计与历代日本建筑师不同的建筑。第二次危机发生在 1990 年，当时日本的"泡沫经济"破裂。1987 年也就是泡沫经济期间，我开设了事务所。当时我刚从哥伦比亚大学毕业回来，那些年，东京建造了许多令人感兴趣的建筑。许多国际知名的先锋建筑师来到日本工作，包括彼得·埃森曼、斯蒂文·霍尔、迈克尔·格雷夫斯……但在 1990 年，我的事务所接不到项目了。当时我很年轻，但没有工作了。幸运的是，我可以在农村找到小项目，等到 2000 年我才在东京有项目。我在农村有一些朋友，所以我决定搬到小镇上去，在那里我在预算非常紧张的情况下设计非常小的项目。但这些地方非常漂亮，工艺技术都很棒。对我来说这是一次非常有益的重要经历。由于项目规模很小，我可以直接与工匠沟通，并从他们那学习

隈研吾（Kengo Kuma）

天然材料。现在我们正在经历另一场危机，像这样的时候，总会有很多东西需要学习，所以我是非常乐观的。

没有多少人知道为什么你的工作经历了剧烈的变化，不过你刚才已经解释了原因。你在东京的 M2 项目是一个办公与展览结合的综合体，基本上是近似古典主义的形式，这与你现在实践的敏感建筑完全不同。

——我 1987 年开始研究 M2 项目，它属于泡沫时代。一家汽车公司的老板让我设计一座纪念性建筑，这就是我试图做的事情。泡沫破裂之后我被迫去乡下重新考虑我的工作。

如果"泡沫"没有破灭，会发生什么？你还会继续像 M2 一样做 M3、M4……？

——（笑）没人知道会发生什么。

你似乎喜欢回到学校，回到研究工作上……？

——当然！在学校有很多时间去思考，对于建筑师而言有时间去思考是很重要的。

你能讲讲你关于消除实体的想法吗——消除建筑，将建筑分解成微粒，这与实现各种模糊状态的理念有关吗？

——在传统的日本建筑中，建筑元素都是非常小的：木头、米纸，还有石头。通常在这些元素之间存在空间可以形成自然空气流动。我应用这些方法来设计自己的现代建筑。我认为如果这些元素以大尺度的方式出现将很难理解材料的触觉品质。如果材料被分解成粒子尺度，它们会变得更加生动和多变,就像彩虹一样,有时它们看起来像实体,但随着光线的变化,它们像云一样散开,像雾一样溶解。消除建筑的想法就是阻止实体的呈现。

我的目标不是创造像微粒一样的建筑。我想创造一个像漂移粒子一样模糊的和模棱两可的环境状态,最接近这种状态的是彩虹。我们必须扭转我们的形式感觉,我们必须从内部审视环境,而不是从外部看建筑。

选择和设计建筑的微粒,并弄清楚它们之间的关系必须是一门真正的科学。

——我认为材料是制作东西的基本要素。材料不能太大或太小。如果微粒太大,它们会变得像一团。如果它们太精细,它们也可能看起来像一团。它们的大小必须根据它们与观察者之间的距离,以及与其他粒子和框架的相对大小来确定。我设计的核心就是选择微粒,选择微粒的大小和细节。

这个想法是否与自由的概念有关?

——当然。例如,坚固而沉重的墙壁强烈地定义了空间,这是限制性的,我不喜欢那种空间。我对此很敏感,是因为我在一个非常不同的空间里长大。我在东京郊区长大,我父母的房子是20世纪20年代的传统日式房屋,用旧木头建造,有许多复杂的细节,如木制窗框和米纸屏风。那所房子和我学校朋友的房子截然不同,他们大多数住在由混凝土建造的典型的美式郊区房屋。一开始我恨我的房子,我觉得住在老房子里真是太难堪了。但渐渐地我知道了,我意识到了它比我朋友的混凝土房子舒服得多。那些混凝土房子令我感觉阴冷和有压迫感。我无法在那里呼吸，我的肌肉会紧张起来，我想尽可能快地离开。然而，在我家里可以体会到自由的感觉。

你说你的建筑是"脆弱的"，为什么会这么说？
——"脆弱的"一词涉及将材料分解成微粒的想法。混凝土建筑非常坚固，对人体来说太强大了。我认为人体是非常脆弱的和易损的，所以人们在很坚固的地方感觉不舒服。但如果建筑本身像人体一样脆弱，我们会觉得舒服。

你是在仅仅谈论住宅还是任何建筑类型？
——我认为，可以是任何类型的建筑。但我的观点可能是个例外，因为大多数人在木制房屋中感到舒适，但愿意在混凝土或钢铁和玻璃现代建筑中工作。不过，我认为即使是办公建筑，我们也可以应用这种脆弱感。

你说，"我不想去创造特殊的建筑，而是去创造一个特殊的环境。"你能详细解释一下这个想法吗？
——我的方法是场所的特殊性。对我来说，环境非常重要。我不想在一般的条件下工作并创造一般的建筑。我想创造与环境有着深刻的、有意义联系的独特建筑。例如，我总是试图找到并使用来自特定地点的当地的木材或石材。

那对于建筑形式呢？形式对你重要吗？
——我的想法是建筑形式应该是安静的。象征性的形式可以破坏环境，我不喜欢不朽的形式，这一点是我的建筑与

高根泽集市,盐谷郡,栃木县,日本,2006 年
照片 © 阿野太一

隈研吾（Kengo Kuma）

日本老一辈建筑师如矶崎新或丹下健三的建筑的巨大差异之处。

你是如何开始设计的？是草图、研究、讨论，还是选择特殊的材料和施工方法？

——这与特定的项目有关。最困难的部分就是开始，通常总是从对场地的仔细观察开始，并与该地区的人交谈。例如，我们经常讨论当地材料的独特品质。我通常非常仔细地学习材料，这需要很长时间。在我的办公室里，我们通过制作大量的学习模型来探索布局方面的许多可能性。我们总是同时在两个方向上开展工作——探索布局和制作许多全尺寸模型，试图实现不同的材料效果。

你住在什么样的房子里？

——我没有设计我的住宅。这很正常，设计自己的房子将是非常困难和令人沮丧的，因为我总是试图探索不同的可能性，我总想发现新事物。

对你来说，什么是完美的住宅？

——一个完美的住宅应该总是在变化的。实际上，我父母的房子就是这样，因为我父亲总是想扩建它。最初我们的房子非常小，逐渐改变和扩大。我父亲是个商人，但他对设计和建筑非常感兴趣，他收集了布鲁诺·陶特设计的家具作品。布鲁诺·陶特写了几本关于日本文化和建筑的书籍，并以鉴赏京都的皇家庭园"桂离宫"而闻名。我父亲亲自完成了所有的建筑扩建，他还设计了照明灯具。我们总是一起讨论下一个扩建计划。在日本这是正常的,因为木屋很容易扩建。家庭成员帮助扩建也很常见。我记得木匠们经常到房子来。但是你扩建一个混凝土房子试试!

在影响你的人中,你提到过弗兰克·劳埃德·赖特和布鲁诺·陶特这样的建筑师,还有雕塑家芭芭拉·赫普沃斯(Barbara Hepworth)。你还提到了艾莉森(Alison)和彼得·史密森(Peter Smithson)的重要性,他们设计了伦敦经济学人大厦。是什么让这座建筑对你很有意义?
——嗯,有两点。首先是石材覆层的细节。通常在 20 世纪,石头被用作混凝土的覆层,但在经济学人大厦中,他们将石板直接固定在建筑物的钢框架上。整体建筑词汇似乎是密斯,但建筑物的转角是倒角,竖框配有垂直的石灰石条。整体效果甚至比密斯轻。

其次是布局。核心特征是空隙、广场。广场周围有三栋不同尺度的建筑,从低层到高层。它与美国的方法非常不同,后者通常采用内部中庭。史密森夫妇创造了一个舞台:一个可能发生有趣事情的城市平台。

空隙在日本传统建筑中非常重要,是吗?
——日语中的单词"*ma*"意思是空间或场所感,对于阅读建筑而言,它同与之相关的建筑一样重要。在我的所有作品中,空隙是非常重要的。它连接和组织各种元素。我设计的安藤广重博物馆中,是空隙将城市与博物馆后面的山脉联系起来。

安藤广重艺术博物馆,栃木县,日本,2000 年
照片 © 波同德·伯格纳

隈研吾（Kengo Kuma）

你说"现代主义的问题在于，在比例和形式美感方面，仍然受古典主义的影响。但对我来说这是次要的事情，空隙的力量是最重要的"。你能解释一下吗？

——基本上，现代主义属于 20 世纪。美丽的建筑通常被认为是一幅美丽的图画或图像。但那不是真实的体验。图片只是图片，比例对于美丽的画面很重要，但真实的体验却非常不同。在建筑物之间的空间中可以体验到一些伟大的东西，例如史密森夫妇的经济学人大厦。通过观察图片无法理解这种体验。完全体验空间的唯一方法就是走进它。建筑物的外部形式应由规则或环境条件决定。这就是弗兰克·劳埃德·赖特或传统日本建筑的方法。我们并不认为建筑是一幅画。事实上，如果你看一下大多数传统日本建筑的立面图，它们看起来非常相似，但如果你绕着它们转转，体验就会大不相同。

你是说比例对你来说不重要吗？

——在古典主义中，建筑实体本身及其比例很重要，但在传统的日本建筑中更重要的是屋顶的设计。如果一个建筑师可以创造一个漂亮的屋顶以及屋顶下美丽的光影，那么比例就不是一个大问题。光影可以控制一切。通常，设计从屋顶开始，比例的概念居于其次。

你的安藤广重博物馆是一个非常精致、漂亮的结构。这是你第一次在屋顶设计中运用直线、垂直线条来营造倾盆大雨的感觉吗？

——在我的屋顶设计中，我之前使用过遮光格栅，但是在水平方面。我认为水平可以唤起一种连续感。在安藤广重博物馆,我第一次垂直使用格栅,我是受安藤广重的美丽画作《大桥安宅骤雨》的启发。

你是否希望实现某个特殊的项目?
——去新的地方以及在新的不同的项目中工作都会令我兴奋,所以答案是:我不知道。

纽约:2009 年 4 月

隈研吾（Kengo Kuma）

高柳社区中心，高柳町，刈羽郡，新潟县，日本，2000 年
照片 © 藤塚光政

玻璃水屋，热海市，静冈县，日本，1995 年
照片 © 藤塚光政

隈研吾（Kengo Kuma） 291

竹屋，北京，中国，2002 年
照片 © 浅川敏

隈研吾

出生：1954 年，日本横滨

教育：东京大学工学院（1979）；哥伦比亚大学（1986）

实践：1987 年成立空间设计事务所；隈研吾建筑都市设计事务所，东京和巴黎办事处

项目：大和普适计算研究大楼，东京（2014）；浅草文化旅游中心，东京（2012）；日本高知县高冈郡梼原木桥博物馆，日本（2011）；莲花住宅，日本东部（2005）；木佛博物馆，丰浦町，山口县（2002）；竹屋，北京（2002）；那珂川町马头广重艺术博物馆，那须町，栃木县（2000）；高柳社区中心，高柳町，刈羽郡，新潟县（2000）；M2 大楼（1991）

书籍：《隈研吾全集》（泰晤士 & 汉德森出版社，2013）；《隈研吾 2006—2012》（GA 建筑师杂志，2012）；《隈研吾／超小，小，中，大》（细部杂志，日本，2011）；《材料无形：隈研吾的新作品》（普林斯顿建筑出版社，2009）；《隈研吾——呼吸建筑》（博克豪斯出版社，2008）；《隈研吾》（c3 出版集团，韩国，2007）；《隈研吾：作品和项目》（费顿出版社，2006）；《隈研吾作品精选》（普林斯顿建筑出版社，2005）；《隈研吾：自然几何》（方舟出版社，2000）

教学：东京大学建筑学院教授；在东京庆应义塾大学、伊利诺伊大学厄巴纳‑香槟分校、哥伦比亚大学任教

奖项：法国艺术与文学学院奖（2009）；日本建筑学会奖（1997）

丹尼尔·里伯斯金（Daniel Libeskind）
我希望找到解放人们的建筑

自从双子塔遭到破坏，以及你首次提出并获胜的世界贸易中心总体规划以来，已经过去了十多年了。2002年底，大众媒体对所有半决赛选手的关注前所未有。对于建筑而言，这是一个充满希望的时刻。虽然你的获胜方案被众多政治家、规划师和建筑师改变了，但最终还是建成了。你如何看待过去十年建筑界发生的变化？

——我认为建筑已经发生了根本性的变化。现在，不仅在纽约市和美国，而且几乎在所有地方，如果没有公众参与，你连小型项目也不能建。现在人们想知道正在建造的是什么？为什么会这样？这个和那个有什么意义？谁在建造它？它可持续吗？如何填补纽约市中心的空白这个问题对人们来说非常重要。他们的兴趣不仅仅有技术，还有文化。依靠公司董事会关起门来做出的决策已不再令人满意，公众现在想参与建设环境的过程。

你如何看待你自己在过去十年中的经历，从多数情况下的纸上建筑师到在世界各地有数十个项目的繁忙实践者？

——1989年，我开设了自己的事务所，当时我赢得了柏林犹太博物馆的竞赛，之后我就开始设计费利克斯·努斯鲍姆博物馆，这是我的第一座建筑，于1998年完工。曼彻斯特北部的帝国战争博物馆于2001年完工，所以我并不是一个纸上建筑师。但当然，在 2003 年初赢得世界贸易中心竞赛——这样一个复杂的城市项目——完全改变了我的实践，使我在全球范围内有了更多大规模的项目。我对各种项目都感兴趣——从博物馆到商场到住宅。我在柏林的工作室大约有 25 人，在纽约现在我们的总部大约有 80 人，在米兰和苏黎世，每个地方大约有 20 人。如果我愿意，我可以将办公室扩大十倍或更多。有很多工作！压力太大了！但这并不是因为项目数量的问题，而是因为品质，因为要了解每个与我合作的人，我想参与一切。

当别人请你形容一下你的工作进展时，你会说："我正做同一个项目，这是完全相同的项目。"你说你永远不会从一张白纸开始，更像是一个延续。你能详细说说吗？
——当然，你也许不得不从新的疑惑、与新地方或新人的邂逅等等开始，但从来都不是一个白板。建筑不只与材料相关，它还与文化的观念、思想相关，那是一种持续的探索，在绘画、写作和建筑物上都有所反映，建筑就是一个世界。建筑不是建筑物。我刚刚完成了一个系列的绘画《巴比伦的十四行诗》（Sonnets in Babylon），这对我的建筑项目没有必然帮助，它们是探索，就像我早期的项目"密克罗米加斯"（Micromegas）或"室内乐"（Chamber Works）中的绘画，它们是建筑思想的源泉。

你能再谈谈你早期的项目，"密克罗米加斯"或"室内乐"的绘画吗？他们是建筑的沉思，对吗？它们是纯粹的抽象还是叙事？你是否认为它们是当前项目的一种 DNA？

——沉思是一个被动的术语，但它们确实是我们对认知的世界进行转化的途径。这些绘画不仅具有与即时任务分离的品质，还是转化的源泉。

有没有特别的叙述？
——嗯，这些绘画在现实与梦想之间的无人世界漂流，一个未知的世界。

你曾经回到这些绘画去寻找灵感吗？
——当然。

那你看到了什么？
——好吧，我不会把这些绘画看作是一个水晶球，去寻找一个新的方案。但是绘画本身会表达出来，它们是思考的工具，拆散、投射并展示新的方向。

20世纪60年代末你在库伯联盟学习了多年之后，1979年你完成了"密克罗米加斯"的绘画，你是在学校的时候就开始制作这类绘画吗？
——是的，实际上，当我在学校时，我拒绝做实际项目。

看起来库伯联盟不强迫学生做实际项目……
——你说得对，他们没有。但即使在学校内有理论型建筑项目，我还是选择了一种非常不同的路径。我很早就开始研究拼贴画，非实用主义的建筑片段。当我在克兰布鲁克学院还是一位年轻教授时，我开发了这种方法。

丹尼尔·里伯斯金（Daniel Libeskind）

这些绘画是你的业余项目吗？
——不，它们是我的核心项目！

做教授不是你的日常工作吗？
——我是居家艺术家，本来可以留在那里谋生，但不觉得这是正确的事。绘画是我的主要工作。但即使在后来，当我成为哈佛大学和其他学校的教授时，我从未将绘画作为一种逃避。

因此，从学生时代到现在，绘画是真正的连续性。你的许多项目都倾向于逃避秩序，但它们并不是混乱的。你说"你不能计划混乱，但你可以聚集其痕迹"。你的建筑涉及痕迹聚集，有许多痕迹关于数据、符号、叙述、传说、梦想、神话……你能否举出一些例子来说明一下近期项目的起源和想法，如多伦多皇家安大略博物馆？
——就多伦多而言，我的灵感来自博物馆的藏品。除此之外，还有水晶。你知道，当我在竞赛期间看自己的绘画时，我想知道是否可以建造这样的东西。坦率地说，我认为你应该从一个梦想、一些激进得似乎是不可能的东西来开始你的项目。事实上，如果你今天看看这座建筑物，它非常接近我最初的绘画。

让我们举两个你的设计实例——德累斯顿军事博物馆和丹佛艺术博物馆。一个是对城市中一座新古典主义建筑的激进式的重建，而这座城市几乎从历史中消失，现在正在重建。另一个是在丹佛市中心从零开始的建筑物。它们具有非常相似的视觉特征，你是如何处理这两个充满矛盾却又非常不同的项目的？

——两个建筑差别很大。可能只是因为我这个建筑师，建筑呈现出一些共同点。这些项目是非常不同的，丹佛项目是对吉奥·庞蒂作品的加建。我们不得不为博物馆的藏品增添新的空间，以及新的社交空间。我将加建称为"两条线散布"——一种落基山脉菱形地形的缠绕状态。它是对山脉、山谷、自然和以美丽的科罗拉多天空为背景的城市本身的戏剧性诠释。德累斯顿博物馆则展示了一个从地面升起的媒介，它穿过两面历史悠久的城墙，创造出一种无序，与原有建筑的秩序形成鲜明对比。这个新的插入结构从建筑物的外壳中升起，提供了一个映像空间，也提供了一个城市的特殊视角，视线被引向德累斯顿被摧毁的三个点。因此，这些项目中的意图和方法非常不同。

通常，你的整个构图都采用富有表现力的角形，而且一些立面例如柏林的犹太博物馆，看起来像抽象画。你的特定风格语言的起源是什么？是对角线、三角形、尖角、交叉线、曲折等等吗？

——如果我能回答这个问题，我会成为自己的批评家。我只能说，例如在电影中，我不喜欢画面被分解，我喜欢剪裁框架。某些形式会与我对话，我具备某种交流语言。为什么我们会识别某些音乐或写作？我不知道为什么，但我们可以区分那些向我们传递信息的特定现实。我倾向于那些能导向某一观点和试图提出一种观点的形式。

令人着迷的是，这种看似暴力的几何体可以如此诗意地解释……我正在看你的"密克罗米加斯"绘画，试图打破准则，寻找起源或故事……但后来我想到它是一个纯粹的抽象，就像康定斯基的画。

——嗯，这是一个类比。建筑不是一个新领域，其来源很深。无论是康定斯基、乌切洛、列奥纳多……我可能会从莎士比亚或艾米莉·狄金森的一首诗中受到启发，诗一下子会毫无理由地突然出现在我脑海中。

有一次我正在撰写一篇文章，接近完成的时候，我碰巧在一家书店，完全偶然地拿起了一本书。当我随便打开它时，我注意到一个短语，指向如何结束我的故事线索……

——在我的领域，我不能非常武断。这并不是一个彻头彻尾的无序。你必须看到你学到的东西之间的联系，你必须遵循那些仅对你有意义的标识。

对你而言，建筑就是故事。你的项目讲述关于地方、关于人的命运的故事。讲故事在你家里是被鼓励的事情，对吗？我读到过当你和妻子、孩子一起用餐时，你从不讨论工作或学校，但每顿饭都是讲会故事，这些故事是什么类型的？

——这些都是各种各样的故事，古老的，宗教的……最重要的是了解你自己在这些故事中的角色。你必须了解你讲的每一个故事，你不仅仅是一个讲述者，你可以从中发现自己。每个故事都有一个世界，故事随着讲述过程在变化。还有就是看到每个故事中积极的一面是非常重要的。

邵逸夫创意媒体中心,香港城市大学,中国,2011年
照片 © 丹尼尔·里伯斯金工作室

你同时在那么多项目上工作,你是否为每个项目制定了特定的故事或叙事,或者你是否重复之前使用的某些想法?

——恰恰相反。我并没有提出故事,而是故事在引导我。场地、方案、人——他们有故事,我只需要听。你并不能编造故事,那将毫无意义。

每栋建筑都应该有故事吗?

——当然。如果没有故事那么它只是一大片金属、玻璃和混凝土,没有别的,也就没有未来。每个建筑物、每个城市都应该有一个故事——一个关于生命,关于人的故事。否则建筑物就是一个实体、一个抽象概念……

在各种采访中,你都说建筑不是关于技术问题和关于迷恋技术工具,也不是关于审美追求,而是关于讲故事,它们把我们带到新的、其他的地方。你努力创造从未存在过且从未体验过的空间。你不喜欢中庸,喜欢富有表现力和情感的空间。还有什么?

——我们都看到了独特的愿景。我们需要问各种问题:我们是谁?我们要去哪?对于任何人而言,这些是询问自己及其在世界上的特定位置的核心问题。我认为世界是开放的,其神秘之处是永远不会被任何科学解决的。建筑对于理解很多东西非常重要,因为它提供了空间去观看天空、街道、进入大门的人……

在转向实践之前,你是一名教师、一名研究员和一名理论家。你还参与理论研究吗?如果你在项目间隙有时间,你会画什么？或者你想象或梦想什么？

——我从没想过自己是研究员或理论家。当我年轻的时候，整天画画和教学，我认为我是在做建筑。其他人会认为——这家伙不是在做建筑。他为什么不在办公室工作？但我绝对相信我是那个正在练习建筑的人。因为我认为建筑是多元的，只是在建筑物上工作并不是我认为的建筑。即使建造整个城市也不会耗尽建筑的可能性。因此，对我而言做建筑意味着有许多路径可以走。而且我从来不为自己设定目标，目标未知，我只知道我要走的路。

建筑师先生，你的梦想是什么？

——继续前进的道路，保持想要倾听世界的初学者的天真。你知道，人们很快就会成为知道如何做事的专家。所以你被期待一次又一次地做你所知道的事情。但我希望自由，我希望找到能够解放人民的建筑，来推动真理、美丽和正义。

你认为建筑应该反映我们现代生活的复杂性和我们的知识渴望。你刚才提到你不设定目标，因为你希望保持自由。但是你遵循一条特定的道路你就必须有一个目标，对吗？你认为建筑师的目标是什么？你如何看待自己的目标？

——建筑师不为自己工作。我们回应各种任务，我们回应城市和人们的需求和梦想。我的目标……它是一个混乱的未知……目标就是留在探索建筑的道路上。

纽约：2011年9月

丹佛艺术博物馆，丹佛，科罗拉多州，美国，2006年
照片 © 比特·布雷特

丹尼尔·里伯斯金（Daniel Libeskind）

皇家安大略博物馆，多伦多，加拿大，2007年
照片 © 皇家安大略博物馆

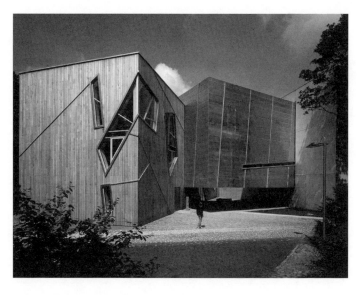

费利克斯·努斯鲍姆博物馆，奥斯纳布吕克，德国，1998年
照片 © 比特·布雷特

丹尼尔·里伯斯金

出生：1946 年，波兰罗兹

教育：纽约库珀联盟（1970）；英格兰埃塞克斯大学比较研究学院（1972）

实践：在柏林建立自己的工作室（1989）；在赢得世界贸易中心重建竞赛（2003）后，将实践移至纽约；在米兰开设工作室，专注于产品和工业设计（2012）

项目：兹罗塔 44 公寓大厦，华沙，波兰（2013）；军事历史博物馆，德累斯顿，德国（2011）；香港城市大学邵逸夫创意媒体中心（2011）；皇家安大略博物馆，多伦多，加拿大（2007）；丹佛艺术博物馆，丹佛市，科罗拉多州（2006）；"记忆之基"世界贸易中心总体规划（方案，2002）；帝国战争博物馆北馆，曼彻斯特，英国（2001）；犹太人博物馆，柏林（1999）；费利克斯·努斯鲍姆博物馆，奥斯纳布吕克市，德国（1998）

书籍：《对位：丹尼尔·里伯斯金》（莫纳赛里出版社，2008）；《破土》（河源出版社，2004）；《丹尼尔·里伯斯金：遭遇的空间》（宇宙出版社，2001）；《柏林犹太博物馆》（艺术出版社，1999）；《丹尼尔·里伯斯金：基数－矩阵》（帕莱斯特出版社，1997）；《丹尼尔·里伯斯金：口令》（里佐利出版社，1992），《丹尼尔·里伯斯金：介于零和无穷大之间》（里佐利出版社，1981）

教学：哈佛大学、耶鲁大学、宾夕法尼亚大学；自 2007 年以来，德国吕讷堡的伦法那吕讷堡大学的客座教授

奖项：国家艺术俱乐部建筑金奖（2007）；广岛艺术奖（2001）；歌德奖章（2000）

Photo © Michael Klinkhamer

于尔根·迈尔·H.（Jürgen Mayer H.）
我希望建筑自身能够引导我们发现潜在的可能性

你的作品与你对数据保护图案的痴迷有关，这种痴迷是怎样开始的？你为什么觉得它很有趣？

——这大概是从1995年开始的，当时我正在芝加哥做"温暖房子"的展览。这个房子采用了一种对温度很敏感的材料。这种热变色的碳基涂料涂在表面上，当温度上升，表面会褪色，而当温度冷却时，表面会变得明亮。这种想法的目的是使通常不可视的东西可视化，将一些私密的信息暴露给公众。当忙着做展览的时候，我发现数据保护图案也可以用作建筑在某种边界情景的隐喻，涉及某些事物背后私密与正面公共，或中性与个性。我用这种特殊的纸做了一本美术馆留言簿，当人们在这种对于墨水很敏感的纸上写东西，他们看不到他们写的内容，但是当你触摸它，它的数据保护图案消失，所写的内容就会显现出来。这种特殊的涂料是由美国国家航空航天局（NASA）发明的。

保护图案或者安全图案意在隐藏信息，你在你的项目中用它们隐藏东西吗？

——我们在所有可能的尺度上使用这些图案并且在各种各样的项目中探索它们，从装置艺术到城市综合体。这种图案包裹并控制空间，突出强调了内部和外部之间矛盾的边界情况。

于尔根·迈尔·H.（Jürgen Mayer H.）

这些图案是怎样运用到建筑中的？
——这个过程各不相同，有的时候一个特定图案的某个片段就可能激发我们的灵感，它也可能直接作为一个元素运用到我们的项目中。我们经常使用这些图案并探索把它们运用到各种不同空间的可能性。对于我们来说，图案是隐喻，它激励我们去做那些一开始并不总是看得见的事情。

你试过重复使用同一种图案吗？
——我们确实有一些比较喜欢的图案，当然，我们也确实重复用了。图案可以有各种各样的变体：数字、字母、图形、交叉影线、公司标志、迷彩图案等。数据保护图案已经成为我们灵感的主要来源。我们对其外观、材料和塑形潜力都很感兴趣。这些图案我们用得越多，我们的建筑外观和空间就变得越精致。

你在安全图案方面一定是专家。
——我在这方面确实做了很多研究，看起来这些图案有时会隐藏它们自己的历史。
　　但其实我发现这种安全图案最早是在1913年柏林一家印刷厂开发的，基于希伯来字符。我猜想对安全图案的需求是随着碳纸的发明应运而生。当你同时书写发票原件和收据的时候，某些信息需要隐藏起来。所以你需要这些图案策略来将这些敏感的数据隐藏起来。

你的作品如何处理特定场地或文脉背景？
——最主要的文脉就是我们已经工作超过14年的身体，其次才是场地环境。我们到处去寻找那些我们可以抽象化和探索的一些有趣又特别的东西。对我来说，尺度是一个非常重要的概念。我经常改变那些在场地环境中发现的不同元素的尺度。这种实践产生了一种有趣又奇特的品质，使得人们面对一些无法辨认的形式要看两次。所以在某种程度上，我把我的设计看作是某种镜头，通过这些镜头可以以一种新的眼光去看到周围环境中的新事物。设计过程是散乱的和凭直觉获知的。没有一个固定的套路。有的时候灵感可以来源于文脉环境，有的时候来自外部资源，比如图案。

在你的室内设计中，你往往会模糊楼板、墙体和顶棚之间的区别，就像模糊了建筑、艺术和观赏者之间的区别，从而产生了连续的、无穷无尽的空间。你能谈谈为什么要创造这样的空间吗？

——我们不会区分不同的学科。我们对自然、科技、通信和人体与空间的关系都感兴趣。同时，和不同的委托人一起工作会产生不同的对话和反馈，这也会产生某种文脉环境，使我们的项目与项目有所不同。就表面的延续性而言，我们感兴趣的是如何创造包罗万象的环境并推测可能存在的空间，而不是它本身的空间。弗雷德里克·基斯勒（Frederick Kiesler，1890—1965）的建筑给了我很大的灵感。我的工作目标就是将建筑作为一种媒介来创造一种超越程序化需求的空间，并为潜在的方案创新留出开放空间。这个意图就是允许并创造某种我们现在所不能预测或知道的潜能。我希望建筑自身能够引导我们发现潜在的可能性。一旦我们创造了这样的空间，人们就能发现甚至建筑师本人可能都没意识到的于尔根·迈尔·H.（Jürgen Mayer H.）

边境检查站，萨尔皮，格鲁吉亚，2011 年
照片 © 詹斯科·约翰松 – 赞恩

关系,柏林美术馆,柏林,德国,2011 年
照片 © 卢德格尔·帕菲斯

都市阳伞,塞维利亚,西班牙,2011 年
照片 © 妮可·罗特

某种潜力。

你的另一个关注点是关于热敏材料的运用,你经常把这种材料运用到你的艺术装置上。为什么记录身体呈现轨迹的行为很重要?
——对我而言,这与处理私密和公共的问题以及要突出我们对生活的理解等问题有关。今天这个概念超越了美术馆空间的概念。我们通过手机进行私人的对话,但是我们却可以随时被追踪和调查。私密和公共的关系,被暴露和被隐藏的关系正在随着新的技术和社会形式的改变而改变。在我的展览上,我要让人们更加意识到这种情况。

让我们来谈一下你的教育经历吧。你先是在斯图加特大学里学习,然后去了纽约的库伯联盟学院,接着又回到了斯图加特大学完成学业,最后在普林斯顿大学获得了硕士学位。这些不同的学校在你的建筑探索历程中分别扮演了怎样的角色?
——我在德国打下了良好的基于工程学的教育,这种教育就是培养优秀的实践建筑师。但是我知道缺少某些东西,因为我不清楚该怎样发展自己的思想或者建筑语言。一开始,在库伯联盟学院的学习对于我来说非常痛苦,因为他们可能会给我《圣经》里诺亚方舟的文本信息然后让我做一个项目,而不是说让我处理一个真实的场地或者任务书。这让我感到奇怪和困惑。但是后来我明白了,不论是否给定条件,都不能决定产生任何事情。你必须争辩所有的事情,然后证明它对你来说为什么起作用以及把一切都与你自己的想法关联起来。从根本上来说,他们就是强迫你去思考你为什么想要做

于尔根·迈尔·H.（Jürgen Mayer H.）

JOH3 公寓楼，柏林，德国，2012 年
照片 © 卢德格尔·帕菲斯

建筑。所以说，我在德国学习到的是怎样做，而在库伯联盟学院学到的是为什么做。在普林斯顿大学，他们同样是非常概念性的。建筑被用来批判和对话，对现代生活和文化做出评判。

对你来说，形成一种独特的风格重要吗？
——对我来说重要的是要培养一种态度和一种特定的思考方式。如果思考的方式是与众不同的，那么建筑的可视化语言应该也是不同的。

描述你的建筑的术语之一就是弹性空间，你还会选择其他什么样的术语来描述？
——建筑是一种催化剂，不是日常生活的背景，而是激发你重新思考空间环境的事物。我总是问自己，我们是怎样生活的？我们是如何占据我们的空间？我正在追寻的建筑是可以预见变化，或者说更好地允许创造性的社会变化出现。

纽约：2010 年 4 月

于尔根·迈尔·H

出生：1965年，德国斯图加特

教育：斯图加特大学（1986—1992）；纽约库伯联盟学院（1990—1991）；普林斯顿大学（1992—1994）

实践：1996年在柏林创立于尔根·迈尔·H事务所

项目：卡尔斯鲁厄2015城市周年纪念馆，卡尔斯鲁厄，德国（2015）；法院，哈塞尔特，比利时（2013）；"沙伊斯特尔"实验空间，慕尼黑，德国（2013）；"Schlump One"大厦，办公综合体和大学建筑，汉堡（2012）；JOH3公寓楼，柏林（2012）；都市阳伞，塞维利亚，西班牙（2011）；边境检查站，萨尔皮，格鲁吉亚（2011）；女王塔玛机场，梅斯蒂亚，格鲁吉亚（2010）；丹佛斯宇宙，食品厂和好奇心中心，诺德堡，丹麦（2007）；卡尔斯鲁厄大学食堂，德国（2007）；风格公园酒廊，UIA大会，柏林（2002）

书籍：《于尔根·迈尔·H.：实验结构的关系》（绿盒子出版社，2011）；《于尔根·迈尔·H.：都市天伞》（哈蒂尔坎茨出版社，2011）；《于尔根·迈尔·H.》（哈蒂尔坎茨出版社，2009）

教学：曾任教于普林斯顿大学、柏林艺术大学、哈佛大学、柏林艺术学院、英国建筑联盟学院、哥伦比亚大学、多伦多大学等。

奖项：奥迪城市未来奖（2010）；豪瑞可持续建筑大奖赛欧洲地区的铜奖（2005）；密斯·凡·德·罗奖（2003）

吉安卡洛·马赞蒂（Giancarlo Mazzanti）
我们建筑师把自己看作是政治家

能否谈谈你的生活背景以及是什么点燃了你对建筑的兴趣？

——我来自于一个有大量欧洲移民的城市。我妈妈是哥伦比亚人，而我爸爸是法国人，来自巴黎，他的父亲是意大利人，母亲是法国人，所以我是在这种多文化的背景下长大的，会说三种语言，而且我的家人都对艺术很感兴趣。从佛罗伦萨大学毕业以后，我在米兰为建筑师西诺·祖奇（Cino Zucchi）工作了两年，然后回到了波哥大。

你是什么时候以及如何开始实践的？

——有一个过程，我从波哥大的大学毕业以后，参加了很多建筑竞赛。1989 年，我第一次赢得了竞赛，这是在巴黎一个场地上纪念勒·柯布西耶的一个概念性竞赛。后来，1993 年从意大利回来以后，我赢得了另一个竞赛，是波哥大的一个教堂。那就是我设计实践的起点。我从事很多小型的项目，大多数是室内项目，我也不断地参加竞赛来获得更重要的项目。我多次获得第二名，后来我赢得了另一个竞赛，卡利的一座大学建筑。

你的项目中有多大比例是通过竞赛得来的？在哥伦比亚，通常获得公共项目都需要竞赛吗？

——我所有主要的建成作品都是通过竞赛获得的，现在这种

吉安卡洛·马赞蒂（Giancarlo Mazzanti）

方式在哥伦比亚是很典型的。实际上，有法律要求所有的公共项目都必须通过竞赛来完成。这就给年轻建筑师和整个建筑行业不断地创造新的机会。竞赛是建筑上能产生真正突破的唯一选择，因为当你被雇佣的时候，甲方通常都会告诉你要做什么。但是通过竞赛，你可以自己作决定。现在，我也开始接受委托了，例如我被邀请去参加马德里的社会住宅项目。

能再多谈谈你这个西班牙项目吗？
——这是一个不寻常的项目，因为这将是一个主要由拉美移民聚居的社区。最终的建筑必须要让居民感觉到更多的归属感。对我来说，这是一项重要的研究，我试图探索新的方法可以在这种复杂建筑群中促进交流，促进风俗习惯的延续。

你从事建筑教学，有什么特别的教学方法吗？
——我目前在波哥大的洛斯安第斯大学任教。我注重建筑学的两种主要方法，一种是关于建筑师如何保持主动并形成想法和设计；另一种是如何取得实质性的干预——不仅要研究材料和结构技术，还要研究问题，比如一个建筑物是如何激发人的特定行为或者如何产生某种兴趣？

在我的研究中，形式始终是次要的。形式是对主要问题的回应，比如说关于特定空间或预算的预期目标。如果我们能重新思考或丰富特定的功能或用途，那么这就不可避免地导致新的形式、材料等等。我总是坚持认为建筑应该是开放的、不完善的。这种方式有可能更适应难以预测的未来变化和功能需求，因为我们的社会在不断地学习和变化。建筑永远不会被完成。通常我和我的学生一起进行的设计和我自己的实践项目很类似。

能否再谈谈你在波哥大的事务所？

——我们大概有 20 个建筑师，这在哥伦比亚算是一个中等规模的事务所。但是这种规模对我并不会有任何限制，因为我经常和其他事务所的建筑师合作。在过去的 20 年里，我和 37 位建筑师合作过。我们的实践是很开放的，不仅与其他建筑师还与很多其他方面的专业人士联系紧密，比如说哲学家、社会学家、生物学家，也不仅是在哥伦比亚，世界各地的也都有。

这种广泛的合作是如何提升你的工作的？

——这使我们的实践变得更有趣和开放，这就是我们的策略。这种合作方式提供了更多的机会，使我们获得了比我们自己单干可能获得的更多类型的项目机会。我们经常甚至是在有项目之前，我们就已经有联合关系。我们的关系有助于我们去找到项目，然后就这些项目进行合作。举个例子来说，我打算和斯蒂文·霍尔、比亚克·英格斯一块合作项目，这是一种开放的做法。当我们有太多项目超出我们掌控能力的时候，或者是当我们觉得有某个特定的建筑师参与工作会变得更有力，我们就会联系这些伙伴进行合作。

你现在正在做的是什么项目？

——除了马德里的社会住宅的项目，还有一个现代艺术博物馆在哥伦比亚北部。这个项目是我们通过一个竞赛获得的。还有两个幼儿园也是通过竞赛获得的，还有一个老年住宅项目、一个医院以及一个私人住宅。

塞尔西奥·法哈多在 2003—2007 年间担任麦德林的市长，他在最贫穷的街区建了许多漂亮的建筑，他用建筑改变了这座城市的面貌，并因此变成国际知名的政治家。我了解到他来过你的事务所，想和你合作。这在其他任何一个地方都是不寻常的。你可否谈一谈在哥伦比亚将建筑看作政治这件事？
——好的，在哥伦比亚，建筑就是政治，我们建筑师把自己看作政治家。我们和当地政府密切合作，制定改善社区生活的策略。麦德林的市长是在我们赢得图书馆竞赛之后来我们事务所的。

你曾经说过："我热衷于调整建筑方案，使得它能改变人的行为。"你能举个例子来说一下，你在哪个项目里实现了你的这个设想？
——我认为这是目前建筑界最迫切的问题。如何改变建筑？前几代建筑师考虑建筑怎样解释世界，但我认为现在是考虑建筑如何改变世界的时代。我们建筑师可以承担这个角色，对人们的生活和行为方式产生真正的影响。

你能详细讲一下怎样实现这一点吗？
——第一，通过引入社会融入并为公共活动开创新的可能性。单有形式是改变不了任何东西的。人们是需要相互交往的。一个很好的例子就是英国建筑师塞德里克·普莱斯（Cedric Price）的项目，例如娱乐宫，他的项目超出了美学范畴。它们强化了建筑促进社会发展的角色，并且是灵活的、不确定的、开放的。在我们的建筑中，我们尝试提供更多互动学习和休闲的机会。所以建筑不再是只关于外观和形式。

但这不正是市长希望建筑师为城市提供的形式和标志性形象吗？形式和最终的形象，仍然是建筑的驱动力，不是吗？改变的是我们怎样创造这些形式。在这个过程中，形式变得越来越充满想象力。实际上，这些形式也是基于新的社会需求，而且新的功能使得建筑变得更加理性、有计划、有吸引力，但这仍然是外观的吸引力，对吗？

——当然，形象是很重要，但是我们所讨论的焦点不再只是形象，而是关于这些形式怎样真正改变人们的现实生活。做一个很美的建筑并不是什么问题。真正的问题是怎样使得建筑适应人们。美与之有关，但是每个人都会喜欢那些能够提供社会融入的建筑。

马德里住宅项目中有什么关于社会融入的具体例子吗？
——例如，许多将要居住在那儿的移民是农业背景。所以我们的建筑会有一个城市农场。也会有健身房、可以穿过建筑的自行车道、剧院以及许多其他活动设施和公共空间来促进他们互动和交流。

你认为塞德里克·普莱斯是社会融入这个概念的首创者之一。关于建筑作为一种社会的和经验的工具这一新思想，你能谈谈其他设计师或社会学家中谁在这方面比较有声望呢？
——这些思想来自于哲学家和社会学家，比如说法国社会学家布鲁诺·拉图尔（Bruno Latour）。我对雷姆·库哈斯的建

吉安卡洛·马赞蒂（Giancarlo Mazzanti）

波芬尼尔幼儿园，波哥大，哥伦比亚，2007 年
照片 © 罗德里戈·达维拉

埃斯帕纳图书馆公园，麦德林，哥伦比亚，2007年
照片 © 塞尔吉奥·戈麦斯

吉安卡洛·马赞蒂（Giancarlo Mazzanti）

筑和思想很感兴趣。他的思想是关于发明新的功能和可能性，拓展设计多重、可变的功能。我很喜欢雅克·卢肯（Jacques Lucan）撰写的《大都会事务所——雷姆·库哈斯：建筑1970—1990》中的主题"现代生活的建筑师"。艺术家奥拉维尔·埃利亚松（Olafur Eliasson）的作品是非常有影响力的。这些作品关注氛围、温度、颜色和触觉对我们的空间认知和空间行为的重要性。我现在正在和哥伦比亚的艺术家尼古拉斯·帕里斯（Nicolas Paris）合作，他把艺术视为一种实验室和一种学习的工具。在我自己的作品中，我正在尝试不只是建造一个可以用来上课的教育空间，而是创造一种本身就具有教学性质的空间。换句话来说，这种空间应该可以激励学习的进程。我执迷于建筑能够激励人们的想法和行动。

在你的作品中，你可以举一个关于这方面的具体例子吗？
——在波哥大我有一个学校项目是在杰勒德莫丽娜学院，我将很多剩余的空间用于探索和促进学习，我采用了不同的材料和色彩，创造了各种空间的特性和趣味性。我认为创造有趣的空间很重要，不只是在教室，而更应该在教室之间的空隙中。你在课堂上学习科学和文学，但你也可以课后在这些剩余空间中学习人际关系和如何与社区互动。那里还具备其他的促进学习的能力。这种方法真的奏效了，我们现在基于这种想法，正在设计其他三所学校。特别重要的一点就是我们是在最穷的地区建的这些学校。

让我们来想象一下，如果你是下一任市长，你最先要实现的项目是什么？

吉安卡洛·马赞蒂（Giancarlo Mazzanti）

第九届南美运动会综合设施，麦德林，哥伦比亚，2010年
照片 © 塞尔吉奥·戈麦斯

——我会实现两个项目。第一个是将我们的城市公园和周围的山脉相连,因为这些山脉如此怡人却没有融入城市中。第二个项目是在城市贫困地区设计一些小的交互空间和设施来激发人们的好奇心,当地的乐队也可以使用它们给各种街区增添一些音乐特色。

纽约:2011 年 11 月

吉安卡洛·马赞蒂

Photo © Felipe Correa

出生：1963年，巴兰基亚，哥伦比亚

教育：波哥大哈维里亚纳大学（1987）；意大利佛罗伦萨大学（1991）。

实践：1993年在波哥大成立马赞蒂事务所。

项目：希望之林运动场，卡祖卡，索阿查，哥伦比亚（2011）；蒂马尤幼儿园，圣玛尔塔，哥伦比亚（2010）；第九届南美运动会综合设施，麦德林（合作菲利普·梅萨，2009）；弗罗德尔坎普学校，卡塔赫纳（合作菲利普·梅萨，2009）；波芬尼尔幼儿园，波哥大，哥伦比亚（2007）；莱昂·德·格雷夫图书馆，麦德林（2007）；埃斯帕纳图书馆公园，麦德林（2007）

书籍：《吉安卡洛·马赞蒂：建筑作为社区建设的机制》（代尔夫特大学出版社，2014）

教学：哈佛大学设计研究生院（2014）；哈维里亚纳大学（2013）；洛斯安第斯大学（2013）；普林斯顿大学（2012）；豪赫尔·塔德奥·洛萨诺大学（2011）

奖项：杰出项目，密斯克朗楼美洲奖（2014）；《快公司》杂志世界十大最具创新力建筑事务所之一（2013）；哥伦比亚双年展的获奖者（哥伦比亚波哥大，2012），巴黎可持续建筑全球奖（2010）；第六届伊比利亚－美洲建筑与城市规划双年展最佳作品奖（里斯本，2008）；建筑设计类泛美建筑双年展获奖者（厄瓜多尔基多，2008）；拉皮兹·德·阿塞罗一等奖（波哥大，哥伦比亚，2008）；第10届威尼斯建筑双年展城市设计与景观类一等奖（2006）；哥伦比亚双年展首奖（波哥大，2006）

理查德·迈耶（Richard Meier）
白度是人造与自然的区别

亚特兰大高等艺术博物馆自建成开业至今恰好20年，它是你最喜欢的建筑之一吗？

——是的，因为这是我完成的第一个博物馆。当时我还在设计更早接受委托的法兰克福应用艺术博物馆，但高等艺术博物馆却最先竣工。这是一个非常棒的博物馆，并且有持续的生命力。在其20周年之际，他们打开了天窗，来展现我们最初的设计，所以这是重生。

当博物馆决定请另外一名建筑师来进行扩建设计的时候，你有什么感受？

——实际上在我设计高等艺术博物馆时，当时的馆长就要求我画一些关于如何扩建的草图，因为将来扩建是不可避免的。博物馆常常会收藏和发展，并扩展其规划。所以我画了一些非常粗略的草图给馆长，展示了博物馆如何与新建筑连接。现在我听说伦佐·皮亚诺被选为扩建设计的建筑师，他们认为找一个不同的建筑师很重要。

为了庆祝高等艺术博物馆成立20周年，博物馆展出了一个新奇的展览《未被发现的理查德·迈耶：作为设计师和艺术家的建筑师》。你的雕塑似乎与你的建筑有很大不同，雕塑是暗色的启示性的，而你的建筑截然相反，充满光亮和乐观。为什么？

——嗯，雕塑不是建筑。无论是把雕塑做得像建筑，或是把建筑做得像雕塑都是毫无意义的。当我在做雕塑时，我希望是一种自由状态。我只是使用我们制模车间制作模型剩余的东西和碎片来做雕塑。这些雕塑是不同的元素拼成的三维拼贴画。有些更加开放和透明，有些更平面化，有些体积更大。但它是在处理这类问题，并不是在处理我们生活的、穿过的和居住的空间。

你在哪里制作这些雕塑？

——在纽约州北部的铸造厂，这是我的业余爱好。

你的许多纸拼贴画是以红色和西里尔字母为主，它们有什么含义呢？

——我在 20 世纪 80 年代去了俄罗斯，给列宁格勒（今圣彼得堡）和莫斯科的建筑学学生做了一次演讲。我在那儿做了一个短暂的旅行，带回来一大卷俄罗斯海报，我用它们做拼贴画。我的拼贴画是由现成的物品制作的。我用门票和邮票，以及其他我旅行带回来的东西制作拼贴画。因为我不懂俄语，我把这些材料全部抽象化。我不知道它说了什么，我只是把它当作拼贴的材料。我喜欢使用大胆的颜色，这与我的建筑非常不同。如果我只用白纸做拼贴画，在某种程度上，这将是重复的。你不觉得吗？

你对俄罗斯之旅还有什么回忆吗？

——我对那里很感兴趣。我还记得那个世界上最卓越的博物馆冬宫，我在其中漫步，窗户都是打开的，微风徐来，漫不经心间令人感到惊奇。

过去你曾说过，你最喜欢的建筑是下一个，但如果我请你说出三个你的建成作品，哪三个你最满意？
——我会说的项目都是博物馆。比如说盖蒂中心、法兰克福应用艺术博物馆和巴塞罗那当代艺术博物馆。当我回头看时，这些建筑都让我很满意。

这些建筑你最想强调的品质是什么？
——它们都是不同的——不同的时间、情景和背景。盖蒂中心，最重要的是内部和外部的关系，建筑与建筑之间及建筑与花园的关系。法兰克福应用艺术博物馆则是关注新建筑和现有建筑的关系，以及建筑与公园和城市的关系。巴塞罗那当代艺术博物馆的文脉环境更多的是城市。

巴塞罗那当代艺术博物馆是一个竞标项目吗？
——不是的，我被巴塞罗那的市长邀请到那里并且挑选场地。我们去了许多不同的社区，一起选定了一个。

市长邀请你，是因为他想在这个城市有一个理查德·迈耶风格的建筑吗？
——是的，罗马和平祭坛博物馆也是这样。祭坛原来的建筑正在破败倒塌，所以罗马市长邀请我去建一个新的。

你第一个委托项目恰好是你父母的住宅。那是一个什么样的房子？

——我的父母住在新泽西州纽瓦克市一个相当传统的住宅中。房子三层楼高，特别是我的父亲是厌倦了上下楼梯。他们想要一个更小、更简单的一层的房子。所以他们买了一小块地，我为他们建造了一栋一层的住宅。

你刚才提到的纽瓦克是你长大的地方，彼得·埃森曼也来自那里吗？

——是的，彼得和我是在同一个小镇长大的。我们去了同一所高中和大学。他比我大几岁，但我在高中时认识他，因为他是体育队的啦啦队长，他也是我的一个远房表亲。

你会选择什么词语来描述你的建筑？

——开放，透明，充满了光线，理性。

对你来说建筑是什么？

——建筑真的是以令人振奋和有意义的方式为人类居住创造空间。建筑是关于空间的，能够令你感动并具有某种非常特殊的氛围。

它必须适合居住吗？

——是的，你知道，雕塑家可以做一个方形轮子，但建筑师必须把轮子做成圆的，这毫无疑问。

你住在什么样的地方？

——我住在曼哈顿上东区的一个公寓里，这是一个传统的公寓，我稍微改了一下。

难道你不想住在你设计的曼哈顿西区可以俯瞰哈德逊河的三个玻璃塔楼上吗？
——我曾经想搬到那里，但我没有时间去设计一个新地方、建造，然后搬家。

生活在玻璃塔的很多人都是名人，是否存在隐私和透明度之间的妥协问题？
——好吧，就像在我自己的办公室，只要拉下百叶窗就可以有隐私。你看它是开放和透明的，但如果我需要隐私，我只需要拉下百叶窗。

但是你的建筑可以允许装窗帘或百叶窗吗？窗帘会不会明显地改变建筑几乎完全是玻璃的外观？
——我们将提供我们设计的窗帘，所以一旦拉上窗帘人们可以做任何他们想做的。

盖蒂中心是你最杰出的项目。众所周知，设计准则里有100多条限制。但你所做的完全是你的方法，就是用你著名的网格法，因为您的许多项目是基于模块化的系统。整个盖蒂中心真的是布局在 30×30 平方英寸的网格上吗？
——是的，不仅在水平面上，垂直方向上也是，这很难做的。我所有的项目都放在网格上，但网格通常是变化的，这取决于实际情况和什么更合适。我总是尝试有一个模数。有时，我们从一个维度开始，但是由于许多不同的原因造成非常不同的结果。记住,模数不是死的,不是不能在系统中更改。你可以在柱列与各种其他附加模数系统之间保持相同的距离。

你会怎样形容设计罗马千禧教堂的经历?
——不同寻常。当我赢得竞赛时,他们说,"我们喜欢它,不要改变它。"我说:"好,我想我们可以做得更好。"但他们什么都不想让我改变,这是罕见的。基本上,现在建的就是我们竞赛时设计的样子。

从几何学上看,它与你的大多数项目完全不同。你为这个项目做了许多个方案吗?
——不,只有一个。

使用球形样式的想法是从何而来的?
——从场地产生的,当我在那里的时候我想象这是一个巨大的开放空间。

你赢得竞赛后受到教皇约翰·保罗二世的接见,他在这个项目中参与了什么?
——我向教皇讲解了这个项目,他喜欢它,然后我们交换了礼物。那也是我唯一一次见到教皇。

你送他了什么礼物?
——一张我画的千禧教堂的原始草图。

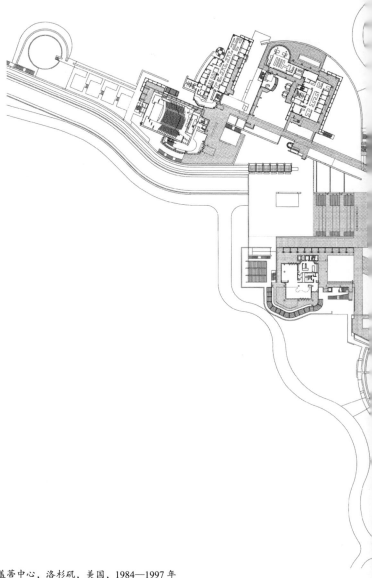

盖蒂中心，洛杉矶，美国，1984—1997 年
入口层平面图
承蒙理查德·迈耶及其合伙人建筑师事务所惠允

理查德·迈耶（Richard Meier） 339

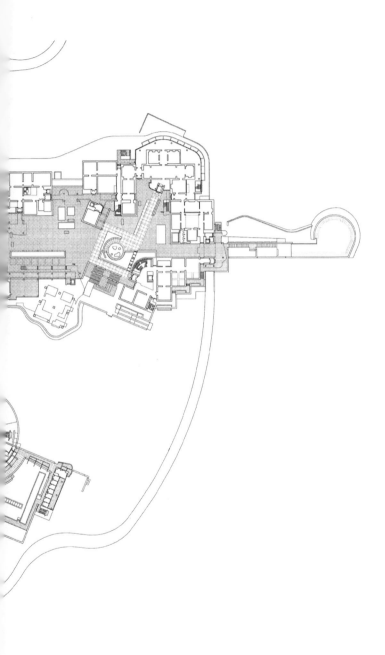

你收到什么礼物呢?

——我认为是一个胸针或是什么……

我看到有评论家认为在这个项目里你失去了使用色彩明亮的彩色玻璃窗的机会,像勒·柯布西耶在朗香教堂中做的那样。

——好吧,当时有机会,但我没有选择。我认为这不是必要的。它看起来似乎并不需要增加任何东西,周围就有光和颜色。

你对勒·柯布西耶使用的颜色怎么看?

——我从来不喜欢他使用颜色的方式。

你通过黑白镜头看他的作品吗?

——是的,我亲眼看到过很多他的建筑。

你去过拉图雷特修道院吗?有些建筑师说这是最具力量的现代建筑。

——拉图雷特修道院是宏伟的。建筑的组织,位于基地上的方式……但颜色真的是次要的。颜色不能成就一个建筑。

我喜欢你的办公室里弗兰克·斯特拉(Frank Stella)做的墙壁雕塑,它像一盏灯,拥有我见过的最鲜艳的颜色。

——我喜欢它们,我坐在这里,每天看它的色彩。它就像我桌子上的花一样为这个房间增添色彩。1959年我遇到的弗兰克。我们经常去同一个绘画学校,放学之后,我们还会一起去喝杯啤酒,我们成了很好的朋友。

你们两个合作过吗？

——没有，但我们总是谈论这种可能。有一天，我们会的。

你的建筑常常被描述为充分利用白色的理性主义建筑。白色建筑的主要优点是什么？

——首先，白色清楚地表达了体量，它最清晰地表达了建筑的理念。线性元素如窗框或扶手与面状元素并置，可以在白色中最清晰地被识别出来。第二，白色建筑总是在改变颜色，自然环境的各种颜色总是在白色建筑中的白色度中反射和折射出来。对我来说，这是非常重要的。白色蕴含许多颜色。在我的第一次设计中，我使用喷过漆的木头，之后我发现喷过漆的金属板会更耐久，并且能表达我的建筑的内在思想。当然，金属板不仅可以应用在直线形式上，而且可以应用在其他材料不能实现的弧形和流线形式上。

你对白色的迷恋是怎么开始的呢？

——从大量阅读弗兰克·劳埃德·赖特的作品开始的。赖特讨论有机和天然材料以及建筑是有机的。但建筑不是有机的。你砍倒一棵树，它就不再是有机的或是活的，它是静态的。当你使用木头时，你必须保护它，密封或油漆。木头上喷漆就是为了保护它。所以，白色是人造和自然的区别。因此，弗兰克·劳埃德·赖特是错误的。

所以你反对赖特，并且通过使用白色强调这一事实，在你看来，建筑不是有机的。

——绝对是这样。我也应该说我没有在设计任何一个房子时不怀着对流水别墅的敬畏。但我也在建筑和自然之间划了一个清晰的分隔，在赖特的作品中这些就模糊得多。

在20世纪80年代很多建筑师带着他们对历史主义主题的感情转向后现代主义。而你的建筑风格不管在当时还是现在一直是现代主义。现代主义为什么如此吸引你？
——它流淌在我的血液里！我生来就是一个现代主义者，更成长为一个现代主义者。我相信今天的世界，而不是过去的世界，我相信未来。你知道的，后现代主义在欧洲从未流行。当时它在美国很受欢迎的时候，我也有很多这样委托。像法国和意大利这样的国家有一些影响，但欧洲其他地方不多，因为欧洲这地方有非常不同的历史认知。我认为在美国，由于缺乏历史使得一些人把他们的想象力导入这种伪历史。

一些建筑评论家抱怨你的建筑不会再像道格拉斯住宅或史密斯住宅一样令人惊喜。评论家约瑟夫·焦万尼尼写道，"我们开始期望迈耶中的迈耶"。你将如何应对这样的评论？
——好吧，你喜欢古典音乐吗？

当然。
——好的。我也喜欢古典音乐。我可以一遍又一遍地听贝多芬。对我来说贝多芬和他的音乐总是令人难以置信的。我希望我的每一个建筑像贝多芬的交响乐一样好。我不指望从贝多芬中产生巴赫。

纽约：2003年10月，2005年5月，2010年10月

理查德·迈耶（Richard Meier）

当代艺术博物馆，巴塞罗那，西班牙，1995 年
照片 © 斯科特·弗朗西斯

盖蒂中心,洛杉矶,美国,1984–1997 年
照片 © 斯科特·弗朗西斯

理查德·迈耶（Richard Meier）

当代艺术博物馆，巴塞罗那，西班牙，1995 年
照片 © 斯科特·弗朗西斯

盖蒂中心,洛杉矶,美国,1984—1997 年
照片 © 斯科特·弗朗西斯

理查德·迈耶

出生： 1934年，纽瓦克市，美国新泽西州

教育： 康奈尔大学建筑学士（1957）

实践： 自1963年以来在纽约和洛杉矶有事务所

项目： 和平祭坛博物馆，罗马，意大利（2006）；千禧教堂，罗马，意大利（2003）；173/176佩里街，曼哈顿（2002）；盖蒂艺术中心，洛杉矶，加州（1997）；巴塞罗那当代艺术博物馆，巴塞罗那，西班牙（1995）；康纳利总部，巴黎，法国（1992）；法兰克福装饰艺术博物馆，法兰克福，德国（1985）；高等艺术博物馆，亚特兰大，乔治亚州（1983）；社区文化馆，新哈莫尼，印第安纳州（1979）；道格拉斯住宅，哈伯斯普陵，密歇根（1973）；史密斯住宅，达瑞安海滨，康涅狄格州（1967）

书籍：《理查德·迈耶：计时：拼贴画的50年》（楚格画廊，2014）；《建筑师理查德·迈耶》（卷1—6）（里佐利出版社，1991—2014）；《理查德·迈耶》（塔森出版社，2013）；《理查德·迈耶》（塔森出版社，2012）；《理查德·迈耶》（费顿出版社，2012）；《迈耶：理查德·迈耶&合作人全集1963—2008》（塔森出版社，2008）；《理查德·迈耶博物馆》（里佐利出版社，2006）；《理查德·迈耶：建筑师，设计师和艺术家》（阿克塞尔门杰斯出版社，2003）；《建筑师理查德·迈耶》（莫纳赛里出版社，2000）；《盖蒂艺术中心》（加州大学出版社，1999）；《理查德·迈耶住宅》（里佐利出版社，1996）；《理查德·迈耶的作品和项目》（编辑古斯塔沃·吉利，1996）；《理查德·迈耶的细节》（博克豪斯出版社，1996）

奖项： 普利兹克奖（1984）；建筑艺术与文学金奖（2008）；美国建筑师学会金奖（1997）；英国皇家建筑师学会金奖（1989）

保罗·门德斯·达·洛查（Paulo Mendes da Rocha）
建筑不希望是实用的，建筑希望是适宜的

在你的短文《美洲，建筑与自然》中，你说"对于巴西人和美国人，历史经验是从现代世界开始的。在欧洲重建旧城市和在美洲建立新城市是不一样的。"你能详细谈论这个想法吗？

——这不是我要回答的问题，这是对我说的话的解释。当然，当有人在一个新的地方建设如巴西或者美洲大陆相对于欧洲而言态度是截然不同的。景观是不同的，城市是不同的，文化是不同的。你如何比较俄罗斯圣彼得堡和我的家乡巴西维多利亚？

确实，这些城市是非常不同的，但有趣的是，现在正在建设的建筑，无论是建在一个地方还是另一个，都不再有更多的不同。现在通常谈论国家和地区特征作为对全球化建筑的回应。你认为自己是一个巴西建筑师吗？我问这个问题，因为你曾经说过："这里做的建筑只有当它具有普遍性的维度才有意思。这里没有巴西建筑师这回事。"你为什么这么想？

——作为一个建筑师，不只是关乎你在哪里。建筑是普遍的。只是因为我在这里并不意味着我生产巴西建筑。我环顾四周，我利用可用的资源、材料，我了解气候等等。做建筑师是一件关于知识的事情——探索一个地方，并且解释如何应对一个特定的场地和情景。水是水，重力是重力，阳光是阳光，到处都是相同的。

然而，从历史上看，结果是完全不同的。在过去，建筑更多的是对特定的地方和文化的应答。如果你在 18 世纪或 19 世纪旅行，你会看到一个非常明显的区别，例如法国、意大利和德国的建筑。现代建筑在很大程度上已经变得难以区分。

——在那个时代，古典建筑也是全球性的、难以区分的。但现在在巴西，我们有很好的机会，建造不同于欧洲和其他地方的建筑。在这里，我们需要数百万新的住房单元，这比欧洲需求更大。这对我们来说是一个很好的时机用一个新的方式来建设，并探索巴西建筑能成为什么的可能性。

你目前在做什么住宅项目吗？
——没有。

为什么没有呢？
——这不是建筑，他们建的只是盒子。在这些项目中没有为建筑提供空间余地，它们只是提供生活必需品。

你不认为建筑在紧张预算下是可能出现的？
——这些仅仅是带有实用功能的盒子。它们不是持久的建筑，就像最新版本的手机，它只是一种实用工具，一个工具，仅此而已。

你对亚历杭德罗·阿拉维纳在智利的社会住房项目有什么看法？他告诉我，你是他组织的竞赛的评委。我发现他的工作非常复杂并且具有创造性，据我判断，他半个房子的想法是非常聪明的，在我看来，解决方法是相当优雅，不只是功利主义的。

——我认为是否是建筑的问题应该由居住在那里的人回答。无论如何,这都不会在巴西有效,因为房子的另一半仍然必须由家庭建立,建完看起来也会很糟糕。我们在这里已经有贫民窟了,人们按照自己的意愿建造。他们在智利拥有的只是另一个模式的贫民窟……这是一个政治噱头;他们想使用免费劳动力建造廉价住房……我在这个评委团中没有积极的作用,我确实对这些类型的项目非常清楚地表达了我的看法。

你怎么看奥斯卡·尼迈耶的作品?你认为他是一名巴西建筑师还是一名世界型的建筑师?

——你怎么认为?

我认为如果他在其他地方做建筑,他的建筑也会有很大的不同。所以对我来说,他与巴西是联系在一起。但你怎么想?他对你的工作有很大的影响吗?

——建筑是什么?我认为它来自建筑师的知识和技能。一些建筑师是真正的艺术家。他是一个非常亲密的朋友,我欣赏他的所作所为。他就像毕加索,是一个伟大的艺术家。你不能把他放到任何类别里。奥斯卡绝对是独一无二的。你有没有听说过奥斯卡的曲线是受到周围山脉和女人的启发吗?

当然。

——这是无稽之谈。他不争辩是因为他喜欢听到这样的解释。

他难道不是提出这些灵感的人吗?你认为他的曲线来自哪里?

——常识……让我给你举两个例子。拿他的巴西利亚大教堂来说。伯鲁乃列斯基（Brunelleschi）在佛罗伦萨圣母百花大教堂中做了他的著名的穹顶，需要完美的圆形结构以均匀地抵抗应力。圆的结构总是完美的，你并不能重新发明它。结构的工作方式是这样的（门德斯·达·洛查画了圆屋顶的形状，反转它，并添加一个镜像的轮廓，以说明一个倒穹顶），在这里你有相同的穹顶，只不过是倒置的。这不就是巴西利亚大教堂吗？这是相同的结构，现在我们有不同的材料，我们可以做很大的跨度和形式。这不是受女人曲线的启发，它只是结构根据原理的运作方式。

原则上，这一切看起来简单、合理，不用在伯鲁乃列斯基的穹顶不是一个圆且许多年才能实现。撇开原则，尼迈耶的一些雕塑般的屋顶以山脉为背景，我很难相信这两个之间没有直接的联系……他的建筑似乎完全融入它们的场景中，奥斯卡·尼迈耶引入的这种奇怪形状，当我们试图使其合理化时，它们似乎是自然而然发生的甚至不可避免的。我不认为美是不可避免的……

——真的吗？你不需要成为一个天才，只要聪明就好。你只需要做伯鲁乃列斯基所做的，并且以现代方式解释它就行。让我们谈谈其他的例子——奥斯卡在圣保罗的科潘大厦（这个建筑可以通过门德斯·达·洛查的办公室窗口看到）。奥斯卡是一个聪明的人，他给开发商说，我们可以使它成为一个受欢迎的地方，融入城市的基础设施，如地铁、停车场，并提供一个底层商业包括商店、咖啡馆、画廊等等。

注意，建筑师不是特殊的人。我们学校有成千上万的学生在探索此类项目。建筑是不可能教的，但可以教育人们成为建筑师。你需要的只是智慧。那个地方不够大，建不了许多建筑。你需要一个大型建筑沿着它的底层将各种服务链接起来，你需要提供尽可能多的公寓，让开发商获得成功，所以你不会把一个建筑建在一条直线上。

在结构方面更是如此，这对于曲线很长的建筑物是非常有意义的，因此它在抵抗风荷载方面更加稳定（他将一张纸弯成双曲线，并且展示了如何以这种方式独立地站立，而不具有刚性的平面恰恰相反）。这个建筑是曲线的，与妇女无关，它依据原则。这是一个伟大的建筑，我就住在那里。它是杰出的，但不是因为它的形状，它是精彩的构思，建筑不只是美丽，也很有用，它具有改变城市某个地方的能力。

为什么你认为建筑是不可能教的？
——每一个项目都是紧急事件。你必须去那里看看需要做什么。你只能通过赋予建筑师知识和技能来教他们思考。

你教学吗？
——我现在太老了。巴西有一条法律——你最多只能教到 70 岁。

很遗憾啊，最聪明的却不能教。
——我曾经教过最后一年的设计课。我不会试图影响学生太多，因为他们几乎都是职业建筑师。当然，他们认为他们什么都知道，事实是，没有人能知道任何事情。但是一个好的老师必须表现得好像他都知道。信心是非常重要的，不仅仅是知识。每一个问题都需要思考，没有现成的解决方案。你知道你不知道，但是迫切需要你做点什么，你必须去发现知识——这就是整个重点。

你是说这不仅是关于知识，还是关于感觉吗？
——有些人就是为建筑而生的，建筑是他们的一部分。他们对建筑的需求超越了功利主义。你只能被教授传统、施工方法等等，剩下的需要依靠你的才华。

你会用什么词来形容你的建筑？
——如果我花时间思考这些词的话我就没有时间去做任何建筑了。（笑）建筑是一种话语。你可以用一生来讲述它。看吉萨的胡夫金字塔，为什么人们还在谈论它？

它是巍峨的金字塔，壮丽，但也神秘……
——那里没有神秘。那是埃及人当时唯一能建造的形状，也是把石头运到顶部的唯一方法。今天，我们可以建造非常不同的形式，但是四千五百年前，这是建造的理性形式。埃及人利用基本力学的特点把石块推到斜面上垒起来。那里有天井，透过它你可以看到星星。我认为人们的愿望是用水晶建立这个金字塔。贝聿铭在巴黎卢浮宫的玻璃金字塔上实现了，但就像尼迈耶一样，他没有谈论它。建筑不是灵感，而是关于历史和原理的。灵感并不存在。建筑是辛苦的脑力工作，你必须思考问题，理性地分析历史和现实。

你说现代建筑本质上就是城市设计。这有一句简短的引用："我们需要解开矛盾的绳结，解决建筑与城市主义，艺术与技术,以及艺术与科学的精神分离。"所以你认为建筑是所有的这些东西,对吗?

——这不是我所想的。是这样的,建筑始终是关于技术、艺术和科学的。如果你不知道如何读或写,你就不可能创作一首诗。你必须知道这些基本的工具。它需要从诸如人类学、地质学、结构力学、建筑施工、设计等学科中提取知识,提出一种空间的解释,这就叫作建筑。它是一种独特的获得知识的方式,而不是为了形式而形式。这是关于方法论。

在你的很多项目中,你依赖基本几何形式。你强调你更关注内容而非形式,强调形式的简单性而不是复杂性。你有没有在你的作品中试着发明新的形式?

——每个项目都是不同的,但没有必要每次都发明一个新的形式。例如,我为西班牙维戈大学设计的总体规划,其地形非常复杂,因此我为学生们设计了一系列连续的高架轴,如长廊,所有新建筑物将升高脱离地形,并连接到主体上。这很简单,我不需要探索新的形状,我寻求项目的结果。一些项目需要不同的解决方案。当我在帕拉蒂设计圣彼得教堂时,使用了透明的彩色玻璃窗,我正在寻找一种形式能够和强化视野,创造多重反射以及视觉错觉的想法相匹配。重要的是想出一个特殊的解决方案,并探索这些想法的形式。

让我们来谈谈你在圣保罗的巴西雕塑博物馆。你设想它是有着地下雕塑画廊的花园。你能说说这个项目与地面的关系吗?

——我想要雕塑博物馆是一个户外花园。幸运的是,我能够利用倾斜的地形,将它变成梯田,内部画廊隐藏在下面,留下整个开放自由的场地。另一个解决方案可能是建一个在屋顶上有雕塑花园的建筑,但这对进入屋顶来说总是具有挑战性的,而且在这个项目中,整个场地都应该充当一个大花园。

博物馆的形状像一个门,有点让人联想到丽娜·柏·巴蒂(Lina Bo Bardi)在圣保罗的艺术博物馆。这可能不是有意识的参考,但是,两者之间有视觉联系……
——许多人都这样猜想,但事实并非如此。你看,如果整个博物馆放在下面,它会令游客困惑——博物馆在哪里?我需要一个标志性的形态来框住视线,有一个进入地下建筑的象征性入口。人们犯了一个巨大的错误……看,规模不同,目的也不同。她的博物馆是向上,我的是向下。没有什么共同点。我的悬梁是不能进入的。

它只是一个象征性的入口,顶部框出了重要空间。它把人们的注意力吸引到了入口,它唯一的功能是提供灯光照亮下面的雕塑。
——这条直线是为了保持建筑和雕塑之间的平衡,它是一种展示收藏品的特殊方式。就像围着雕塑走动和触摸它……没有人知道如何阅读建筑。(笑)这就像文学——作者为每个人写的,但它是由人们来解释其含义。建筑可以是任何东西,它的诠释是无限的。建筑不希望是实用的,建筑希望是适宜的。

你大学毕业几年后的1957年完成的保利斯塔健身俱乐部,你会说它是你的宣言吗?
——我当时没有想过那个,但我愿意这样认为,因为在那个建筑中，我试着表达我的许多想法。这是我的第一个重要项目。它不仅仅是给打篮球或其他运动提供空间，它在内部为人们创造一个美好的互动空间，并在外部将其结构表达出来。这座建筑被认为是一个适宜的空间，例如，美国舞蹈家和编导摩斯·肯宁汉来到圣保罗，当时正在寻找演出空间，他看到保利斯塔健身俱乐部后他就选择了俱乐部来进行他的表演。不过，我不喜欢所谓的宣言，因为每个项目都是独一无二的。

你说过城市的目标是成为人类最好的艺术品。圣保罗是一项正在进行中的作品，你如何看待这个城市的未来？
——如果让我再选择一个项目，我会选择整个圣保罗城市来纠正许多规划错误——能源是如何产生和分布的，与水的关系等等。我想让很多人参与，以对每个人更好的方式参与城市的重新规划。每个城市都关乎城市居民——他们如何进行他们的日常生活。人民是城市的意识。我希望圣保罗的人们将能够改变整个城市，就像我的项目改变了圣保罗州立美术馆一样，衰落混乱的城市将变成一个美丽的城市。

圣保罗：2014年4月

保罗·门德斯·达·洛查（Paulo Mendes da Rocha）

保利斯塔健身俱乐部，圣保罗，巴西，1957年
照片 © 约瑟·莫斯卡迪

首长广场，圣保罗，巴西，2002年
照片 © 尼尔森·科恩

州立美术馆，圣保罗，巴西，1993 年
照片 © 尼尔森·科恩

巴西雕塑博物馆,圣保罗,巴西,1988 年
照片 © 尼尔森·科恩

保罗·门德斯·达·洛查

出生：1928 年，维多利亚，巴西

教育：麦克肯兹建筑学院建筑学，圣保罗，1954 年

实践：1957 年在圣保罗成立建筑工作室

项目：酋长广场，圣保罗（2002）；州立美术馆，圣保罗（1993）；巴西雕塑博物馆，圣保罗（1988）；福马家具展示中心，圣保罗（1987）；圣彼得教堂，圣保罗（1987）；1970 年世博会巴西馆，大阪，日本（1969）；保利斯塔健身俱乐部，圣保罗（1957）

书籍：《保罗·门德斯·达·洛查：50 年项目 1957—2007》（里佐利出版社，2007）；《保罗·门德斯·达·洛查，1957—1999》（普林斯顿建筑出版社，2002）；《保罗·门德斯·达·洛查：作品和项目》（亚瑟尼格利出版社，2001）

教学：圣保罗建筑与城市学院，直到 1998 年

奖项：普利兹克奖（2006）；密斯·凡·德·罗奖（2000）

格伦·马库特（Glenn Murcutt）
任何存在或有可能存在的建筑作品都有待发现

你住的房子从外面看没什么特别的，如果没有那个专门设计的信箱，很容易就走过去了，都不会看第二眼。你为什么选择改造这个20世纪早期的房子，而不是从头开始建一个你的房子作为你的设计宣言？

——首先，我不需要宣言。我的生活态度非常普通，就是把普通的事情做得格外好。美国教育家和作家约翰·加德纳（John Gardner）说："卓越就是把普通的事情做得格外好。"我喜欢按照我的感觉行事，那就是——我不需要展示任何东西。从街上通过，你不会知道我住在这里，我喜欢这样。直到你打开我的门，你才会了解我的生活方式。隐私对我来说非常重要。我没有工作人员，我的妻子温迪·列文也是一个建筑师，她也是自己实践的。有时我们会一起来做一些特殊的项目。回到住宅——我认为澳大利亚的住宅都太大了，我喜欢住在有一半与自然有密切关系的房子里。我一生都与自然联系在一起。不断变化的天气模式对我非常重要。我向窗外望去，我看到鸟、风、云、雨……我可以设想一个只有5米宽的紧凑型房子，这就是我需要的一切。我宁愿在郊区有一半大的房子，并用剩余的钱维持农场。我在新南威尔士州北部沿海有一个大农场和一个房子，距离城市有五个小时的车程。

你说的是你在20世纪70年代为客户设计的玛丽·肖特住宅，

后来为自己买回来并改造了,对吗?你还拥有自己的最初为客户设计的其他农舍吗?

——是的。如果你像做自己的事情一样做设计,你的客户会变得与你非常亲近,那么这样的事情也就会发生。例如,几年前,我的一个客户对我说:"你有多喜欢这个房子?"我说:"这对我来说是一座非常重要的房子。"于是客户说:"这是我需要知道的全部。"他快要死了。两年后,他的遗孀与我联系,说:"关于如何处置我们的房子,我们想了很多。我们没有孩子。我们邀请了我们的家族和我们住在一起,他们从来没有来过。如果我们把房子留给家族,他们就会卖掉房子。我们想让你接管这个房子。"所以我想说的是,我的实践方式,对我来说最重要的事情是我与客户的关系。我并不给自己或客户建标志性房屋。

恰恰相反,你的房子毫无疑问已经成为标志性的……为了采访我提前一个小时来的,在附近走了走(悉尼的莫斯曼郊区)。这个地方有什么特别之处?它远离城市,远离水。

——嗯,这个地区在进入悉尼港的一个半岛上。我不需要看到港口的壮丽景色。景色本质上是一种状态符号。风景很好,但如果我想看风景,我可以步行三分钟去看它。我在一个可以看海港美景的房子里长大的,但是我们总是有窗帘,只有狭窄的一小条缝隙可以看到景色。然后我意识到,捕捉不同的风景比拥有整个风景更重要。因此,我不喜欢看到一个完整的风景,我喜欢在我的花园里看树木落叶或者花朵变色。我的房子离什么都很近——海滩、渡轮、商店、公共巴士,我甚至不需要车。

你父亲过去经常盖房子，是他影响你选择成为一个建筑师吗？
——是的，很明显。他 1942 年从新几内亚岛来到了悉尼，在新几内亚岛他作黄金矿工赚钱，拿着钱到这里购买土地。他是个投机型的建造者，他建了房子再卖掉。虽然他不是建筑师，但他会设计这些房子，我也会从事建造工作。他对设计有很好的眼光。他是第一个把斯蒂庞克汽车和黄蜂牌小型摩托车带到澳大利亚的人。我 11 岁的时候，他建了一个细木工店，雇了一个从苏格兰来的师傅负责一切木材工作。从那时起直到我上大学，我父亲要求我每年夏天都在那里工作。我制作门窗、楼梯，有时是厨房橱柜、建筑构件、桁架、预制系统、模型飞机，甚至真正的帆船。所以，在早期，我就知道材料的性质和各种材料能做什么。

你说："建筑作品是被发现的，而不是设计的。"换句话说，每一个项目都由其场地条件直接产生。
——任何存在或有可能存在的建筑作品都有待发现。换句话说，我没有创造任何东西。我的角色是发现——就像米开朗琪罗说的："每块石头里面都有一个雕像，雕塑家的任务就是发现它"。所以，同样的，我不想创造任何东西，我的角色是发现。我认为"创造事物"这个观念有点问题，它里面有傲慢。我喜欢"挑战"这个观念——它就在那里，但它是难以捉摸的。在发现之路上存在一个创造的过程。

我喜欢你关于同样类型的树生长在山上和山谷中看起来非常不同的解释。你能重新解释一下这样的原始场地分析吗？在实现某种形式之前，你倾向于问什么问题？

——哦！我有一个完整的问题清单……我在新南威尔士大学任教，这正是我们对学生们所做的。我选择一个美丽的偏远场地，距悉尼有 3~5 个小时的车程，我们都去那里，一起分析。他们可以选择该区域内的某个特定场地，他们必须说明为什么。我要求他们研究社会历史、古代历史、现代史；他们会察看植物群、动物群、地质、水文、地貌、水位、养分以及为什么某些树在特定地区生长。然后他们察看整年的气候、太阳位置、湿度、降雨、风场模式……我们留在基地四天只是为了收集所有这些数据。这就是为什么，就像树木的不同取决于它们成长的地方，设计项目基于所有这些因素也会是非常不同的。

谁设置任务书内容？总是住宅吗？
——我做。并不总是住宅，任务书通常是很具体的。它也可以是一个有特定人数的科学研究中心等等。顺便说一下，没有电力供应，没有废物处理，没有水。他们必须解决发电、废物处理和供水的问题。

你把建筑当成科学，是吗？
——好吧……我认为这是很重要的。现今一个很大的问题是建筑变得如此重视新奇和壮观。我没有一点兴趣，因为这种建筑过时很快。看看乡土建筑。我感兴趣的是建筑如何能够响应环境并肩负责任。我对可持续性本身不感兴趣，因为它太狭窄了。但我想，获悉建筑响应环境的最佳方式而不是强加于人。

你的一些明显的灵感来自密斯·凡·德·罗的作品或皮埃

尔·查里奥（Pierre Chareau）在巴黎的玻璃之家。你能谈谈密斯对你的影响吗？在他的作品中你最看重什么？他并不是非常注重场地的特殊性……

——确实，很少有人这样。我喜欢密斯的清晰。简单是复杂性的另一面。他的作品清晰、有序、简洁。我父亲过去常常订阅美国的建筑杂志，他总是问我问题，所以我必须明白我在读什么，我经常反复地读文章。甚至在我上大学之前，我就知道所有先锋建筑师的作品。1973年，我亲自去美国看了一些项目和建筑师。我在洛杉矶遇到了我最喜欢的建筑师之一克雷格·艾尔伍德（Craig Ellwood），在我看来，他的建筑代表了当时最先进的建造技术。我记得在一个炎热的日子里走进他的房子，令我吃惊的是房子里面是多么的凉爽。我想——他们在加利福尼亚使用的什么样的智能玻璃，不让热进来却又让光进入……我记得我问他这怎么实现的……他谦逊地说："我们用空调控制温度。"当然，在澳大利亚，我们之前只听说空调只在办公建筑上应用。然后我问他，你的平屋顶漏水吗？他说："当然，所有优秀的建筑都会漏水。"嗯，有一首歌"加利福尼亚从来不下雨"。那是对的，但在我的国家下雨时雨都是倾泻而下，我不能忽视这点。

有许多住宅都是采用平屋顶，常规的单层玻璃和常规的墙壁，没有空调——为了达到某种审美目的，一切都牺牲了。

——一些住在这种房子中的住户不得不睡在浴室的瓷砖地板上避热……这是一个问题，这始终是一个问题。所以我遇到克雷格·艾尔伍德代表着我职业生涯中的一个转折点……在我职业生涯的初期，我做了一个平顶的房子，那是一场灾难。

在那之后，我说——再也不做（平屋顶）了。水不可能很快地从屋顶上落下来。为了使这些房子运转良好，你需要有巨大的悬挑，复杂的遮光系统，完美的细节设计等等。无论如何，在我余下的日子里我都不想成为我建筑的物业经理。我想成为可以继续进行下一个项目并且这些房子可以自己运转的建筑师。这是我从艾尔伍德那里学到的非常重要的一课。

你是如何在一个接一个的项目中取得进步的？是一个有意识的累进吗？
——不，我没有有意识地累进。在每一个项目中，我都尝试并解决出现在我面前的问题。每个场地都是不同的，具体情况不同。我的职业发展得一直很缓慢。（笑）但幸运的是我还在继续。

我读到在早期你开始收集工业零件目录以了解什么是市场上通用的，所以你可以用现成的零件建造项目。能谈谈这个吗？
——是的。看看我房间的窗户系统，上面没有什么是市场上不存在的。我根据用在旋转门上的各种零件组装的。专业人士告诉我——它不能用。但我说——可以的，并且它的确能用！我这里没有框架，玻璃由马海山羊毛保护避免与钢有碰撞，并且留有空隙全年都可以通风。它不符合窗口完全密封的规范要求。我完全不同意这些规范。这个窗户很漂亮，很实用。我找到熟悉的组件，并始终以新的方式使用它们。我知道许多建筑师都倾向于使每个细节和连接方式都不一样——这是非常昂贵的。所以，我转而使用标准组件——番茄温室玻璃，工业化百叶窗和许多其他的东西，都成为我设计词汇的一部分。仍然会有定制设计的细节和节点,如将标准组件连到建筑上的连接件,但我对标准部件的依赖使我的项目非常经济。

你的房子应对气候条件,它们被描述为"仪器"或"感知自然的设备"。但是对你来说还有什么其他重要的灵感吗?例如,约翰·伍重也受到自然界事物的启发——贝壳、植物、叶子等等。你会联系到那些事物吗?

——当然。音乐,光线,动物群,植物群……有很多建筑物排斥大自然。但我想闻一闻雨,听一听雨落下……我收集水——这是自然的礼物,重新利用后又回到陆地。为此必须设计一个建筑、让自然成为乐谱,居住者成为听众,建筑成为所有这些事情发生的乐器。屋顶上的隔热材料可以给你一个特殊的雨水下落的声音……我设计的窗户,甚至下大雨时也能打开——看雨水在玻璃上流动和所有美丽的图案……想象一下——坐在阳台上,看到水层层落下,多么美丽啊!对我来说最重要的是理性和诗意的结合。

突然想到伦佐·皮亚诺作为一个建筑师,和你有类似的成长经历,而且他的建筑也能被视为美丽精致的乐器。和你一样都有一个爱好——帆船运动。

——他是一个很好的朋友。当他因为位于新喀里多尼亚的吉恩·玛丽·吉巴欧文化中心被授奖时,他联系了我。我当时是评委,是我建议他在那里可以使用哪种材料。他是我这所房子的客人,也去过我其他的房子。我记得一天早上我很早就醒来,伦佐已经刮完胡子,穿上漂亮的意大利服装,仔细

地在画我乡间住宅的一个细节。（笑）

你提到关于采光质量的重要性。你能解释一下澳大利亚和北半球光线的品质差异吗？真的可以用肉眼分辨吗？
——首先，是环境的清新。我们没有其他大多数地方的污染，所以我们得到更干净和更强烈的光。最重要的是，这里的风景也是不同的。这些植物已经发展到能在缺水和高温的影响下生存。这使得我们的植物在叶子的茎上发展出更大的灵活性，因为它们会追踪一天中太阳的运动。换句话说，光能更深层次地穿过我们的树木。我们没有茂密的树形，我们有更多透光的、清晰的树形，可以让光透过并显示出树的结构。所以我们的景观是更加透明的。除了在雨林里，我们一年四季都能看穿风景。所以在这里，光与环境元素是分离的，而在北美洲或欧洲，光与环境元素是关联在一起的。这同样反映在阴影中，阴影更有趣，在这里同样是不密集的。

你是否曾受到艺术或几何形式的启发，就像哈里·赛德勒的作品一样？
——最伟大的艺术家总是受到大自然的启发。艺术与自然有着非常密切的关系。许多艺术家受到景观的启发，例如，在20世纪30年代，像瓦西里·康定斯基或约瑟夫·阿尔伯斯这样的艺术家对建筑师就有巨大的影响。他们的作品非常有空间感。但我认为，许多建筑师包括赛德勒的作品中可以看到，建筑不需要那么复杂。我不认为空间应该如此有趣，以至于把你的注意力从生活和自然中带走。就像一幅好画，建筑需要给其一个平淡的背景，你把一件艺术品放在空间里，它们之间不应该是竞争关系。如果艺术品不能呼吸，那就意味着空间有问题。尽管我认为自己是现代主义者，但是现代运动的问题就在于它过于自恋。建筑变得不只是有趣，它拼命地试图变得有趣和复杂，特别是在其形式上。但我喜欢复杂性被提升到非常高的清晰度和简洁性，如密斯的作品。微妙对我来说更有趣。伟大的建筑是人类尊严的崇高宣言，它相对于现在偶然是永恒的。

我访谈隈研吾时，他说在日本传统建筑中最重要的事情就是屋顶的设计。他设计房子时，也是从屋顶开始。换句话说，如果建筑师能创造一个美丽的屋顶和美丽的檐下阴影，那么其他的事情就会随之而来。你认为你的设计也是这样吗？
——我认为屋顶非常重要。正如我说过的，我一生只做过一个平顶的房子。实际上，还有两个。我大概在同一时间设计我的第二个房子，我没有及时认识到我的第一个房子的错误。我做的第三个平屋顶的房子，那是一个完美的非常厚的混凝土板。那个屋顶从完工那天就被水淹了，35年以来，水一直在上面。所以它很棒，一个还在正常运转的房子。（笑）但是我觉得普通的平屋顶是个大问题。我认为屋顶的设计是设计系统的决定因素。屋顶必须限定房子的空间尺度。当然阴影也是非常重要的。在澳大利亚，冬天很短，夏天很长。我还可以通过垂直百叶窗控制房子的影子。但是，屋顶设计的作用除了考虑排水和找出排水最合理的屋顶形式，还有一个意义就是创造阴影。遮蔽所不是用平屋顶来表达的，而是用坡屋顶来表达的。

格伦·马库特（Glenn Murcutt）

我曾读到过你已经建了超过500个建筑——比弗兰克·劳埃德·赖特还多！当我跟肯尼思·弗兰姆普敦提这个的时候，他说——哦，不，也许是50个。我认为真相是介于50～500之间。

——我在意大利的时候，也被问到同样的问题，我能记住280个客户，在回来的路上又记起了20个。事实上确实有500个项目，不是500个房子，大多数项目都很小，主要是住宅，其中大多数都实现了。我一直很忙，你知道，一个人可以是非常有效率的。

我推测人们主要靠看发表的作品来作评判。
——但是我的大部分作品从未发表过，因为我从未公开过。我做了许多从未发表但相当好的住宅。

是谁来决定什么要发表？
——我不选择任何东西。作家通常决定他们想出版什么。我从未打算出版我的作品……你知道，我仍然在想我建了多少房子，我没有头绪，我从来没想过计数。

好吧，没关系，这证明了你有多忙。让我问问你，如果我从大街上来到你的办公室，说："我听说你在澳大利亚是最好的建筑师，我希望你给我设计房子。"你会对我说什么？
——通常情况下，客户写信给我——他们说，他们喜欢我的某个房子。大约30年前，我收到一封信，一位客户想在偏僻荒凉的地区建一所房子。起初，我很犹豫，因为那里很难到达，所以他说他会用一个小飞机带我去那里，我们会在场地上野餐，看看我是否有兴趣。不过，他不得不等待了两年，因为我有一个很长的等待名单。然后我和客户去那里作调查。他事后告诉我，他多么惊讶地看到我对每一个小细节都给予关注。我最后在一个长满了高高杂草的特殊区域选定了房子的位置——处于一个裸露、风化、可以俯瞰大海、凹凸不平的地方的中间。令人惊奇的是，当开始建造时，施工人员发现了以前房子的地基！这意味着以前住在那里的人们知道在哪里建房子是最好的。不管怎样，客户非常喜欢这所房子，以至于他把悉尼的房子卖了，然后又雇我再设计了一栋房子。

你讲的是为同一个客户做了两个麦格尼住宅，对吗？客户需要为在悉尼设计的新房子再等待两年吗？
——当然，他说："我们等。"我不仅设计了他们的第二套房子，还为它找了基地。

你的客户是哪些人？
——各种各样的人：学校教师、大学教授、农民、律师、会计师……

你的意思是中产阶级家庭能负担得起你的设计？
——当然。你知道，一开始我有一个特别的标准。我向我的客户收费是基于这些客户向他们的客户收取费用的标准决定的。这一直都实行得很好，直到我开始与律师打交道。（笑）

在你获得2002年普利兹克奖之前，许多建筑师从未听说过你，这个奖是否在某些方面改变了你设计项目的类型？

——一点没有。实际上我失去了我的一个项目,因为它打断我的工作……在澳大利亚真的没有任何改变,真的。在国际范围上有变化,但我不在国际范围工作,只进行教学和讲座。当时哈佛大学建筑系的主任乔治·西尔沃提,也是普利兹克奖的评委,当时我不知道。他问我是否愿意在哈佛作个演讲。他说:"你的到来非常重要。"我想——哈佛大学,这是一个很好的学校,我会去。讲座结束后,我被邀请与一些人共进晚餐,然后我意识到,餐桌上的人都是普利兹克奖评委……我想,没关系,他们只是对我的作品感兴趣。一段时间后我被告知,我得了该奖。我不知道他们是否参观过我的建筑……但我之后见到的一些评委告诉我,我的建筑看着比照片上更好。

你只在澳大利亚却不在海外做项目,有什么特别的原因限制你的项目离家很近吗?
——如果你在一个国家,和美国大小相当,有各种气候环境,从热带干湿,干旱和半干旱到地中海、潮湿的亚热带,海洋西海岸和潮湿的大陆,为什么会想到其他地方工作?我被邀请去芬兰、中国香港、很多次美国去做项目……但这意味着我将不得不与当地建筑师合作,然而我通常自己做所有事情。无论如何,我不会像一只狗要尿在每棵树上才能证明我能在所有地方做项目。我不需要这样,我只是想在这里把普通的事情做好。

好的,让我们谈谈你在这里的工作。为什么几乎所有的项目都是住宅?你不想在悉尼修建一个重要的公共建筑吗?

——正如我所说,我有一个漫长的等待名单。想象一下公建客户等待两年,直到我有时间!

我觉得你想要控制每一个细节,如果是一个大的项目它可能会导致一些问题,对吗?
——我必须控制局面,我知道公建客户不喜欢这样。

你做过竞赛吗?
——只有一次,当时我还很年轻。

当今各个地方的全球化建筑常常是同质化得无法区分,许多著名建筑师一直在不同的地方工作,但是也会产生相似的解决方案。在这个问题上你有什么特别的看法吗?你觉得每个地方都需要有一些独特的东西吗?
——每个地方都是独一无二的。正如我们之前所讨论的,如果要在一座小山的底部或顶部做建筑,解决方案应该是非常不同的……例如,你能想象德国人设计雪铁龙或者法国人设计奔驰吗?不,当然,不能!设计语言是在有不同想法的人的思维中发展起来的。西班牙人、法国人和意大利人在语言和思维上更接近,英国人和德国人也有一种关系。我认为英语是一个大问题,因为它使许多人想法相近,它同质化了我们的世界。我认为人们应该保留自己的语言和自己的思维方式。我相信一个地方的特性应该定义一个特定的设计。到处设计相同的东西是不负责任的。我想到丹麦的约翰·伍重来到悉尼设计他的歌剧院,这是一个很好的例子来解释建筑师如何寻找独特的解决方案。他的建筑不适合在哥本哈根,也不适合在纽约。歌剧院是一座完美的悉尼建筑。除此之外，他了解澳大利亚阳光的强烈。他可以选择任何颜色作为他的建筑的屋顶，但他选择了白色——多么傻的想法！并且不仅是白色的，而且是用平面光滑的瓷砖，但这却使他的建筑耀眼夺目。

经常说到你使用波纹钢板，你是如何使用它的？它是你最喜欢的一种材料吗？
——好吧，大家都这么说，可不是我说的。（笑）每种材料都有它的位置。我喜欢木材，因为木材是可再生资源。我喜欢金属，因为这种材料允许我做细节和表面，木材不能做。在合适的时候我也会用砖，尤其是当我做砖砌建筑的翻修设计的时候，砖墙可以被拆下来重新建一个不同的墙——这是可持续的。我担心可持续问题，因为人类消耗的比地球所能生产的还要多。我爱用玻璃，我喜欢看到阳光照到玻璃的斜边时从表面反射出不同的颜色。我故意这样做，我喜欢用这种方式捕捉和反映自然。

哪些现代建筑师和作品对你有启发？
——除了皮亚诺，我还喜欢斯维勒·费恩（Sverre Fehn）的作品。他是1992年我获得阿尔瓦·阿尔托奖的评委。我喜欢他在挪威的海德马克博物馆或巴斯克别墅。卡洛·斯卡帕是伟大的，尤其是他的卡斯特维奇博物馆。我喜欢他的想法、细节、序列，这是非凡的。我喜欢瑞士路易吉·斯诺兹（LuigiSnozzi）的作品。还有保罗·门德斯·达·洛查的项目也很棒。我推荐他入选普利兹克奖，他在2006年获奖。当然，理查德·利普拉斯特尔（Richard Leplastrier）是澳大利亚一个伟大的建筑师。哈利·塞德勒（Harry Seidler）是非常好的建筑师，曾经是这个国家最好的商业项目建筑师。商业建筑很难做，他做得非常好。我非常敬重所有这些建筑师。

你认为有澳大利亚建筑风格这样的东西吗？
——我对建造澳大利亚建筑不感兴趣，我不知道它是什么。我感兴趣的是建造属于其场所的建筑。如果它被认为是澳大利亚建筑，那就那样吧。

悉尼：2013年9月

格伦·马库特（Glenn Murcutt）

麦格尼住宅，宾基宾基，新南威尔士，澳大利亚，1984 年
照片 © 安东尼·布劳韦尔
承蒙澳大利亚建筑基金会惠允

亚瑟和伊冯·博伊德中心,里佛斯达,新南威尔士,澳大利亚,1999年
照片 © 安东尼·布劳韦尔
承蒙澳大利亚建筑基金会惠允

格伦·马库特（Glenn Murcutt）

玛丽－肖特住宅，肯普赛，新南威尔士，澳大利亚，1975年
照片 © 安东尼·布劳韦尔
承蒙澳大利亚建筑基金会惠允

格伦·马库特

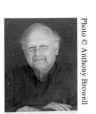

出生： 1936 年，伦敦，英国

教育： 新南威尔士大学，悉尼（1961）

实践： 20 世纪 70 年代在悉尼莫斯曼创办了自己的工作室

项目： 马库特 / 勒温住宅和工作室，莫斯曼，悉尼（2003）；莱里达酒庄，乔治湖，新南威尔士州（2003）；亚瑟和伊冯·博伊德中心，里佛斯达，新南威尔士州（1999）；当地历史博物馆和旅游办公室，肯普赛，新南威尔士州（1988）；麦格尼住宅，新南威尔士州（1984）；玛丽－肖特住宅，肯普赛，新南威尔士（1975）

书籍：《格伦·马库特的建筑风格》（东陶出版社，2008）；《格伦·马库特——构思图、设计图》（东陶出版社，2008）；《格伦·马库特：奇异的建筑实践》（图像出版社，2006）；《格伦·马库特：建筑与项目：1962—2003》（泰晤士与哈德森出版社，2005）；《轻轻靠近地球——格伦·马库特和他的世界》（杜菲和斯内尔格罗夫出版社，悉尼，2000）；《格伦·马库特：建筑与项目》（惠特尼图书馆设计出版社，1995）；《格伦·马库特：建筑与项目》（泰晤士与哈德森出版社，1995）；《坚强的落叶：格伦·马库特：澳大利亚建筑形式的先驱》（安格斯 & 罗伯森出版社，1994）；《三个房子：格伦·马库特的建筑细节》（费顿出版社，1993）

任教： 新南威尔士大学教授，悉尼

奖项： 普利兹克奖（2002）；美国建筑师学会金奖（2009）；理查德·诺伊特拉教学奖（1998）；澳大利亚勋章（1996）；阿尔瓦·阿尔托奖（1992）；澳大利亚皇家建筑师学会金奖（1992）

格雷格·帕斯卡雷利（Gregg Pasquarelli）
对我们而言，想法不是外形

你从银行业转入建筑业，能告诉我你是怎样成为一名建筑师的吗？

——在离费城很近的维拉诺瓦大学学习金融之后，我到华尔街投行做投资经理，1987年亲身经历了"黑色星期一"的股市崩盘。那份工作特别糟糕……每当我烦闷的时候，我就会画些什么。有一天我拉开我的抽屉，里面放着一摞我的画。当我浏览它们的时候发现它们都是建筑，那个时候我才意识到那才是我真正想要做的事情。第二天我就辞职了，然后我就去美术用品商店买了所有新生要买的材料，那一年是1989年。

那年秋天我遇到了一名建筑师，他的业务正从丹佛向纽约转移。所以我毛遂自荐，成了他的业务经理。我做了我力所能及的一切事情，从找办公空间到租赁谈判、建立会计系统、编写软件来运行工资支付系统。待在那儿的几年，作为运营他工作室的回报，我学会了画草图、现场调查等。

所以你在申请去哥伦比亚大学之前已经从事相关工作，而在哥伦比亚大学你不只是1994年获得了建筑学学位，更重要的是你遇到了几年后和你一起建立SHoP事务所的合伙人。到底是什么促使你们一起开始建筑实践的？

——有很多因素吧，但是我可以确定地告诉你促使我们一起工作的原因并不是有相同的审美观，我们对建筑师进行实践的方式都是批判的。

绘图建筑师可以画出很漂亮的设计，而驻场建筑师知道怎样建造出实际的建筑，两者之间有很大的分离。我们觉得这两个部分越来越脱节，我们都想对其反思一下。为什么我们不能两者兼而有之？我们希望做好设计的同时也能够了解最新的科技、制造和施工技术……我们对CNC（计算机数控）制造等做了大量的研究。1996年我正在为格雷戈·林恩（Greg Lynn）工作，当时他在哥伦比亚教书。我的一些朋友正打算开餐馆和商店，然后需要别人帮忙设计，就是那个时候我邀请现在的搭档来合作。

你说过你想改变传统建筑实践的工作方式，那么你的实践又有哪些不同呢？
——我们开始合作的时候我正在做林恩的纽约皇后区韩国长老会教堂项目。我们从一开始就对技术很热衷，而且在1993年就已经开始使用第一台激光立体3D打印机，一种硅谷的图形机器，我们当时在尝试所有最新的技术。

是否可以把林恩的教堂项目看作是使用现在更普遍的参数化建模方式进行设计的第一个建筑？
——我们使用的更像是一种动画软件，然后我们向里面加入了参数化元素。然后生成设计，我们只是做了第一步。那是将动画作为一种设计工具的一次尝试。建筑将会根据我们设置的参数移动和改变。而我们将会把动画固定在某一特定时刻，找到平面和剖面，以显示如何建造一个特殊形式。所以我们是用动画技术来设计建筑的，而不是通过画草图或做实体模型的方式。

和传统的设计方法相比,有什么开创性的东西吗?
——实际上区别就是动画技术让我们可以直观地展示某种可能性,而不是我们设计者在头脑中构想某种形象,这成为一种新的设计方法。我们实际上从来没有画过一笔,我们让动画来做。当我们单看到喜欢的部分时,我们只需要决定什么时候固定某一特定场景或形式就可以了。

换句话说,你通过改变参数来获得你喜欢的形象。除了林恩以外,你同样也为弗兰克·盖里工作过。你从这些经历中学到的最重要的东西是什么?
——我只在洛杉矶为盖里工作了一个夏天,主要的工作是建模。但我从他身上真正学到的东西是不要害怕做曲线。换句话说,我看到了什么是可能。而林恩之所以可以总是给我灵感是因为他总是推动技术的发展。盖里建造非常复杂的曲线和林恩不断推动技术发展,促使我想用工具可以使概念设计到施工图设计再到建造实施的转化过程为成为一个更简单的过程。

你可以说说你刚起步的项目吗?你是从哪种项目开始的?
——我们并没有立即开展实际的项目。我们当中的一些人当时正在帮以前的教授教学、画图或者做模型。除了小的商业项目和住宅项目外,我们也做了很多竞赛。我们赢得的第一个竞赛是纽约长岛格林帕特公园村中的米切尔公园,这个公园有很多组成部分,比如有小艇码头、小镇旋转木马的圆形房子、设备房、照相馆、渡轮码头和一个港务长办公楼。然后 2000 年我们为夏季热身系列做的"木丘"（Dunescape）装置赢得了现代艺术博物馆 PS1 年轻建筑师项目，这个项目给了我们很高的知名度。这就是我们开始实践时的情形，曾经有一段时间我们参加了 12 个竞赛赢了 7 个。

你现在正在做什么项目？
——有很多。布鲁克林的威廉斯堡有一个新的大型住宅项目新多米诺；博茨瓦纳的政府办公综合体；亚特兰大和纽约的体育场；曼哈顿和西雅图的滨水公园；布鲁克林大桥附近的海港休闲中心；哥伦比亚大学的教学项目；史丹顿岛上临近轮渡的商业综合体；芝加哥的一座摩天大楼；休斯敦的梅尼尔收藏博物馆的总体规划等。我希望我们能更多地谈谈在布鲁克林刚开业的巴克莱中心。我们还为这个综合体规划了三个高层住宅楼。

我们会的，但首先还是让我们多谈谈你的公司吧。你的公司被称为全方位服务公司。2007 年，你又成立了 SHoP 建设公司。你可以谈谈这个分支吗？
——我们从来没有限制我们自己仅仅是去设计一个形象。我们有一部分初始概念总是和怎样建造某些东西有关。对我们来说，想法并不是外形，那不是我们开始的方式。我们开始的时候总是会说，我们用铜或者用玻璃。好吧，那么玻璃要用多大？怎样把它们附加在建筑上？把它们装在建筑上最容易的方式是什么？我可以把它们切割成多少块？我可以做多大的尖角不会使成本变高？所有这些事情都是从第一天开始考虑的。所以建筑是从如何运作和如何组合的逻辑中产生的。那些逻辑是怎样在室内起作用？那些逻辑如何在城市环境中起作用？既然我们需要用技术把所有事情组合在一起，那么每件事情怎样与技术协作？

那就是我们一直以来工作的方式。令人高兴的是当我们向客户展示一个非常复杂的形式时候听到他们说："你们不可能建出来的！"我们能够回答说，"不，实际上我们确实可以建出来，是这么实现它。"有一段时间我们会给我们的承建商提供有所有细部的图纸，对他们来说和我们一起工作非常容易，因为他们只需要按照图纸做即可。后来我们发现我们可以和总承建商直接交流，所以成立了自己的施工公司 SHoP 建设。有时候这个公司会做某个特定项目的一部分，有时候会做整个项目，其他时候我们会接受其他建筑师或承建商的委托，帮他们想出怎样实现他们的高端设计。我们四分之一的员工现在已经是 SHoP 建设公司的一部分了。

在你的讲座中，你谈到职业的新模式和范式转移，你是怎样看待新范式的？

——这种转变主要是甲方、建筑师和承建商之间关系的转变。我认为把这三者看作是互相对立的观念是非常不正确的。新兴的技术已经使得这些群体的边界变得越来越模糊。如果建筑师不掌握一些技术、不承担更多的责任，那么就会被推到边缘。我们的模式是这样的：建筑师是创造性的思想家，应该是掌握全局的通才，而不能仅仅是专才。他们应该在多方面参与他们的项目，懂得经济和投资、参与政治、控制施工过程、设想未来如何维护和使用建筑。他们不能只是设计者。

对我们来说，只有通过运用新兴技术才能夺回这些领土，这种情况确实正在发生。我们投入和融入建筑过程越多，我们对整体建设环境的贡献就越大。

我想知道你的这些想法是怎么来的，你是根据已有的某种特定实践方式来确定你的公司模式吗？
——当然没有模仿任何一家建筑公司，因为那正是我们首先批判的。我们的膜拜对象之一是以承担洛克希德·马丁公司的高级开发项目而著名的臭鼬工厂设计团队，他们是做飞机设计的，是一个智囊团。我们的想法就是把具有不同品质的聪明人聚集到一起，看看他们能发明什么。

你是怎样找到这些人的？
——我不知道。是他们找到了我们。（笑）

你如何描述基于性能的设计及其优势？
——我想再强调一下，我们从来不会把某个目标强加在某个地方。我们总是从以下这些问题开始的：这个建筑运作的逻辑是什么？怎样把这个项目的方案做到最好？然后做设计的时候要把建筑放到环境中去。在环境中有人流、位置、联系……当有了这些东西，建筑还会只像个岩石一样矗立在场地上吗？或者建筑是否可以以许多不同的方式进行操作和联系？那就是性能。性能的另一方面是如何建造这个建筑——怎样把建筑的每个部分组合起来，怎样用最积极的方式让建筑变得有生命力。当你把所有的东西组合在一起的时候，往往你会发现实际的建筑看起来和预期的完全不一样……

那什么是性能型围护呢?

——就是建筑的表皮以及怎样建造它。我们的第一个项目,在米切尔公园的暗箱建筑就是我们第一个性能型围护的实例。实际上,我们整个项目都是那样做的。它完全是基于参数设计的,这个参数包括建筑里面的功能是什么样的,外表面的最小尺寸等等,就像设计汽车或飞机一样,所以我们最终得到一个不同寻常的建筑。要尝试这样建筑,造价会非常昂贵。所以,我们第一次将建筑的每个单一部分都做成足尺模型。我们亲手完成了所谓的 BIM(建筑信息模型),或者叫作建筑所有物理和功能特征的一种数字化表达。我们画了几千张图纸,建筑的每一个构件都画了。图纸有两种:一种是建筑构件,另一种是构件如何怎样组装。这些构件被带到施工现场,施工队所要做的事情就是把它们组装起来。他们再也不需要在构件上钻孔、切割、弯曲……所有的这些构件都已经编好号,整个施工只用了 6 个星期就完成了。

参数化设计,是你们的新方向吗?

——当然,对于新一代设计师来说,看着形式如何生成,用编程的方式来获得一个特殊解决方案要比通过画图、制作模型、画出多种可能性的工作方式看起来容易得多。认为这些建筑师丢掉了某些东西,是不对的。我们仍然画图、做方案、看形式和检查整个组合过程。这些新的方法会更快。同样地,参数化设计的优势在于你可以非常迅速地尝试很多版本。

密斯会说:"我从来不会让客户选择这个或那个,因为他可能会选错。"我的一位建筑师朋友说:"但是我知道我想要什么。我为什么要考虑其他选项呢？"你是在暗示那些喜欢用参数化设计方法来解决问题的现代建筑师不知道他们想要什么吗？

——我会明确反对你朋友的观点。实际上，他以为他知道自己想要什么，但其实他仍然习惯了标准的回应方式。他习惯于采取某种行动，以某种方式把它们组装成他以为是自己想要的东西。但对于我们而言，为了生成建筑的形式，即使是第一步，我们也需要作如此多的决定……

实际上，不知道自己想要什么会让你有更好的解决办法，因为在你提出了这么多问题并且测试了大量的选项之后，最终形式就自然而然地出现了。

——确实如此。我们不想知道最终形式会是怎样的，因为那样就像是强行将某些东西提前决定了。同样地，我可能会有50种结果，但我不会把它们全部都展示给我的客户。我会像密斯一样，我喜欢只展示一个选择。但是如果客户说："你为什么不这样做或那样做呢？"我会说我们尝试了这样和那样，但是效果不好，所以才这么做。因此，我可以有一个更好的讨论，并且保护了我工作的完整性。如果我仅仅只是带了一张图纸去，然后我的客户并不喜欢，我该怎么办？

我喜欢你的方式，至少是一种有说服力的商业策略，可以赢得客户的信任。你曾说过："平面图、剖面图和立面图的概念是有限的。"你说应该有一种新的方式来跟建造者交流信息。你可以详细谈谈那些概念是怎样过时的吗？

——好的，有时候这些并不是正确的图纸，那些是标准惯例。

这些图纸只是展示了某种特定的状态，一种情况而已。随着时间推移出现的图纸是什么样的？那些展示各部分的组合和序列的图纸会是什么样？

让我祝贺一下你的巴克莱中心这个项目，这是一个了不起的建筑。几天以前我围绕这个建筑转了转，而我脑海中所能想到的东西只有——哦，天啊，这就是未来！我们现在生活在一个全新的世界。看着街道上它周围的所有东西就像是回望过去的时光。这是你和世界上其他一些著名建筑师正在塑造的世界吗？你是如何做到的？

——是的，很多建筑师正在为此努力……对我们来说，巴克莱中心是一个基于性能的建筑。这个巨大的建筑建在充满19世纪房子的街区。怎样把那些事情结合在一起呢？我们的想法是将建筑水平划分，让建筑变得坚固和通透。一个主要的关注点是设计立面，要注意质地和尺寸，要和周围的建筑物相互和谐。我们选择那些看起来像生锈一样的耐候钢板，因为我们想做一个激进的现代建筑。这个建筑既适应工业特征，又适应相邻的布鲁克林那部分街区上的赤褐色砂石建筑。这个建筑的外表皮是多层次的、多孔渗透的，这是用间距变化的钢板在不同的形状和背光照明下实现的。所以，从白天到晚上建筑给人的感觉是不断在变化。

过去的逻辑是如果一个建筑师想出一种形式有最少种类的重复构件，那么建筑就可以快速地、经济地建造。但是如果采用新技术，即使每个部分都是独一无二的，依然可能实现快速经济的建造。盖里在毕尔巴鄂做的古根海姆博物馆就充分证明了这一点。这个建筑有 11000 多根横梁，在尺寸和形状方面没有一块是重复的。现在你做的巴克莱中心的立面有 12000 多块独一无二的金属面板。悉尼歌剧院的建筑师约翰·伍重花了三年的时间才提出了模块化的想法，否则那个美丽的贝壳形式就不可能实现。所以说我们不再局限于我们能建什么，因为几乎任何事情都可以以合理的成本实现，对吗？

——真的是这样，因为大约在 15 年前我们开始这项研究的时候，我们就已经知道计算机并不在乎它要制造的构件是一样还是不一样。所以我们可以通过思考如何建造和组装所有内容来设法操控这种多功能系统，你可以实现任何你梦想的东西。现在大规模定制（当一切都变得独一无二）变得有可能。用巴克莱中心的立面这个例子来说，较小的构件在工厂里组合，形成较大的面板运到施工现场，只是简单地夹在建筑上，就好像构件完全相同一样。我认为这个项目中这么复杂的曲面在 5 年前都是不可能实现的。那时的技术还没有，但现在我们能做到了。

纽约：2013 年 2 月

巴克莱中心,布鲁克林,纽约,美国,2012年
照片©布鲁斯·达蒙特

格雷格·帕斯卡雷利（Gregg Pasquarelli）

波特住宅，曼哈顿，美国，2003 年
照片 © 权成

格雷格·帕斯卡雷利（Gregg Pasquarelli）

现代艺术博物馆PS1项目木丘，长岛，纽约，美国，2000年
照片 © 大卫·约瑟夫

格雷格·帕斯卡雷利

出生： 1965 年生于美国纽约

教育： 维拉诺瓦大学商学院（1987）；哥伦比亚大学（建筑学硕士，1994）

实践： 1996 年在纽约与克里斯多佛·沙普尔斯（Christopher R. Sharples）、威廉·沙普尔斯（William W. Sharples）、科伦·沙普尔斯（Coren D.Sharples）以及金佰利·霍顿（Kimberly J. Holden）一起创立 SHoP 建筑公司。

项目： 巴克莱中心，布鲁克林，纽约（2012）；东方河南部休憩场和 15 码头，纽约（2011）；暗箱，绿点，纽约（2005）；波特住宅，纽约（2003）；木丘（Dunescape），现代艺术博物馆 PS1 年轻建筑师项目，长岛，纽约（2000）

书籍：《实践之外》(莫纳赛出版社，2012）

教学： 曾任教于耶鲁大学、哥伦比亚大学、弗吉尼亚大学、佛罗伦萨大学

奖项： 世界最具创意建筑公司,《快公司》杂志（2014）；建筑设计国家设计奖，史密森学会所属库珀休伊特国家设计博物馆（2009）

乔书亚·普林斯 – 拉莫斯（Joshua Prince–Ramus）
惯例并不能解决问题

可以说说你们公司的架构是什么样的吗？

——REX 的公司架构是水平的，在这里没有等级。我们有一个由五个成员组成的设计领导团队，参与每一个项目。我们用达尔文进化论式的方法做设计。我们并不在乎想法到底是来自于初级建筑师还是高级建筑师或者是一个门卫。我们只关心想法的力度，我们把各种想法摆在桌子上，然后团队采取苏格拉底问答的方式来挑选它们。

无论如何，最后留下来的想法都是最好的。有趣的是，新人在刚来到我们公司的前几个月总会有很多眼泪。因为他们习惯了让人们会喜欢他们的想法，但是当他们把设计放到桌子上后就受到了这个团队的抨击。通常来说，一个好的想法会在某些方面是受到所有人喜爱的，但是在我们公司，好意味着人们忽略掉其他的想法只抨击这一个。所以，如果它值得抨击，那它就是一个好想法。主导团队想要看到这个想法在哪里开始分崩离析，它有多强大。

因为一个好的想法不是结果，这只是一个开始，只有更多的审视才会使想法越来越完善，对吗？

——是的。在这儿，我们更重视批判的能力而不是创造的能力。我们雇佣的是能思考的人而不是画图很漂亮的人。

当你面试应聘者的时候，你是怎样做出判断的？

——我会花 5 秒钟看他们的作品集，看到一个我喜欢的项目，就马上开始问他们问题。

你想知道什么呢？

——面试者要能够捍卫他们的作品。我想知道一个特别的设计是基于严谨还是基于意愿。如果这个人开始谈论他或者她喜欢它或者感觉如何，那么面试就结束了。这就是为什么我们招聘的不仅仅是建筑师。我们这里员工的背景有经济学、化学、数学。往往这些学科会教人们思考和捍卫自己的工作。

那么他们做什么工作？

——和通常在事务所做的没什么区别。我应该说现在学校的建筑学教育有问题。我曾在耶鲁大学、哈佛大学和哥伦比亚大学教学，现在在雪城大学教学。越来越多的学生被教授视觉语言和怎样表达他们自己，而不是如何建立修辞论证和自我批判。

你会给你的学生布置什么样的作业呢？

——我们给他们一个项目，然后迫使他们去提出问题。我更感兴趣把建筑看作是社会工程而不是艺术。艺术的目的是批判社会，而建筑的目的是建造社会。我们相信美但是我们不谈论它，我们谈论建筑能做什么。

可以举个例子吗？

——我们可能让学生设计一个美术馆，并且总是让他们采取团队合作的方式，这在建筑学校并不常见。我们开始的时候会说："这不是在建造一个毕尔巴鄂美术馆。"相反，我们会问他们："今天成为一名当代艺术家意味着什么呢？艺术家面对的挑战是什么呢？你是怎样处理策展、灵活性等问题的呢？"我并不在乎建筑看起来是什么样的。

当你评价方案的时候你会关注什么？

——论证。每次我和一个学生或一组学生坐下来，在他们展示任何东西之前，他们要先说明他们的问题是什么以及他们在这个问题上的立场是什么。然后每次他们展示方案的时候，他们需要说明他们的解决方案是如何匹配他们的立场的。他们只有在反复修改他们的问题、立场和解决方案中才能学到东西。这是一个编辑评论的过程。

这个也是你公司内的工作模式吗？

——是的，这种模式是我们在 OMA 和雷姆·库哈斯一起合作主持西雅图图书馆项目的时候学到的。如果你可以发现委托人的限制和问题，以及基于这些问题你确定的立场，那么你提出的解决方案就不是依赖于常规惯例，因为惯例并不能解决问题。但是为了解决某个特定问题，你需要提出远远超出一个人一开始或者单个人所能构想的。关键在于批判的自觉，对惯例有目的地抵制，针对问题寻找极其具体的、一次性的、量身定制的解决方案。

这个图书馆就是一个很好的例子。我们永远无法自己提出那个解决方案，特别是如果我们一开始我们没有和客户有良好的沟通联系。否则，它永远不会实现，因为这个设计太奇怪了。建筑师和客户一起工作有两种方式。一种是你可以有自己的议程，然后推动它使其匹配客户的一系列限制。那么这会出现什么样的结果呢？它将永远是最初想法的精简和妥协版本，这会让建筑师和客户双方都不愉快。而我们的工作模式是这样的。如果你真的对你的所做的工作非常擅长，你应该能够找到既适合你自己又适合委托人的议程。当我听到建筑师说"这代表……"的时候，我总会感到很沮丧。我们总是会说："这解决了……"建筑应该解决问题，满足功能。

你和库哈斯一起工作了很久，他的方式和你的之间有什么区别吗？

——OMA 是采用苏格拉底问答法，正是我们在这里所提倡的（这也是我为什么会去 OMA 的真正原因）。但他们的武器库中有很多工具而且有很多不同的工作方式。举个例子，CCTV 央视大楼是一个地标建筑，我认为我们对做那样的建筑不感兴趣。库哈斯喜欢用很多设计策略。他们一直都是以一种超越理性的方式工作，我们在这里也在实践这种方式，但是以一种不那么精致的方式。在做西雅图图书馆这个项目的时候，这种方法变得非常精致，也真的很吸引我自己。所以在那里我才看到这种方法的真正潜力。自从那次以后，纽约的 OMA 就关注这种特殊的工作方法，但这使雷姆·库哈斯和其他一些合伙人感到不舒服。库哈斯崇尚混沌，而这儿在这种方式下没有混沌。所以，尽管这个项目用这种方法取得了成功，但忘掉其他的所有的事情并继续这种方式让库哈斯感到不舒服，但是我们继续用了。现在我相信我们可以让这种方法走得更远。因此，我认为我们在这个方面比 OMA

更老练。另一方面，我们与他们其他方面非常老练的操作水平还有差距。

你为什么对删除建筑师签名式的风格很感兴趣？

——我认为在西雅图图书馆、查尔斯·威利剧院和博物馆广场大楼中，我们都看不到建筑师的标志性风格。你不能说这些建筑没有很强的建筑表达或形式。

但他们都是通过痴迷于问题解决来实现的，其中形式操作只是一个工具问题。很多公司都会有正式的审美议程。理查德·迈耶、弗兰克·盖里或者丹尼尔·李伯斯金，全都有自己的视觉语言或风格。但是因为我们更看重的是想法而不是风格，所以我们没有一种显著的视觉语言。作者身份对我们的建筑风格并不重要，始终如一的是想法的力量。我们对发展自己的建筑风格不感兴趣。无论如何它都会发生的，因为总有人问我："为什么你的建筑总是四四方方的？"我不知道……

原因不是很明显吗？你的建筑是理性的，在你的方式中，形式是在排在第二位的。所以它们除了是个方盒子，不可能是别的样子了，对吗？

——好吧，我们现在正在做的一个竞赛，我们实现的形式就不是方盒子。它仍然是超理性的，但完全不是方盒子。

我能看看吗？

——你看到会震惊的（普林斯·拉莫斯拿出了一个小型的蓝色泡沫模型）。

怎么不是方盒子呢？这个形式完全展示了你们是怎么构思的。它是如此的理性，每个过程的每一步都印在这儿——它从一个盒子开始，然后在顶部被分割花瓣。然后将它们拉开、向外弯曲、每个部分都与内部功能、场地环境和整体形式有特定的关系。而且所有这些决定都是基于共识。
——但它效果非常好。成本控制很好，这是一个客户想要看到标志性的项目。他们想要的东西都有了。我们有不同的方法可以解决这些问题，并且同样有效。到了那个时候我们说："现在让我们来讨论一下形式和美的问题。"它始终是我们过程中非常重要的一部分。而且这个特殊的模型对每一个人是最有吸引力的。但是如果我们让它表现良好并且预算之内，我们将赢得竞赛。这个过程和所说的"形式追随功能"不同，那句话意味着形式是可恶的，对我们来说形式是非常有意义的。

我想问你，如果某一刻，你的一个合伙人决定建立他自己的公司，并且也会按照你同样的工作模式去做，那么他们的建筑如何和你的不同，形式上吗？
——我们的过程就像是一个进化的达尔文主义树。长出分支并继续生长的每个时刻，主观决策都会发生。因此，有成百上千的瞬间关于美的主观决定会发生。这个过程的重要之处在于它可以被教导。对我而言这很重要的原因是无论你的审美偏好是什么，这个过程都会奏效。所以基于这种方法的项目看起来也会是不一样的，但是表现的水平将会一样。

我们想象一下，如果你的学生走向你并且挑战你前一天所说的一切。那是一个好学生吗？对此你会如何反应？你会给他设置障碍吗?

——不,完全不会。

如果有学生认为你的方案有缺陷,会怎么样?

——我没有那个方面的困扰。学生应该有权利争论和为他们立场辩护。我们希望学生能明白没有哪个客户会说:"你真棒,你想怎么做就怎么做吧。"所以你的想法只有和你的表达能力一样好。你可以讲述,可以画图,也可以两者兼有。我不在乎。如果我在说某件事的时候,我的学生说:"请等一下,这样怎么样?这样呢?那样呢?"对此我完全没问题。

刚才说的有发生过吗?

——和好的学生在一起,当然发生过。我尽量雇用那些学生,其中一些现在已经在这工作了。那就是我们的工作模式,而我在这儿又碰巧是用这种方法工作最久的人。同样地,我自己也是一个非常好的辩手,所以这样的过程才会发生。(笑)

你是从哪里学会这项技能的?

——我在耶鲁大学学习了哲学,还有我妈妈是律师的事实也是有帮助的。

你还在哈佛获得了你的建筑学学位。

——是的,我认为哈佛大学是美国最强的建筑学校,因为它会说最重要的事就是自我批判。当你在画一些东西的时候,你要知道你为什么要这么做。如果你说得就像是评价某些东西一样,"我这么做是因为我喜欢,"你的教授会把你撕成碎片。我认为那就是教建筑应该的方式,因为设计是教不了的。

你会怎样描述你的作品目标?
——我们都尽力让性能最大化,我的意思是我们尽力在工作中把形式和功能的重要性结合起来。形式是永远不会脱离功能的。形式是功能性的,无论是打开一个特定的视觉通廊还是适应一个复杂的功能。每一个项目我们都会对形式、功能和组织进行调整,以实现最佳平衡,使得项目的性能最大化。我是一个理性主义者,我总是会反抗和挑战惯例。惯例是企业公司作为理性主义向客户推销的东西。但真正的理性主义是另一回事。这意味着我会去寻找最有可能的解决方案,但它可能和你看过的任何建筑都不像。

我们说说西雅图图书馆那个项目吧,主要想法是什么?那个形式是怎么来的?
——在做这个项目的时候,我们参观了世界各地的 35 座现代的和历史的图书馆。我们意识到图书馆中灵活性的概念很久没有更新了。它仍然是基于可以发生任何事情的空旷、通用的空间的想法。但这一概念需要更新的原因是图书馆的角色已经改变了。图书馆已经从一个信息点变成了一个获取信息和进行社会议程的地方。

　　传统空间的空间问题是不能在各个部分有机地发展。举个例子来说,我们设计的图书馆预计其藏书是在 100 年后翻了一倍。所以为了解决各种扩展问题,我们建议把整个建筑划分成 5 个不同的区域:停车区、办公区、会议区、行政区和藏书区,这样就可以一次解决一个可能的变化和扩展。因此，摒弃了通用的灵活性，我们希望实现特定的灵活性。每一个悬浮的盒子的偏移都是特定的，这样才能更好地获取每一边的场地条件和景观。在这些盒子之间的空间通过外表皮的结构连接起来成为向公众开放的非常有趣的城市连续体。

在这里最有趣的发明之一是你如何在一个连续的盘旋空间上组织书架。
——它必须是一种很小角度的盘旋才能使得这几层都是连续的。只有这样以后扩展起来才比较容易。如果采用传统的平层是做不到的，你会把空间占满的。

你为这个项目做了多少个方案？
——有上百个了，通常我们会快速制作模型、批判、编辑修改它们。这并不是一个线性过程。我们一直想找一个无懈可击且有意义的潜在结构。这种进化和完善的过程可以让这个项目成为一个好设计。一旦我们实现这个目标，我们不惧任何批判。

当我们把西雅图图书馆的模型从盒子里拉出来摆到董事会成员的面前的时候，他们请我们离开房间一会儿。当我们回到房间的时候，董事会主席看着我们说："我们不知道这是个什么东西，这不像是我们所熟悉的建筑。但不幸的是，对我们来说，它满足了我们商量的建筑必须要做的所有事情。所以不管怎样，如果你们按计划和按预算把它建出来，那就做吧。"

当这个建筑进入公众视野的时候，批判的声音源源不断。有人说："我们需要的是一个图书馆，而不是代表了建筑师自我的形状。"等。但美妙之处在于我们不需要为它辩护,图书馆管理员会做的,他们说:"是的,你说得对。我们不知道这是什么,它也许是我们见过最怪诞的建筑了。但它对我们的所有立场做出了回应并且运作良好。"所以当图书管理员说建筑运作良好的时候,讨论就结束了。

你追随过其他建筑师的作品吗?哪个建筑师或项目是你最感兴趣的?为什么?
——我追随的建筑师是那些给我很大惊喜的人。他们的工作方式是我们不能简单模仿的。比如说妹岛,我喜欢他们的作品。

如果他们的作品给你如此大的快乐,你为什么不采取像他们一样的工作方式呢?
——因为他们有且只有一个非常显著的问题:利用率低。他们在瑞士做的劳力士学习中心太不可思议了,但我做不出那样的建筑,因为它们只有 55% 的建筑面积是可以使用的。那会让我疯掉的。看看他们的平面,太多空间被浪费掉了!

但你喜欢他们的作品。
——我觉得这个建筑精致优美,但我们做不到。那个建筑让我很愉快。我希望我们能做到。但这不是我们,也不是我们的工作方式。

你说过它给你们带来快乐,你心里很喜欢但是你的头脑在抵制。
——对我而言,这就像是在欣赏一个美丽的艺术作品。不能

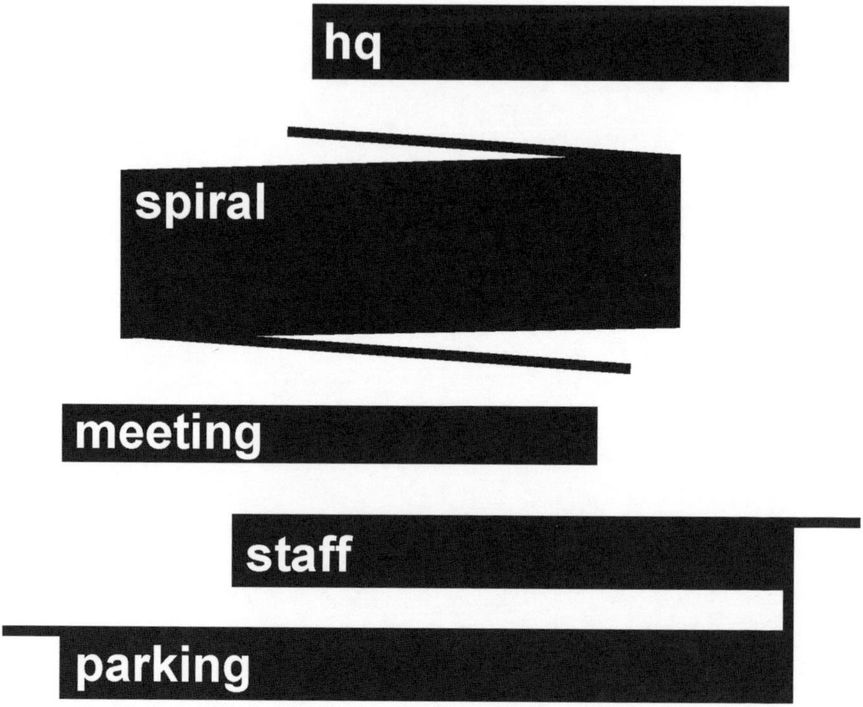

西雅图中央图书馆，美国，2004 年
五种功能图解
承蒙 REX 事务所惠允

因为我觉得他们的作品很美就意味着我自己也想做那种作品获得专业的满足感和幸福感。对我来说，我们的工作是关于做事的智力欲望。

纽约：2010 年 7 月

乔书亚·普林斯 - 拉莫斯（Joshua Prince-Ramus）

婉库时装中心，伊斯坦布尔，土耳其，2010 年
照片 © 阿里·贝克曼

西雅图中央图书馆，美国，2004 年
照片 ©拉蒙·普拉特／艾克塔出版社

乔书亚·普林斯-拉莫斯（Joshua Prince-Ramus）

西雅图中央图书馆，美国，2004 年
照片 © 菲利普·劳尔特

乔书亚·普林斯-拉莫斯

出生：1969 年，康涅狄格州

教育：耶鲁大学（哲学学士），哈佛大学设计研究生院（建筑学硕士）

实践：OMA 纽约分部的创始合伙人，雷姆·库哈斯大都会建筑事务所鹿特丹总部美国子公司担任首席建筑师直到 2006 年在纽约将公司重新命名为 REX

项目：婉库（vakko）时装中心和电力媒体中心，伊斯坦布尔，土耳其（2010）；迪和查尔斯·威利剧院，达拉斯，得克萨斯州（2009）；西雅图中央图书馆，西雅图，华盛顿（2004）；古根海姆冬宫博物馆，拉斯维加斯，内华达州（2001）

教学：雪城大学、哈佛大学、哥伦比亚大学、麻省理工学院、耶鲁大学

奖项：美国建筑师协会的国家荣誉奖（2005，2011）；美国《赫芬顿邮报》5 名最杰出的 50 岁以下建筑师，ICON 杂志评选的"20 位世界最具影响力青年建筑师"（2008）；《快公司》杂志评选 20 位最具影响力的设计师之一（2005）

沃尔夫·普瑞克斯（Wolf Prix）
重力？不，谢谢！

建筑是你一直想去做的事吗？
——当我 18 岁准备去上大学的时候，我的父亲送我去看柯布西耶在法国里昂附近的拉图雷特修道院。这是一座非凡的建筑，当看到修道院，我惊呆了。我决定了——如果这就是建筑，那么我想成为一名建筑师。

1968 年你从伦敦的 AA 毕业的同年成立了你的公司蓝天组。这是否意味着你从来没有为其他建筑师工作过？
——我的父亲是一个建筑师，从我 10 岁或 11 岁开始我就在他的工作室里面工作直到我上大学，某种意义上我是伴随着建筑长大的。我在 AA 一毕业，我就感觉准备好了。另外，我想做一种新的建筑，而不是我在学校学到的那种，那种建筑当时主要由后现代主义意识形态主导。

你想要创造什么样的建筑？
——1968 年是一个伟大的时期。所有东西都在爆发——不只是建筑，包括音乐、哲学、教育、政治甚至整个社会。那个时代，世界各地的学生走上街头，呼吁改变。我们的座右铭是——想象的力量！当然，音乐是非常重要的，我们希望像滚石乐队一样出名和富有。我们没有像预期的那样命名我们的公司为"普瑞克斯、斯维兹斯基与霍尔泽"。我们想出了一个团队名称蓝天组（合作的蓝色天空），不是一种天空的颜色，而是因为我们想创建像云一样会改变的建筑。

你是如何开始想象这样的建筑？
——首先，当时和现在存在巨大差异。现在每个年轻建筑师都想要得到报酬，想要客户、项目等等。我们最想要的是改变建筑，我们想彻底改变它，立刻！

好吧，你们没有客户，很多年没有真正的项目，你们是如何生存的？
——有许多生存方式，包括开卡车……我们教书，我们进行了很多关于未来生活的研究，参加竞赛，做了很多自主的项目。我们接受资助去调查各种形式和形状如何影响人们的情绪，以什么具体方式影响。例如，斑点是非常有利于放松。另外，日常生活也不是那么贵。重点是我们活下来了，正如你所看到的，我们活下来了，你必须相信你自己。

你在维也纳应用艺术大学教书，你有什么教建筑的特殊方法吗？
——我是维也纳的应用艺术大学建筑学院院长，我们有如扎哈·哈迪德，格雷戈·林恩和彼得·埃森曼这样的教授。在我的设计课上，未来的建筑师们学习如何发展想法并在概念上论证它。他们学习将想法转换为形式，不是在限制条件或者陈词滥调的常规条件下，而是要根据现实的可能性。出发点是在多种动力的推动下发展空间。我也试图教他们自信，想象未来建筑师的各种角色。现在是一个伟大的技术时代，我们在1968年所梦想的东西，现在终于有可能实现。所以我们正在推进新的空间可能性。

介绍一下你事务所的发展历程吧，比如事务所的规模变化，最初做什么类型的项目，现在在做什么类型的。

——第一个项目叫"云"，因为云是"himmelblau"的同义词，意思是蓝天。这是一个虚拟的项目，想象未来一种新的生活方式——指向某种可能性，如创造可以用心跳控制的交互式充气空间。

我们没有客户，我们只是觉得——住在混凝土房子里的时代结束了，忘记它吧——这才是未来的样子。1980年，我们建造了一个名为"燃烧的翅膀"的装置，悬挂在格拉茨技术大学的庭院里并点燃。我们甚至还通过音频动力学放大了火的爆裂声音来加强体验。我们想创造一个建筑是可以流血，破碎，在生或者死的压力下点亮和撕裂。如果是冷的，那么像块冰一样冷；如果热的，那么热得像一个燃烧的翅膀。建筑必须大放异彩！

我们的第一个实现的项目是1988年在维也纳为一家小型律师事务所进行的屋顶改造项目。当时不可能获得建筑许可的，因为项目过于前卫，正好处于历史悠久的城市中心的核心位置。所以我们去找了维也纳市长。他看了项目然后说："这不是建筑！"我们问："那是什么？"他说："这是艺术。"所以我们说："市长先生我们同意您的意见，我们能得到书面的许可吗？"有了这份文件，我们得到了所有必要的建造许可证。作为一个艺术项目，自那以后20多年过去了。当时这个项目成为一个标志性建筑。

事务所最开始只有我们三个人，然后五个，现在我们有

150名建筑师，主要是在维也纳，那里是主要的"航母"，同时在洛杉矶、里昂、瓜达拉哈拉、巴库和中东也有。除了建筑竞赛，我们目前在世界各地有25个项目，小到欧洲的小教堂，大到中国的巨型体育场。

这些年来你能够落地的项目是百分之多少？
——40年来，我们做了大约380个项目，实现的有大约80个。现在我们几乎每个项目都能落地，但是我们仍然被邀请参加一些竞赛。

在20世纪60年代获得学位后，你又在20世纪80年代去洛杉矶的南加州建筑学院学习。那时你已经有你自己的事务所，并且已教书多年，你为什么重返学校？
——因为我喜欢学习，我想得到一个硕士学位。即使现在，我们在事务所和学校里仍继续做很多研究。例如，我们正在研究比较城市增长和人类大脑发育的关系。

你来自维也纳这个美丽和迷人的城市，你的建筑有试图反对这个认知吗？
——每个建筑师的背景是深受他或她的成长环境影响。对我来说，由于历史保护运动的强大力量，维也纳总是一个非常受限制的城市。当然，我们反对这一点并且反对这样的环境，这种环境不可避免地产生了很多平庸的建筑。我厌倦了看历史的面具。但现在我可以看到，我们奥地利的建筑师不自觉地深受维也纳传统的影响，即巴洛克。我们并不像荷兰或瑞士建筑师，他们以推动基于图解的建筑而闻名。我们更像波罗米尼，奥地利建筑是基于空间的序列。采用这个的奥地利建筑师有阿道夫·路斯（Adolf Loos），弗雷德里克·基斯勒（Frederick Kiesler），雷蒙德·亚伯拉罕（Raimund Abraham）和汉斯·霍莱因（Hans Hollein）。我们奥地利建筑师甚至可能都不知道，但潜意识里就是在做这些事。

你介意当人们将你的建筑物比作昆虫、翅膀、飓风或暴力行为吗？
——我喜欢。这不是有意的，但我们有意要做的是想要建立可识别和可读的建筑物。我喜欢人们给建筑起昵称。一个城市，为了能够体验，必须是可描述的，意味着它应该拥有可识别的和标志性的建筑物。

当人们参观你的建筑时，你想要他们感觉或注意到什么？
——不，那不是我的工作，那是控制。

你不想让他们惊讶吗？
——根本没有，我想让人们记住我的建筑物，这就够了。

你说，建筑应该像一级方程式赛车，能详细说一下吗？
——有三个主要目标：形式，功能，速度。我认为建筑行业很慢。如果汽车生产和建筑行业一样缓慢，我们很可能仍然在乘坐马车。这就是为什么在我的实践中我们使用技术作为一种发展的象征。

你想让你的建筑看起来像云。在你的著作中有一段来自《白鲸记》的段落："我希望风有一个身体。"把一个建筑物看作一片云和把一个城市看作一大片云的想法从哪里来的？
——它是关于可变的环境。我们说不是建筑环境应该改变人类行为，而是人类应该改变环境。这些自由主义思想来自20世纪60年代。每个人都可以有所作为、推倒围墙、越过边界……或者像吉米·亨德里克斯的歌曲"紫色烟雾"中的歌词"当我亲吻天空的时候，请原谅我"。尝试新事物是非常重要的。这是进化，否则我们都死了。我们不断需要新的想法来解决我们问题，向前发展。

除了吉米·亨德里克斯和滚石乐队之外，还有谁影响你？
——勒·柯布西耶，弗雷德里克·基斯勒，波洛米尼，皮拉内西，布朗库西……

1988年，你的作品在纽约现代艺术博物馆的"解构主义建筑"展览中展出。你把你的建筑看作解构主义吗？
——确实如此。德里达的解构主义思想与弗洛伊德有关，他是维也纳人，所以我觉得有人的联系。再者，有意识地与潜意识结合是非常重要的。从20世纪70年代中期开始，我们开始使用潜意识——在设计的时候破坏理性的思维方式，闭上眼睛画图或其他方式使空间从理性的、经济的结构和改良品中解放出来。陶醉是所有艺术的必要条件。在我们的项目中，我们研究形式、形状和图像，不只是建筑还基于其他的事物。无拘无束的想象力是非常重要的。忘记重力，忘记柱子。我们说："重力？不，谢谢！"我们的建筑没有物质的首层平面，而是一个精神的。墙不再存在，我们的空间是脉动的气球。我们的心跳变成空间,我们的脸就立面。

你显然是一个反叛者,你认为叛逆是真正艺术家的基本品质吗?
——当我 10 岁或 11 岁时,我的父亲带我去维也纳的艺术史博物馆,并向我展示了彼得·布鲁格尔(Pieter Bruegel)的著名绘画——巴别塔。我被这幅画震撼到了,但是塔楼没尖顶让我感到困惑。换句话说,它是未完成。我认为每个理想主义建筑师的使命就是有一个完成巴别塔的愿望。但如果你不是一个反叛者,你怎么能想要完成巴别塔?我仍然觉得我想改变建筑。

纽约:2009 年 2 月

沃尔夫·普瑞克斯(Wolf Prix)

屋顶改造,维也纳,奥地利,1988 年
照片 © 杰拉尔德·祖格曼

阿克伦艺术博物馆，俄亥俄州，美国，2007 年
照片 © 罗兰·哈儿贝

沃尔夫·普瑞克斯（Wolf Prix）

宝马世界，慕尼黑，德国，2007 年
照片©埃莱娜·比奈

沃尔夫·普瑞克斯

出生：1942 年，维也纳，奥地利

教育：维也纳技术大学；伦敦建筑联盟学院；洛杉矶南加州建筑学院

经历：1968 年在维也纳和海默特·斯维兹斯基（Helmut Swiezinsky）与迈克尔·霍尔泽（Michael Holzer）成立蓝天组建筑事务所；1988 年成立洛杉矶工作室

项目：当代艺术与城市规划展览馆，深圳，中国（2015）；汇流博物馆，里昂，法国（2014）；欧洲央行，法兰克福（2014）；洛杉矶中央地区第九高中视觉和表演艺术中心，洛杉矶，美国（2008）；宝马世界，慕尼黑（2007）；阿克伦艺术博物馆，俄亥俄州（2007）；UFA 电影中心，德累斯顿（1998）；屋顶改造，维也纳（1988）

书籍：《蓝天组事务所，世界顶级建筑工作室系列》（凤凰出版社，2012）；《蓝天组事务所》（塔森出版社，2010）；《蓝天组建筑事务所：超越蓝色》（帕莱斯特出版社，2008）；《蓝天组建筑全揭秘》（博克豪斯出版社，2001）；《蓝天组》（博克豪斯出版社，2000）；《蓝天组：6 个项目 4 个城市》（于尔根豪赛尔出版社，1990）；《蓝天组：建筑是现在》（里佐利出版社，1983）

教学：2003 年至今任教维也纳应用艺术大学建筑学院

奖项：MIPIM 建筑评论未来项目奖（可持续发展，2010）；英国皇家建筑师学会国际奖（2008）；世界建筑节奖（宝马世界，2008）；埃里希·谢林建筑奖（1992）；维也纳城市建筑奖（1988）

凯文·罗奇（Kevin Roche）
形式生成类似于音乐——你准备谱曲，突然旋律来了

你的名字发音不同，有些人发"sh"而有些人发"ch"，但你介绍你名字的时候已经说得很清楚了，所以 Roche 应该发"ch"音。

——是的，我是爱尔兰人。当诺曼人入侵爱尔兰，他们会用法语说 Roche（发"sh"音），当我在法国工作，我经常被那么叫，但我说 Roche（发"ch"音）。

你父亲是你的第一个客户，对吗？

——是的。战争之前，他开始成立一个有 500 个农民的农民合作社，他们将自己的牛奶制作成奶酪和黄油。在我十几岁的时候，他从事了很多建设项目的，他让我设计了几个。其中一个是奶酪仓库。我在爱尔兰南部长大，我们的小镇没有人听说过建筑师或知道建筑师做什么。他们可能知道工程师，而不是建筑师。对他们来说，设计建筑的想法听起来很奇怪……但是当我去寄宿学校时，我开始在图书馆看书，看到约翰·罗斯金的《建筑的七盏明灯》。我对建筑的兴趣便从那时候开始了。有一次，我决定在学习期间设计一个教堂，我就用十字架的形式画了一个教堂平面，我认为这是绝对精彩的。但是，当我把它拿给我的朋友看时，他说："你这个傻子，你难道不知道每一个教堂都是以十字架形式设计的吗？"

好大的发现!

——然后我得到了另一个项目。奶酪生产的一种副产品叫乳清,它通常会被扔掉,但我父亲决定用它喂猪。于是,他让我设计一个养几百头猪的猪舍,因为那时我是一个17岁的孩子,整个夏天都在无所事事。基于猪的流转和喂养方式我的设计非常实用。然后我监督施工。当时我们正在建一面水泥砌块墙,我不停地要求工人建得越高越好……直到它突然倒塌了……于是,我又学到了一个教训。

你现在的日程安排是什么样的?
——我每天从这儿去我们在康涅狄格州哈姆登的事务所工作。我们正在做大都会博物馆的项目,主要工作是服装艺术部的室内设计、美国之翼的绘画和伊斯兰展厅,以及一些较小的展厅。我们正进行纽约自然历史博物馆的底层入口和立面修复工作。我们刚开始做华盛顿特区一个新的 100 万平方英尺的办公楼项目。我们做的剩下几个项目一个是多用途的商业办公建筑叫拉斐特塔也在华盛顿,一个是马德里桑坦德银行总部园区,以及在爱尔兰都柏林的国家会议中心。

自 1961 年你和埃罗·沙里宁及合伙人建筑事务所从密歇根搬到哈姆登后,你的事务所已经占据了这个像城堡一样的宅邸,对吗?
——是的,之前我们的事务所位于底特律之外的克兰布鲁克艺术学院附近,埃罗是在那儿长大。你知道,埃罗的父亲埃利尔·沙里宁(Eliel Saarinen)是该学院的创始人,在那儿设计了很多建筑。埃罗决定搬办公室的原因是我们大部分的项目——杜勒斯机场，环球航空（TWA）航站楼和在纽约的哥伦比亚广播公司大楼都是在东海岸，在那些日子里，我们要花四小时飞到那儿。他的妻子爱琳·卢钦海姆，来自纽约，她想搬到东海岸。所以我们看了看华盛顿、纽约、波士顿，然后我们就找到这个地方刚好在纽黑文外面。埃罗喜欢它因为他毕业于耶鲁。我们计划在 9 月初搬到这儿，但是埃罗 9 月 1 日去世了，所以他从未在这工作过。

当时和现在你的事务所有多大规模？

——在以前没有电脑的时代，我们大约有 120 人。近年来，我们通常会在 60 人左右。现在因为经济放缓，我们有 40 人左右。

1945 年你从都柏林大学毕业后，你在都柏林工作，然后在伦敦和现代建筑师麦克斯韦·弗莱（Maxwell Fry）一起工作。1948 年你申请了哈佛、耶鲁和伊利诺伊理工学院的研究生课程，被这三所学校都录取了。那你为什么选择在伊利诺伊理工学院向密斯·凡·德·罗学习而不是选择哈佛的格罗皮乌斯，他还是麦克斯韦·弗莱的搭档？

——我真的很想跟密斯学习。战争期间，国与国之间的交流很少，所以我没有看见过任何密斯的建筑，但我读到他的建筑评论，我认为他是一个真的知道他在做什么的人。我并没有感觉到英国人知道他们在干什么。我记得麦克斯韦说：
"哦，做这个或那个不有趣吗？"

所以英国人是困惑的。

——建筑不只是有趣。建筑是一个非常严肃的事情,而密斯对建筑就很认真,于是我就很想见到他。我不确定他们为什么接受我,但他们确实这样做了。这是一个非常小的班级只有 12 名学生,几乎每个人都来自不同的国家,这非常有趣。密斯就悠闲地坐在他的椅子上点着长雪茄,说:"这是做这件事的方法,没有其他方法可以做到。"他很严肃,他的观点也非常明确,这是非常有启发性的。在某种程度上,它是根植于古典主义。我理解它是因为我受过古典建筑的训练,他的建筑以自己的方式呈现古典。

怎么会这样?
——他的作品与人无关,古典建筑也与人无关,它是一种对其他事物的颂扬,不是对人的颂扬。它是纯粹的几何形状,就像包豪斯。它不是要创造一种社区感,也不是为了让个人的生活更丰富。

我读到过,你在密斯的课堂上用坡屋顶做设计,他对此感到很不快。
——嗯,我有点反抗。

你在玩火。
——好吧,我坚持下来了。他看着我,用带着浓重的德国口音说:"你可以做,但我不会那样做,你知道的。"

他没有解释事情的习惯。
——是的,但是他很棒。我仍然非常敬慕他。他给建筑带来了清晰的方向，改变了感知建筑的方式。他的建筑是从结构、机械视角产生的正确回应。我和他待了大约六个月，这对我来说足够了。

你主要从密斯那儿学到了什么？
——他所做的是一个好的开始，但这不是故事的结局。我们还活着，建筑师有一个巨大的责任，就是去帮助人们和睦相处。

在跟密斯学习后你就再也没有回到学校是吗？
——没有，我直接去工作了。我去了纽约，因为我想在联合国大厦中的哈里森与阿布拉莫维茨事务所工作。刚开始，我只是负责帮助归档图纸，然后他们让我画图。

然后你在密歇根沙里宁的事务所工作了十几年，1954年成为他的首席设计助理，协助他管理所有的项目，从那时起直到1961年他去世。他是对你最有影响的导师吗？
——当然，他确实是。20世纪50年代是一个非常激动人心的时代。因为汽车工业，底特律当时比纽约或芝加哥在建筑上更加活跃。我们当时正在设计通用汽车技术中心的项目，这是国内最大的项目。它是基于密斯的哲学，一切都与精度有关。麻省理工学院礼堂项目也非常令人兴奋。我真的从埃罗学到了做事要非常有条理，不断提出问题和进行大量的研究。当你做了一遍又一遍之后，想法就产生了，但它是基于大量研究的。

你意思是在任何研究之前，他不会产生什么想法？仅仅是意想不到的？

——很少。

那纽约环球航空公司航空站呢？一个纯粹美丽的形式……它似乎像是想法先产生出来的。

——对，这是为数不多的例子。而且，当然，耶鲁的溜冰场是很相似的。虽然在想法出现之前，我们进行了很多研究。他做得很有条理。他很自律，审视各个方面。形式生成类似于音乐，你准备谱曲，突然旋律来了。这儿是一样的，你设计一个形式，在你有一个愿景之前什么也没有，突然一切都落入一个特定构成中。

他是怎样的一个人？

——他很有魅力，很专注，总是很忙，向前推进。我也认为他的性格与芬兰人的特点有明显的关系。他非常关心人。你并不是为自己设计，建筑师应该真正看到他作为社会工具的作用。建筑不是抽象的。

1966年完成沙里宁的项目后，你和约翰·丁克鲁（John Dinkeloo）把公司名字从"沙里宁及合伙人建筑事务所"改成了"凯文·罗奇、约翰·丁克鲁及合伙人建筑事务所"，你能谈谈公司的重组吗？

——当时，我们已经完成了所有由埃罗开始的项目，开始进行如奥克兰艺术博物馆和福特基金会的新项目。我们认为，为了继续下去，我们必须得到新的项目，否则公司会死，我们将无法完成已开始的工作。它已经是一个不同的公司了。

在他最后一个项目——密苏里圣路易斯的杰斐逊国家扩展纪念馆完成的时候，我们改了名字。约翰·丁克鲁负责施工，我是首席设计师。

让我们来谈谈正在耶鲁大学进行的展览，这个展览之前还有沙里宁去年的另一场展览。它主要是基于建筑师的档案，是你2002年捐赠给耶鲁大学的，对不对？
——是的。这确实是耶鲁大学的建筑学院院长罗伯特·斯特恩想出了这个主意。他要我卖埃罗的档案，但我对赚这个钱不感兴趣。这包括很多图纸、照片、信件和模型。埃罗的档案送去耶鲁大学是合乎逻辑的，因为他毕业于耶鲁大学。我必须这么说，很长一段时间，他几乎被遗忘，没有太多人对他的作品感兴趣。

去年的展览是他工作成果的第一次展出。
——对。我一直不理解为什么在他去世后，大家对他作品的兴趣逐渐下降了。有很多批评的声音，并没有那么多人对他的档案感兴趣。

目前的展览主要是基于你自己的存档，你也捐给耶鲁大学了，对吧？
——是的，档案总有个问题就是堆积如山的纸张和模型……

在耶鲁建筑馆举行的"凯文·罗奇：建筑作为环境"的展览中，策展人爱娃－丽莎·贝尔格能说"以前的建筑师，像罗奇的导师埃罗·沙里宁，将建筑看作是独立于环境的美丽

凯文·罗奇（Kevin Roche）

事物的建造，而罗奇将他的建筑物作为一个更大环境的一部分。"策展人描述你为"将系统分析引入建筑的最具头脑和系统性的思想家之一，将系统分析引入建筑而且也是最先采用新环境范式的建筑师之一，例如将交通作为一个建筑问题，将景观引入建筑。"你能详细解释一下建筑作为环境的想法吗？
——那都是她的想法！

这些都不是你的话？你和策展人做了一些访谈，对吗？
——当然，我们的确谈了很多，我对她写的那本书很满意。但我并没有把我做建筑的方式做理性研究。我真的在想解决问题……我在思考事物与事物之间如何联系。你如何用这样一种方式去做项目，能够激发每一个人并丰富人们的生活？你怎么做才能说服别人采纳它？只有当你用这些基本术语解释你的设计，解释人们将如何使用它并从中受益时，社会才会理解它并支持你。

但是你认为建筑物是大环境的延伸，与沙里宁建造美丽物体的观点相反？
——嗯，都有。你不能回避将建筑物看作美丽的物体，因为它们就是那样。但应该不只是那样。社区层方面非常重要。还有抽象的……那些必须要建造的事物以及你怎么设想那是什么？建筑仍然是一门艺术，也是一项社会服务。

你设计的纽黑文的哥伦布骑士会总部大楼经常被描述为正是因为设计所以从高速公路上可以看到它。当人们开车进入城市时总是可以首先看见这个建筑，设计时真的有考虑到高速公路吗？

——它就在高速公路边。这不是一个典型的办公建筑，它是一个慈善组织总部，所以它必须有一个独特的身份。我当时受到工业烟囱的景象和形式力量的影响。将楼梯和厕所移到塔的四角是有理由的，为了减少中心核心筒并在一个小的场地上扩大每层的办公空间。皮埃尔·路易吉·奈尔维几年前就在托瑞德拉证交所项目中使用实心圆角。当然，中世纪城堡出于防御的原因也有强化的圆形塔楼。

乌尔比诺的公爵宫和伦敦塔也是著名的例子。你还可以在爱尔兰看到很多这样的中世纪城堡。你是想过爱尔兰骑士城堡吗？
——我完全没想到。在中西部也有很多的筒仓，这就是为什么我们使用筒仓砖，而不是饰面砖。

在一次你的访谈中，你说20世纪60年代，你对公路建设和金门大桥很着迷。迭戈·里维拉将美国工程师比作伟大的艺术家，他认为工程师建设的公路和桥梁是美国最美丽的东西。那是那个年代的，今天你从哪里获得灵感？
——环境和周围事物总是会被用作我们作品的灵感来源。但今天的建筑是非常不同的。我不是要批评它，但是现在建筑中有太多的任性，完全与包豪斯意义上的功能无关，也经常与经济无关，与结构无关，甚至与使用建筑的人也无关。但它与看建筑的人有很大关系。有两种人……那些将使用建筑的和那些从外面看它的人。目前建筑师把重点放在那些从外面看建筑物的人身上。

的确是这样。你设计了很多企业总部，你是有一个特定的理论或方法设计这种建筑类型吗？

——我们设计了 40 个公司总部。当我们 50 多年前搬到这里时，我们没有意识到这么多的美国公司都是建在这个地区。至于设计方法，首先你需要向你的客户传达你关注公司内部，关注如何让员工感到愉快从而提高效率。在办公室工作的人整天盯着屏幕，那真的很无聊，那无法生存。我的工作是让他们意识到其他事情。生活是关于看与体验事物。生活最丰富的部分是能够与另一个活生生的人沟通。我总是羡慕在一个小镇上生活，特别是在欧洲。让我热衷于生活在那里，是因为每个人都在彼此的生活里，但人们喜欢这种社区感。你们聚在一起，那有教堂、酒吧、舞蹈俱乐部、音乐厅等社区的东西。当我们设计公司大厦时，我们试图提供类似的各种可能性，一个有室内和室外座位的餐厅，那不只是一个餐厅，而是不同类型的餐厅。我们经常把购物和娱乐结合起来，例如小剧场或博物馆。

所以形式来得比较晚。

——是，你得首先考虑使用，接下来才是形式。如果你想做的就是发明一个新的形式，那么其用途是什么？如果那是建筑师最想做的事，那么为什么不做雕塑？我在这里用想象力为社区提供服务。

你设计的建筑类型非常广泛，从非常大胆的个人宣言如哥伦布骑士会总部大楼，到非常传统的风格化建筑，几乎无法与原始或周围的建筑区分开，如纽约的犹太人博物馆或大都会艺术博物馆。你如何结合这些不同的方向？

——你只要简单问自己一个问题："建筑的目的是什么？"一些建筑师认为建筑应该反映其时代，但我个人不同意。

我记得在20世纪90年代中期在纽约我还是一名学生，当时你在第五大道上的犹太博物馆扩建与原建筑的完全一样的新哥特式风格。让我告诉你，当我发现一个现代建筑师选择完成一个历史建筑时，我真的很失望！

——好吧，很多建筑师都失望了。我不认为那个地点适合现代建筑的做法。我相信弗兰克·盖里会做的完全不同。当我接受做这项工作时，那儿几年前就有了一个加建的建筑，非常不成功的。为了扩建，我们不得不拆除它。原来的建筑很优雅，为什么不赞扬它呢？它是由吉尔伯特建的，我仍然喜欢我们在那里做的。

你能告诉我，你们的哪一栋建筑最让你满意吗？

——我不知道，我从不回头看在过去我们做了什么，我喜欢向前看。

哈姆登，康涅狄格州：2011年4月

凯文·罗奇（Kevin Roche） 437

康明斯引擎公司，哥伦布市，印第安纳州，美国，1973年
照片 © 凯文·罗奇、约翰·丁克鲁及合伙人建筑事务所

奥克兰博物馆，奥克兰，加利福尼亚州，美国，1968 年
照片 © 凯文·罗奇、约翰·丁克鲁及合伙人建筑事务所

凯文·罗奇（Kevin Roche）

哥伦布骑士会总部大楼，纽黑文，康涅狄格州，美国，1969年
照片 © 凯文·罗奇、约翰·丁克鲁及合伙人建筑事务所

福特基金会,曼哈顿,美国,1968 年
照片 © 凯文·罗奇、约翰·丁克鲁及合伙人建筑事务所

凯文·罗奇

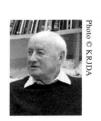

出生：1922年出生，都柏林，爱尔兰；2019年3月去世，吉尔福德，康涅狄格州，美国

教育：都柏林大学（1945），伊利诺伊理工学院（1948）

实践：1966年成立凯文·罗奇、约翰·丁克鲁及合伙人建筑事务所（KRJDA）

项目：大都会艺术博物馆美国之翼展馆改造（2012）；会议中心，都柏林，爱尔兰（2010）；拉斐特塔，华盛顿特区（2009）；摩根大通总部，曼哈顿（1992）；中央公园动物园，曼哈顿（1988）；哥伦布骑士会总部大楼，纽黑文，康涅狄格州（1969）；福特基金会，曼哈顿（1968）；奥克兰博物馆，奥克兰，加利福尼亚州（1966）

书籍：《凯文·罗奇》（图形艺术出版社，2013）；《凯文·罗奇：建筑作为环境》（耶鲁大学出版社，2011）；《办公时代特别版01：凯文·罗奇：七个总部》（ITOKI，1990）；《凯文·罗奇》（里佐利出版社，1986）

奖项：普利兹克奖（1982）；美国建筑师学会金奖（1993）；美国艺术与文学学院金质奖章（1990）；法国建筑学院金质奖章（1977）

罗伯特·斯特恩（Robert Stern）
我们不要玩弄历史，我们要创造历史

我想知道在你的成长过程中你是否知道建筑文化，是什么引起了你对建筑的关注？

——和大多数美国孩子一样，成长过程中没有意识到建筑文化。如果你是一个建筑师的儿子或女儿，那就不一样了，但无论如何你通常都会反抗它。我出生在 1939 年，我的性格形成时期在 20 世纪 50 年代初期。我记得除了喜欢画画和玩积木，我很喜欢看《纽约时报》周日地产版，我现在仍然在看。那时候，焦点经常是郊区住宅开发项目，有很多房屋和平面的图片。所以我记得经常看平面图。有一次我参加了一个竞赛，获得了二等奖，当时没有任何形式的专业培训，而其他的孩子在高中时参加了制图班。此外，第二次世界大战后，我在纽约长大，我的家人、媒体总是在谈论未来城市的样子。联合国的成立和它建设在纽约点燃了激动人心的气氛。当然，建筑本身也是非常令人兴奋的，利华大厦很快就开业了。

除了繁忙的工作，你还要在耶鲁大学讲课和教学，你为什么要花这么多时间在教学和写作上？

——我喜欢。20 世纪上半叶，我教一门关于建筑师的课程，但我不教设计课程。我不想和那些我不太赞同的教师们去竞争。我认为以某种方式回归职业是非常重要的。不幸的是，许多建筑师都远离学术界，以至于他们不了解学校是如何偏离现实生活的。然后这些建筑师抱怨没有能够雇用耶鲁大学或哥伦比亚大学毕业生，因为这些毕业生所知道的与实践中所需要的有很大的不同。

你认为这需要很长的时间来适应吗？
——让我告诉你——有些人永远都不能从他们的教育转换过来。许多年轻建筑师完全退出了建筑，因为他们不适应。

看人们在毕业后经历的各种变化总是很有趣。例如，你去了耶鲁大学，师从保罗·鲁道夫（Paul Rudolph），一个虔诚的现代主义者，然后为理查德·迈耶工作，另一个非常顽固的现代主义者……换句话说，你在学校所学的和你现在做的大部分工作都是不同的，对吗？
——好吧，这不是一夜之间发生的……在耶鲁受到鲁道夫、菲利普·约翰逊、历史学家文森特·斯卡利的影响，同样也受到罗伯特·文丘里的著作和早期项目的影响，在他的书《建筑的复杂性和矛盾性》出版之前，我与他还讨论过，我们作为学生探索现代主义真的很杂乱。一个很好的例子是鲁道夫的耶鲁艺术与建筑学院大楼，借鉴参考了弗兰克·劳埃德·赖特的拉金大厦和柯布西耶的圣玛丽德拉图雷特修道院。

某种程度上，鲁道夫是一个浪漫的现代主义者，他认识到现代建筑必须参考所有历史的过去，而不仅仅是早期现代运动的作品。他是在寻找一种方式超越现代主义的功能主义和结构决定主义的限制，因为现代主义已经被瓦尔特·格罗皮乌斯整合和简化成一种公式。鲁道夫要求学生不能只是参照勒·柯布西耶和密斯来衡量自己的作品，也要参照整个历史。

你什么时候开始对历史建筑感兴趣，是被鲁道夫激励，开始使你远离你从老师那学到现代主义信念？

——大概毕业一年后，1966年为迈耶工作后不久。迈耶的建筑是根植于早期现代主义的作品，特别是勒·柯布西耶。那时，我已经为客户设计了我的第一个房子，叫作威斯曼住宅，这成了罗伯特·文丘里的文那·文丘里住宅的另一版本。之后，我的兴趣就聚焦在具有一定的历史借鉴的现代主义建筑上。换句话说，是后现代主义，但不是古典。在同一时间，查尔斯·格瓦德梅（Charles Gwathmey）设计了他母亲的住宅，是在长岛的一个重要的现代主义作品，但是我不想往那个方向走。1973年左右我开始对古典建筑感兴趣。从那时起，我开始以相当直观的方式探索木瓦风格、乔治亚风格和古典风格。因此，我的作品有一个演化过程，那个时候就到了我说"我们不要玩弄历史，我们要创造历史。"

有趣的是，你不仅遵循某个特定演变过程，而且及时地来回往复，探索各种风格。那是为什么？你还在寻找你在建筑上的个人表达吗？

——自20世纪60年代起，现代主义与传统主义之间的对抗经历了很长时间，最后我们终于都解脱了。例如，我在费城的康卡斯特中心大厦作为一个典型的现代建筑是非常适合用玻璃，因为相比实体的立面，玻璃提供了更多的可能性。几十年前玻璃有许多的限制，但现在它提供了这么多的优势，这值得我们重新考虑过去的某些想法。但我们的实践核心仍然深深地根植于传统方法中。

罗伯特·斯特恩（Robert Stern）

我最近在芝加哥采访了斯坦利·泰格曼（Stanley Tigerman），他说你是耶鲁大学唯一一个称呼鲁道夫为保罗的学生。你对鲁道夫的印象是什么样的？你从他那儿主要学到了什么？

——我知道他总是这么说。我记得称呼鲁道夫为保罗，但我不记得其他同学都不这么叫。斯坦利实际上写了很多关于鲁道夫的事情，像写诺曼·福斯特和理查德·迈耶一样。鲁道夫要求很高。他会坐在你的桌旁，如果你没有任何东西可以展示给他，他就会说："我要走了。"但是如果你有一些有趣的图和想法，他就会开始建议你说："好吧，弗兰克·劳埃德·赖特可能会这样做"或者"勒·柯布西耶可能这样做"，再或者他会谈论一个意大利小镇的广场，等等。

但在评图上他绝对不会妥协。评图会请很多客座教授，他会故意邀请来自加利福尼亚、欧洲、当然还有纽约的那些有不同观点的人来参加，例如有塞吉·希玛耶夫，克雷格·埃尔伍德，詹姆斯·斯特林，弗雷·奥托。鲁道夫是非常直率无情的。当他走进房间时，每个人都会坐直，尽量注意他的每个动作和每一句话。他在评图的时候会看一眼图，然后说："X先生——这是一张我见过的最丑陋的图纸。"这之后会有一个长时间的沉默。然后有评委会说："我们继续下一个吧"，那个特殊的学生随后离开了耶鲁。

这经常发生吗？

——我知道很多人都不能毕业，这比现在要艰难得多。今天有更多思想流派。建筑师可以思考等等，但建筑物是建筑物，它们有自己的问题。就像音乐——有自己的语言，建筑有自己的语言。

耶鲁大学的校园建筑在帮助你转向传统风格的建筑上发挥了作用,对吗?

——当然,校园的建筑大多建在 19 世纪 20 年代和 40 年代之间,多是哥特式和格鲁吉亚风格,校园里有美丽和谐的庭院和街道,是一个重要的灵感来源。我们的学生都对此有深刻的印象,尤其是当我们带领访问教授参观校园时,教授们谈到了这一点……

你是在为那些历史建筑感到自豪。

——是的,鲁道夫会推荐学生看它们。他会说:"你不必喜欢这些建筑物,你也可以忽略建筑的风格"——当然,我并没有——"但是你必须看到空间、庭院、街道和人行道以及草坪等和谐的组合"。我明确记得鲁道夫对学生这样说,"今晚你回家的时候,走过学校校园,看看建筑是怎么做的。"顺便说一下,我正打算写一本关于耶鲁大学建筑学院建筑史的书,那也是简·雅各布斯写《美国大城市的死与生》的时代,她那本书抨击了那个时代的城市规划,特别是抨击了勒·柯布西耶的方法。这所有的一切都让我产生疑问,但我早期的工作仍然是非常现代主义的。我仍然可以做一个现代主义的建筑。

在 2008 年以《菲利普·约翰逊语录》为名出版的你针对菲利普·约翰逊的一系列访谈中,你将"玻璃屋"(Glass House,又名 Johnson House,菲利普·约翰逊设计的自宅)描述为"真正的建筑社交中心"或者 20 世纪 50 年代和 60 年代的文化沙龙。约翰逊说他用这座房子来"发现年轻人并推广他们。"那个时代是什么样的?在今天这个行业中真的有"建筑沙龙"这样的东西吗？

——我不认为现在对于建筑师还有这个意义上的一个沙龙。建筑师们会在不同的场所和座谈会上相遇，像威尼斯双年展。但最后真正的沙龙是彼得·埃森曼在纽约建立的建筑和城市研究所，那是一个替代教育，进行建筑讨论的地方。但它与20世纪五六十年代约翰逊欢迎学生的"玻璃屋"有很大不同。

约翰逊那个时候在耶鲁大学教学和讲课，他也在通过形式试验脱离纯粹的国际建筑风格。我记得我在20世纪60年代初，坐在约翰逊旁边，听他讲述京都规划和刚刚经历的日本之旅，这在当时是很少见的。或者在其他场合，他会打电话给我说，"来吧，谁谁要来。"而且总会有一些年轻人和知名人士交流想法。他喜欢培养新的想法，被年轻建筑师挑战的状态。我在那里见到了艺术家安迪·沃霍尔（Andy Warhol）和弗兰克·斯特拉（Frank Stella），历史学家文森特·斯卡利（Vincent Scully）和亨利·拉塞尔·希区柯克（Henry—Russell Hitchcock,），建筑师查尔斯·摩尔（Charles Moore），罗谟尔多·吉尔格拉（RomaldoGiurgola），罗伯特·文丘里和许多其他建筑师、收藏家和潜在客户。菲利普喜欢成为一个有影响力的经纪人，他有时在他的画廊里为年轻艺术家和建筑师组织展览。我喜欢他房子自传式的品质，我经常去看附近约翰逊的其他房子。

在你1969年出版的《美国建筑的新方向》一书中，你选择了路易·康、凯文·罗奇、鲁道夫、约翰逊、文丘里、吉尔戈拉和摩尔这样的建筑师。如果你现在写这本书，你会关注哪些建筑师？

——这个想法是用来发现新的建筑理念和才能，以及描绘来自中生代和更成熟的建筑师的声音。但请记住，这是一个年轻人的书，当时我自己没有什么工作，并有时间花费精力进行大量的研究。现在进行类似的研究是不可想象的，但你可以看到我邀请来耶鲁教学的人。这些都是我的选择——作为院长我自己选择教师。

我不必问任何人。所以选择是非常多样化的——从扎哈·哈迪德到雷昂·克立尔（Leon Krier）那样的。看到这些人教学的对比是令人吃惊的，但我认为一个人应该包容别人所做的事情。在这两个特定的例子中，他们都没有显示出很大的包容性，但他们对自己想做的事情都有精彩的争论，令人惊喜的是有时可以看到火花如何飞溅。

你是说耶鲁大学的学生可以选择做任何种类的建筑——一个学期的现代主义和下一个学期的传统建筑？

——当然，你会被鼓励去做你想做的。耶鲁大学的传统一直是鼓励有各种观点。我们不是一个专门的学院，而是一个伟大的研究型大学。我们的想法不是去培养学生采用单一的方法去做建筑，而是教他们如何像建筑师一样思考。耶鲁大学是第一所从20世纪20年代开始有外请评图专家传统的大学，涉及非常多元化的从业者和理论家。

你如何定义现代主义？你认为这是一种风格还是它真的是一个持续到今天的范式？

——现代性和现代主义之间是有区别的。我们都想成为现代的，帕拉第奥想成为现代的，我想成为现代的。但问题是——

罗伯特·斯特恩（Robert Stern）

我如何表达现代性？对很多人来说，现代主义是一种教条。我们都是现代的或可能是后现代的，因为我们都认识到在我们的世界中存在着相互矛盾的价值观。但是，就风格而言，有些人正在复兴各种形式的现代主义，因此现代主义已经变成了一种风格。

你将你的工作描述为"现代的传统主义者"，并认为后现代主义是"一种哲学实用主义或多元主义，建立在来自'正统现代主义'以及其他定义的历史趋势信息之上。"你如何看待后现代主义，以后现代主义的视角你的建筑和后现代主义有关系吗？

——在后现代主义的时代里，我和其他人一样，对历史形式做了一些粗劣的、卡通化的解释。我认为后现代主义是建筑中的青少年时刻。这就像不适宜的青少年去参加聚会——他们都穿着漂亮的衣服去跳舞，表现得很傻。但是，不同的建筑师做了不同的事情，并采取不同的方式。

有些人在那段时间里陷入困境，其他人认识到，大家生活在一个后现代世界。我越来越认真地涉及建筑学的学术方法。我努力观察我过去所佩服的人的作品。当然，方法有所不同，取决于项目，它在哪里，我的心情，我早餐吃的什么，我的办公桌上有什么新书……我已经做了很长时间的建筑。我不知道一些建筑师如何能45年都在做基本上相同的建筑……你可以明白我指的是哪个建筑师……他的办公室就在这条街上。

我知道。你提到过你耶鲁大学毕业之后为理查德·迈耶工作……反讽和悖论在后现代主义建筑中发挥了重要作用。你有没有探索过这些主题?

——不,我不认为建筑师的工作应该涉及讽刺。当然,这种方法在文丘里的作品中有涉及。我直截了当地看,我接受事物本身的状态,在我的作品中没有讽刺。

针对《五位建筑师的作品——彼得·埃森曼、理查德·迈耶、约翰·海杜克、迈克尔·格雷夫斯和查尔斯·格瓦德梅》的出版,他们被称为"白色派",你组织了反对的组织"灰色派",包括查尔斯·摩尔(Charles Moore)、艾伦·格林伯格(Allan Greenberg)、罗谟尔多·吉尔格拉(Romaldo Giurgola)和杰奎琳·罗伯逊(Jaquelin Robertson)。你能谈谈"灰色派"与"白色派"吗,你倡议的主要意图是什么?
——你知道我根本没有发起这场争论吗?

难道你没有在1973年的《建筑论坛》上发表了你的文章,从而开始了这场争论?
——那么,我不得不说彼得·埃森曼是自我营销的大师。他意识到,乔治·维顿伯恩1972年出版的《五个建筑师》会像每天出现的许多书一样消失,所以他来找我,问我是否愿意和其他有反对观点的建筑师写一个评论。

所以,是埃森曼推动你提出"白色派"的替代词?
——要说起来的话,我是一个心甘情愿的受害者。但后来我接受了,并拟了一个会进行评论的五名建筑师名单包括我自己。顺便说一句,彼得的战友们对此并不兴奋。但我们非常认真地写了我们的评论,评论水平是从其他评论家或建筑师那里很少看到的。对"白色派"的一个主要批评是,现代主义作为一个社会工程是完全失败的,运动的领导人痴迷于生产资产阶级别墅,如勒·柯布西耶的萨沃伊别墅。事实上,我自己的文章叫作"萨伏伊别墅的狂欢",意思是"白色派"通过专注于重新解释资产阶级别墅而使现代主义运动变得无足轻重。因此,这是非常有趣,甚至是有贡献性的,例如促使格雷夫斯改换阵营,成为一个成功的后现代主义建筑师。

在你看来,在建筑文化方面现在美国和国际上的立场是什么?——在过去的 10~15 年,建筑文化绝对是国际化的。特别是计算机技术和数字制造使建筑师获得了很大的自由。帕特里克·舒马赫一直是推动参数化主义的主要力量,在我看来这种方式被高估了,但它现在是一个主导趋势。另一方面,对它有很多抵制,这在今年的普利兹克奖获奖者的选择中得到了证明。

第一位获得这个奖项的中国建筑师王澍代表了那些抵制新软件生成建筑的人,无论是像我那样喜欢在建筑中探索更多传统主题的人,还是像托德·威廉姆斯(Tod Williams)和钱以佳(Billie Tsien)不从建构语言的视角,而是根据传统材料的使用。他们的工作是非常平静和注重细节的,这是对如扎哈·哈迪德和弗兰克·盖里作品中的浮华的一种反抗。但是现在没有唯一的观点,这当然不同于我当学生的时候,那时候密斯和柯布西耶是主要的参考点。所以我们今天拥有的不再是单一文化,我很认同这一点。

纽约:2012 年 8 月,9 月

蒙特西托,圣巴巴拉,加利福尼亚州,美国,1999 年
照片 © 彼得·艾伦 / 埃斯托摄影公司

罗伯特·斯特恩（Robert Stern）

南卫理公会大学乔治·布什总统图书馆,达拉斯,得克萨斯州,美国,2013年
照片 © 彼得·艾伦 / 埃斯托摄影公司

罗伯特·斯特恩（Robert Stern）

中央公园西 15 号，曼哈顿，美国，2008 年
照片 ©彼得·艾伦/埃斯托摄影公司

罗伯特·斯特恩

出生：1939年，纽约

教育：哥伦比亚大学（历史学学士，1960），耶鲁大学（建筑学硕士，1965）

实践：1969年成立斯特恩与哈格曼事务所，1977年成立罗伯特·斯特恩建筑师事务所（RMSA）

项目：达拉斯南卫理公会大学乔治·布什总统图书馆，得克萨斯州（2013）；哈佛法学院（2012）；中央公园西15号，曼哈顿（2008）；迪士尼公司，小镇庆典规划，佛罗里达州（1997）；第42街重建，纽约（1992）

书籍：《天堂计划：花园郊区和现代城市》（莫纳塞利出版社，2013）；《罗伯特·斯特恩：在校园》（莫纳塞利出版社，2010）；《在后现代主义建筑的边缘》（耶鲁建筑出版社，2009）；《纽约1880》（莫纳塞利出版社，1999）；《纽约1900》（里佐利出版社，1992）；《纽约1930》（里佐利出版社，2009）；《纽约1960》（莫纳塞利出版社，1987）；《纽约2000》（莫纳塞利出版社，2006）；《罗伯特·斯特恩：住宅和花园》（莫纳塞利出版社，2005）；《罗伯特·斯特恩：住宅》（莫纳塞利出版社，1997）；《罗伯特·斯特恩的美国式住宅》（里佐利出版社，1991）

教学：1998—2016年任耶鲁大学建筑学院院长

奖项：德里豪斯奖（2011）；文森特·斯库利奖（2008）；美国国会新城市主义雅典娜奖（2007）

谢尔盖·卓班和谢尔盖·库兹涅佐夫
（Sergei Tchoban and Sergey Kuznetsov）

当今创造一种独特的风格是否还有意义？

20世纪苏联建筑遭遇了与世界建筑主流的永久错位。20世纪20年代和30年代早期，非同寻常的苏联前卫建筑领先于那个时代。随后社会现实主义陷入困境，斯大林逝世后，赫鲁晓夫接受了西方现代主义模式，苏联建筑很大程度上由此派生，只有很少例外。苏俄的建筑运动和发展总是短暂的，因为它们受到政治风向的影响，从一个极端彻底转向另一个极端，每一次都否定掉过去的成就且从头开始。你们是否认为俄罗斯可以与当今世界建筑中的相关主题取得一致，并在这个进程中找到自己的道路？

——谢尔盖·卓班：你说得对。俄罗斯建筑发展走了一条奇怪的曲折道路。讨论应该追求什么类型的建筑在这个国家仍然在继续。是应该遵循诸如历史主义，新古典主义，帕拉第奥模式等方向吗？还是我们应该探索源于包豪斯学派传统和苏联结构主义的现代主义建筑？身处20世纪建筑变革趋势的先驱之中，俄罗斯建筑师喜欢现代建筑，但不是没有保留。今天仍然有许多权威的俄罗斯评论家和建筑师坚持认为建筑应该遵循新古典主义的发展模式。对于许多人来说，现代建筑与现代思想的探索无关，而是与在现代语境中延续历史发展的折中设计方法有关。

我不得不承认过去俄罗斯也存在这种多元化的局面。例如，我们2013年在柏林发起并建造的建筑绘画博物馆，最近举办了一次展览,探讨结构主义占主导地位时期的俄罗斯文脉环境。有趣的是,在这段时间里那里有一个立足于浪漫新古典主义传统的强大学派,新古典主义以独特的俄罗斯方式被定义。而在现代主义范式内所做的一切,通常被看作是从流行的西方杂志中直接复制的。不幸的是,正是这两个相反方向之间的分歧阻碍了俄罗斯建筑在两个方向上都实现高水平的专业性。我们建筑师的努力常常被分散掉,更不用说,我们的客户的口味也是两极分化的。在一个项目中去尝试所有方向你是不可能获得积极的结果的。

——谢尔盖·库兹涅佐夫:作为莫斯科的首席建筑师,我认为我们需要发展我们已经投资的那种建筑。例如,形成莫斯科中心核心的花园环路、放射状的主要大街、七个斯大林式高层建筑——所有这些建筑都是在斯大林的时代建造的,我认为,在这些领域,我们需要延续类似的审美。远离城市这条第一轴线,在城市的其他地方有可能实现完全的风格自由。像莫斯科市国际商务中心这样的项目,可以是毫不妥协地保持现代风格。然而,整个城市将长期与斯大林式建筑联系在一起,我喜欢这样。

以当代日本建筑为例,如安藤忠雄或隈研吾等大师的作品是体现了日本传统精神,他们依赖基本几何形状的运用和木材元素的高超工艺来进行设计。我们希望通过学习这些经验来延续我们自己的传统。

——谢尔盖·卓班:我想提炼一个重要的思想。历史风格和特定时期的美学之间存在显著差异。例如,我们在莫斯科的格兰尼路建造了一座住宅楼,这是一个现代风格项目,没有一个细节重复任何历史风格,也没有从过去复兴任何东西。

我们意识到我们的立场是为了应对俄罗斯的严酷气候和自然采光被削弱的现实。在这种情况下，建筑物需要是复杂的、多面的，并且显示丰富的色彩，不该有光滑的表面。我们对直接模仿不感兴趣，我们反对任何历史风格。有可能通过探索最新的现代技术和材料来寻求重新诠释莫斯科的传统，特别是斯大林式建筑。

2006年你们在莫斯科成立"SPEECH"，这个公司和德国柏林的卓班沃斯公司有联系吗？

——谢尔盖·卓班：我的公司卓班沃斯，对我非常重要。柏林是我作为一个年轻建筑师开始职业生涯的地方，我在那里学到了很多，但它是一个完全独立的组织，它与"SPEECH"没有任何关系。"SPEECH"项目是专门为俄罗斯开发的，目的是继续探索回答今天我们最迫切的问题——当代的俄罗斯建筑是什么或可能是什么？我认为"SPEECH"已经积累了不少有趣的项目，并引发了在这个方向上的潜在趋势。事实上，我们收到越来越多的邀请代表俄罗斯去参加各种国际论坛，这证明我们正在朝着正确的方向前进。

你们都热衷于手绘，这个爱好是如何开始的，能谈谈柏林的建筑绘画博物馆吗？

——谢尔盖·库兹涅佐夫：手绘是我们的爱好，它首先使我们更加紧密。对我们来说，绘画是一种独立的艺术形式，与我们的项目无关。通过旅行，我们在世界各地的不同城市学习建筑，学习很多历史，讨论许多不同的主题，和出版或展览相关的许多新想法都是在这种非正式的旅行和聚会中首先

谢尔盖·卓班和谢尔盖·库兹涅佐夫（Sergei Tchoban and Sergey Kuznetsov）

构想出来的。

——谢尔盖·卓班：我们对绘画的兴趣促使我们去建一个建筑来收藏各种建筑图纸——从历史到当代，这是非常自然的事。卓班基金会成立于 2009 年，推广普及建筑绘图并激发了年轻建筑师在这种艺术形式上的兴趣。我的想法是建立一个博物馆，不仅展出自己的收藏，而且能与其他类似的博物馆交流展览，并且收藏重点是建筑绘画。

其他地方也有类似的博物馆吗？
——谢尔盖·卓班：很少，伦敦的约翰索恩博物馆成立于 19 世纪，是类似的博物馆。顺便说一下，该博物馆有史以来第一次在馆外展示收藏品就是在我们博物馆。他们借给我们 15 幅皮拉内西绘制的图纸，其他博物馆都不会如此广泛地收藏皮拉内西的画作。与此同时，我们的一些收藏也会在那里展出。现在我们正在组织的一个名为"新古典巨人"的展览，将展示更多来自索恩博物馆收藏的画作。

你们这个博物馆的建筑方案也是独一无二的。
——谢尔盖·卓班：是的，我们的建筑采用楼层堆叠的方式设计，每个楼层都有自己的平面格局和外立面；我们的想法综合混凝土的坚硬本性和图纸线条的柔性语言。外立面融合了我们藏品的一些绘画片段，特别是皮特罗·蒂·格塔尔多和安吉洛·托斯利两位 18 世纪末和 19 世纪初在俄罗斯工作的意大利艺术家的早期绘画。在某种程度上，这座建筑呈现着传统大师们的绘画。

比诺商务中心,圣彼得堡,俄罗斯,2008 年
照片©罗兰·哈儿贝

谢尔盖·卓班和谢尔盖·库兹涅佐夫（Sergei Tchoban and Sergey Kuznetsov）

建筑绘画博物馆,柏林,德国,2013 年
照片©罗兰·哈儿贝

你们经常以极具挑衅性的方式使用装饰，这是不寻常的。这是否使你们与其他公司形成区别？

——谢尔盖·卓班：我同意你的看法。早期，我们一直在寻找与众不同的东西，后来在装饰上我们看到了自己的方向。它源于了我们对俄罗斯建筑特质的思考。为什么呢？例如，在俄罗斯有那么多的色彩饱和建筑实例，为什么会有如此多鲜明对比的表面？为什么那些遵循俄罗斯古典传统的建筑比在欧洲更有表现力？正如我们所看到的，答案在于我们的恶劣气候。在俄罗斯，日光非常软和平淡，太阳少，经常降水等等。正是这些条件导致了对表面的特殊处理和使用各种技术（包括装饰）丰富表面。圣巴西尔大教堂那梦幻般的色彩和多样性的雕刻表面，在欧洲其他地方能用如此多样的材料建成吗？我认为我们的建筑遵循这个方向只不过是以现代的方式。

装饰物可以是纯粹的装饰技巧，也可以携带各种意义，强调特定功能、结构组织、新技术的运用等等。这样的潜台词可以使建筑更加有趣和互动。你们是对在建筑上附加这些意义层次感兴趣吗？

——谢尔盖·卓班：当然。但在 20 世纪，对待装饰的态度发生了根本变化，其在建筑中的应用几乎完全被消除了。然而，与有用的现代技术相关的装饰的地位应该重新被考虑。装饰物的主要目标是装饰性，而今天许多建筑师完全丧失了这方面的技能。也许正是现代建筑环境中缺乏装饰，使许多人远离现代建筑。当我们设计莫斯科市中心格兰尼路的住宅项目时，我们非常在意这个地方与过去的建筑的关系，一直追溯到 13 世纪。我们有兴趣从古代俄罗斯和拜占庭帝国时代整合装饰物。我们其他的莫斯科项目被许多斯大林式建筑包围,所以我们使用更多基于新古典主义和装饰艺术传统的装饰物。我们在圣彼得堡设计的另一栋建筑上的装饰物源于古典主义时期。因此,对于我们来说,装饰总是反映特定的视觉文脉。然而,我们从来没有用装饰物填满整个表面。例如,我们注意力集中在结构受力或者柱廊韵律上。尽管如此,我们对古典法式体系一点也不感兴趣,如今,它已经几乎完全从当代话语中删除了。

——谢尔盖·库兹涅佐夫:装饰的运用也使我们能够在不同的距离上协调各种尺度和建筑感知。当你接近一个特定的建筑时,它应该逐渐展现其复杂性和细节,而这些是从远处看不见的。这种渐进式认知创造了对建筑的额外兴趣并激发出有意义的参与。

你们创建了一个名为"SPEECH"的建筑杂志,跟你们的事务所的名字一样。它的目的是什么?它如何使你们作为建筑师从中受益?

——谢尔盖·卓班:这本杂志是为了将理论的支撑带入建筑辩论中而设立的,特别是在俄罗斯,建筑讨论往往被简化为回到帕拉第奥范式还是创造现代建筑,建筑讨论通常是基于发表在西方杂志上的那些内容的衍生品。我们的杂志探讨了我们认为是俄罗斯建筑师感兴趣的主题:装饰、新生(重新考虑历史建筑的使用)、广场(公共空间)、色彩、细节等等。我们还呈现俄罗斯建筑的各种传统,我们尝试通过介绍实验性项目来促进对传统的复兴和拓展,这些实验项目许多都是国外项目。

——谢尔盖·库兹涅佐夫：杂志是"SPEECH"这个完整项目的一个有机的组成部分，它包含了许多类型的创造性事业。"SPEECH"是一种精神，我们以多种不同的形式表现出来。

现代建筑包容很多以个体方式进行的运动和宣言。例如，彼得·埃森曼操作历史的、文化的层次和轨迹，在他的建筑中，空间游戏比预期的功能更重要。扎哈·哈迪德在不断追求最灵活和最完整的空间过程中重新定义了其独特的流动语言。阿尔瓦罗·西扎一直在寻找建筑中的平衡和细微的视觉诗意。伦佐·皮亚诺是一个真正的艺术家，他调整他的建筑项目就好像他们是乐器。你觉得你们更接近什么类型的建筑？

——谢尔盖·库兹涅佐夫：我们必须要考虑客户的需求。我们的许多项目都是政府项目，而且我们自我表达的程度受到俄罗斯市场的特定现实的限制。恰巧这几乎没有一个明星建筑师，包括你刚才提到的，能够在俄罗斯实现他或她的愿景。当然，世界级品质的建筑值得赞赏，很明显，我们渴望在俄罗斯创造独特且极具艺术性的项目。但更重要的是，我们的建筑是面向功能性和适宜性。对我来说，重要的是按预算进行项目，适应场地和文脉，选择美的材料，和谐的比例等等。尽管每个项目都应该努力争取情怀，但我并没有尝试创造人们没见过的东西。一种可识别的风格是随着时间发展出的东西，它是在工作中实现的，而不是冥想。诚实的建筑师能够满足社会的需求，而不是努力给社会留下深刻印象，或者强加一些满足自我的东西。

——谢尔盖·卓班：我认为实现某种风格差异的目标已经不

再有意义。这个目标来自 20 世纪 80 年代，今天谁还在想象独特的东西？那些经验丰富持续吸引人们兴趣的建筑师像赫尔佐格 & 德梅隆、皮亚诺、奇普菲尔德、妹岛……他们每个项目都是作品，可以清晰地看到一条脉络从一个项目延续到下一个项目。因此，我认为主要目标是找到个人的解决方法来面对具体的目的和获得高水平的品质。而从更年轻建筑师们的项目中，我看不到他们在别出心裁、独特建筑上特别的努力，通常只是看到简洁的形式和别出心裁认真思考的细部。我认为实现一个非常高品质的建造比表现一个特定的独特表达更有价值。创造一种独特的风格对现今来说还有意义吗？我不这么认为。

你刚才提到你喜欢的大师们的作品中从一个项目到下一个项目有某种连续性。你如何看待自己作品的连续性？

——谢尔盖·卓班：不确定，我没有看到一个系列呈线性向前发展。相反，却是特定的突变。其中的每个时刻我都会给它们命名，莫斯科列宁大街的办公建筑和迪纳摩体育场建筑，2012 年威尼斯建筑双年展俄罗斯馆的展览"i-city/i-land"，柏林建筑绘画博物馆，和明斯克的多功能复合体。形成这些突变不仅取决于项目的品质，而且还取决于它们建成的完成度，因为我们建筑师并不总是能控制结果。客户决定更换某种特定材料可能会大大降低作品的品质。

你们曾经说过，你们欣赏维也纳建筑师奥托·瓦格纳（Otto Wagner）和圣彼得堡建筑师贾科莫·夸伦吉（Giacomo Quarenghi）的建筑。换句话说，你们更喜欢过去的建筑，能

谢尔盖·卓班和谢尔盖·库兹涅佐夫（Sergei Tchoban and Sergey Kuznetsov）

分享一下你们对旧与新的偏好吗？

——谢尔盖·卓班：这不是很准确。我经常被误解为历史主义的追随者，但我是一个现代建筑师！夸伦吉对圣彼得堡做了瓦格纳为维也纳做的事情。每个城市都有建筑师，为那里形成的某种形象和文化做出了巨大贡献。不过，就个人而言，我更喜欢那些具有更复杂和有争议的角色的城市——伦敦、阿姆斯特丹、巴塞罗那，在那里不用担心探索全新的建筑，这些是当代最有趣的地方。我喜欢现代建筑，它们没有隐藏在历史立面之后。现代建筑有自己吸引人的美学。

——谢尔盖·库兹涅佐夫：在我成为这个城市的首席设计师之前，莫斯科许多国际建筑设计竞赛已经开始启动。结果非常令人兴奋的，它们是真正的现代表达，我希望很快就能实现。此外，我们反对当今俄罗斯的一种典型态度，即"现代建筑应该是不显眼的，所有的纪念碑都已经被创造出来了。"我们不同意。

——谢尔盖·卓班：每个时代都有自己的纪念碑。我经常为现代创作主导其周围的环境而鼓掌，正如让·努维尔在巴塞罗那的巴塞罗那阿格巴塔项目。

让我分别问你们每个人一个单独问题。首先，谢尔盖·库兹涅佐夫，从2012年起，你如何将"SPEECH"的合伙人与2012年开始担任的莫斯科首席建筑师角色结合起来？我还想坦率地问一下，你的工作在影响莫斯科的建筑品质方面所具有的实际力度有多大？

——谢尔盖·库兹涅佐夫：我不被允许同时兼任城市的首席建筑师和私人企业的管理合伙人。尽管如此，没有人阻止我创造性地参与公司工作。另一方面，我现在没有时间结合这两个角色。我作为莫斯科首席建筑师的工作仅限于五年合同，我们将看到接下来会发生什么。无论如何，我不打算无限期地留在这个位置。在未来，我还是会回归"SPEECH"的合伙人角色。

就我的权力而言，与过去相比，今天的城市首席建筑师职位的行政影响力有所降低。目前，由市政府和市长制定战略性城市规划决策，我也参与其中。就建筑环境的质量而言，我的角色是非常重要的。从我任命之后开始，主要的贡献是开展了许多国际建筑竞赛，来实现重点项目——这是吸引最好的建筑人才和提升城市建筑质量的必要条件。同时，我们正在本地寻找新人，在展览和出版物的帮助下，我们旨在更好地告知人们当前最吸引人的行业发展。

最后一个问题，谢尔盖·卓班。你的活动远远超出了设计建筑的典型范围。除了领导两个国际事务所，你自己的基金、教学、演讲、收集珍贵的建筑绘图、组织和策划展览等等。我发现这与一个百年前有一个雄心勃勃梦想的另一个谢尔盖的事业有点相似，即在世界各地普及俄罗斯文化。我说的是芭蕾舞经纪人谢尔盖·迪亚吉列夫（Sergei Diaghilev）。你也有一个宏伟的愿景吗？

——谢尔盖·卓班：嗯，迪亚吉列夫有一个优势就是他所推广输出的俄罗斯文化，特别是芭蕾舞处于最前沿的，他通过许多实验项目和合作使芭蕾舞更加丰富。我们的目标有点相反，我们正试图提高俄罗斯建筑水平，其仍然有相当大的滞后。就我们的愿景而言，首先，我们试图向每个人，特别是俄罗斯人展示建筑是有意义的。例如，目前我们正在莫斯科的特列季亚科夫画廊举办一个大型展览"只有意大利！"。它致力于意大利文化对俄罗斯艺术家和建筑师的影响，它将展示来自我们博物馆的历史与现代收藏品以及特列季亚科夫画廊的共 200 幅绘画。当我们刚开始这个展览工作时，大家对建筑是否能吸引公众的兴趣表示怀疑。我相信它可以，因为建筑是世界文化的重要且不可或缺的组成部分，当建筑在俄罗斯被接受时，我们就能够像迪亚吉列夫一样向世界各地输出它。现在我们的目标是在俄罗斯形成一种认识，即高品质的建筑是一种非常重要和迷人的艺术形式。

纽约：2014 年 2 月

郎恩锡喷商务中心,圣彼得堡,俄罗斯,2006 年
照片 © SPEECH 卓班 & 库兹涅佐夫公司

谢尔盖·卓班和谢尔盖·库兹涅佐夫（Sergei Tchoban and Sergey Kuznetsov）

建筑绘画博物馆,柏林,德国,2013 年
照片 © 罗兰·哈儿贝

谢尔盖·卓班和谢尔盖·库兹涅佐夫（Sergei Tchoban and Sergey Kuznetsov）

阿奎德姆商业综合体，柏林，德国，2004 年
照片 © SPEECH 卓班 & 库兹涅佐夫公司

谢尔盖·卓班

出生： 1962 年，俄罗斯列宁格勒

教育： 1986 年列宾美术学院

实践： 从 1989 年开始实践；1992 年移民德国；1995 年在柏林成为卓班沃斯事务所的合伙人；2003 年以来在俄罗斯进行实践活动；2006 年与谢尔盖·库兹涅佐夫成立 SPEECH

教学： 莫斯科建筑学院

谢尔盖·库兹涅佐夫

出生： 1977 年，俄罗斯莫斯科

教育： 2001 年莫斯科建筑学院建筑学硕士

实践： 自 2000 年起开始实践活动；2006 年与卓班成立 SPEECH；2012 开始担任莫斯科首席建筑师

项目（谢尔盖·卓班）： 建筑绘画博物馆（2013），芒斯特申大街犹太教堂（2007），阿奎德姆商业综合体（2004），立方体影院（2001），阿恩特画廊（1998），项目都在柏林；比诺商务中心，圣彼得堡（2008）

项目（SPEECH 卓班 & 库兹涅佐夫）： 列宁大街办公建筑（2011 年），格鲁内瓦尔德住宅区（2010 年），蓝宝石商业中心（2010 年），与彼得·施威格合作的莫斯科联合会高层综合体（2010），格兰尼路住宅区（2009 年），项目都在莫斯科；水上运动宫，喀山，俄罗斯（2012）

书籍：《谢尔盖·卓班——建筑》(图像出版社，2013)；《SPEECH 卓班 & 库兹涅佐夫 2006–2013》(塔特林曼欧出版社，2013)；《谢尔盖·卓班——艺术》(图像出版社，2010)；《建筑的世界，谢尔盖·卓班——画匠和收藏家》(德国建筑

博物馆，2010）；*SPEECH*（约翰维斯出版商，2009）；《谢尔盖·卓班1997-2009》（塔特林曼欧出版社，2009）

奖项：SPEECH卓班&库兹涅佐夫——最佳年度受欢迎奖2013，室内设计杂志，美国；图标奖，德国（2013）；《建筑评论》杂志新兴建筑建筑奖（2013）；俄罗斯年度建筑师奖（2012）；特别提名奖，第十三威尼斯建筑双年展，意大利（2012）；国际地产奖（2012）

伯纳德·屈米（Bernard Tschumi）
我坚信应将建筑归入思想和发明的领域

你是怎么开始对建筑感兴趣的？

——我对建筑感兴趣之前是对城市感兴趣。我 17 岁的时候去了芝加哥。作为一个欧洲小孩我对这个城市非常着迷，于是我决定成为一个建筑师。好吧，原本我打算更多地去做文学研究成为一个作家，但看到芝加哥和纽约之后，我想成为一个建筑师。我对建筑有一点了解，我的父亲让·屈米是一位成功的建筑师，在欧洲设计了几个主要建筑，包括位于瑞士沃韦的雀巢总部和在日内瓦的世界卫生组织总部。当他去世时我只有 18 岁。

你说的芝加哥和纽约，你指的是摩天大楼吗？

——当然，但你知道，我把我的生活安排在巴黎和纽约之间的原因是我最喜欢这两个城市，而不是因为我的家庭或专业实践。在巴黎没有摩天大楼，而在纽约有许多摩天大楼，所以我可以平衡不同的喜好。

你的建筑是解构主义，对吗？

——（笑）好吧，被贴上标签了。

你如何定义解构主义建筑？

——好吧，让我们回顾一下历史。那是 1988 年，建筑领域由历史主义者的后现代主义所主导。大多数建筑师都在重新发现过去。他们正试图用18世纪或19世纪的标志和符号来建造。大的公司企业都在他们的建筑物上放置少量三角形山墙和柱廊等等。当时,一些建筑师非常反对它,想要重新找回前卫派的遗产。在这些建筑师中,有些参加了MoMA的展览:弗兰克·盖里、雷姆·库哈斯、彼得·埃森曼、蓝天组、丹尼尔·里伯斯金、扎哈·哈迪德和我。在我们之中至少有两个建筑师了解雅克·德里达的文学理论和解构思想。因此,该展览的策展人发明了一种称为解构主义的东西,即解构加上俄罗斯的构成主义。但是,正如我们当时所说的,它不是一个运动,也不是一所学校,这是展览的标题。但有趣的是,1988年是20世纪建筑领域最保守的时期。而我们这些少数建筑师是第一次反对那个保守的时期,现在看起来,每个人其实都在做所谓的现代建筑。

你指的是1988年在莫斯科举办的历史性展览"解构主义建筑",由菲利普·约翰逊和马克·维格利(Mark Wigley)组织的。展示对所谓的解构主义项目的同时,还有俄罗斯构成主义的项目。那么俄罗斯构成主义和解构主义之间的区别和相似之处是什么?
——哦!许多区别!首先,是时间和地理,时间和空间的区别。看,我们的作品出现在20世纪70年后不同的社会、经济和政治环境中,所以有很大的区别。先说相似之处,它们都是:一种重塑建筑的愿景,发现新的世界;一种新的语言,新的态度和新的谋划。当然,不同之处就是社会的、政治的和经济的。社会的和政治的差别是因为所有的保守制度:家庭、国家、教会。换句话说，整个系列的确定性被破坏了。俄罗斯不仅在建筑，还在电影、诗歌等等方面都是一个非常肥沃的发现地。这与发生在西方20世纪80年代的情况不同。我们所做的更多的是表面的，比起真实的社会运动，只是更多与创造力相关，对吧？尽管如此，我仍然相信我们所做的事情很重要，因为这些事将建筑放回思想和创造的领域。

那么关于构成主义和解构主义风格语言的异同是什么？
——先说相似处，都迷恋表达运动的元素，因为建筑不仅是静态的，而且是动态的。换句话说：楼梯、坡道、塔、起重机、电梯等等，对吗？这种对技术的迷恋是引入新词汇的一种方式。现在说说有什么区别？就是远离基本形式的方式：从球体、立方体、圆柱体和锥体发展为更流动和动态的形式。当然，几年后，我们发现可以用电脑做某些事情，而俄罗斯构成主义没有，对吧？因此，这导致了形式词汇的发明，来表达一种动态形式。

计算机的使用如何可以不仅帮助解决问题，而且还可以提高设计品质？
——让我们看看在佛罗伦萨著名的伯鲁乃列斯基设计的圆顶。这是一项工程，计算它需要融合直觉、数学和几何。在如今，当然，你再也不需要用手来做。永远不会，永远不会，但你会使用计算机进行几乎与头脑计算一样的工作。然而，我们也以不同的方式使用计算机，以某种方式探索我们头脑难以想象的某些空间配置。因此，突然间计算机像是一个头脑的放大器，效率提高很多倍。

你认为谁是第一个在建筑中使用解构主义思想的人?
——我很难说是哪一个人。弗兰克·盖里用一种非常自由的方式去使用现有的材料,之后又使用计算机软件实现复杂的曲线几何。彼得·埃森曼发展了一个强迫性的形式研究和理论论述,他也对其他学科发生的事情感兴趣。蓝天组的建筑师用一种非常直观的方式在20世纪70年代初尝试材料中的碰撞、扭曲、张力和压缩。雷姆·库哈斯迷恋列奥尼多夫(Leonidov)和俄罗斯人。我对电影理论和文学理论以及新的社会谋划感兴趣。还有对象征主义感兴趣的丹尼尔·里伯斯金,扎哈·哈迪德在纯粹的形式问题上拥有令人难以置信的直觉。所以,我只能按时间顺序跟你说谁最早发展某些事情,但我们都不同。

你们都互相了解吗?
——哦,是的,绝对!

所以你们中的一部分人影响了另一部分人,是吗?
——不,我不这么认为。不是直接的,我认为这是关于那个时期的精神。

你们见面讨论过你们的作品吗?
——我们没有聚在一起过,但我们都知道对方。在20世纪70年代,蓝天组的沃尔夫·普瑞克斯、雷姆·库哈斯、丹尼尔·里伯斯金、扎哈·哈迪德和我都在伦敦建筑联盟学院任教。然后在20世纪70年代末,彼得·埃森曼、雷姆·库哈斯和我在纽约的建筑与城市研究所。所以我们都了解彼此,但没有一个人影响其他人，也或许每个人都影响每个人。

你为什么认为这些来自伦敦和纽约的建筑师和来自洛杉矶的弗兰克·盖里创造了建筑学中的解构主义语言？
——请不要称它为解构主义！称之为现代建筑语言，因为当时和现在，我们中没有人会将我们的建筑称为解构主义。我们甚至不喜欢这个名字，我们想成为现代。我们不想成为另一个运动，因为运动总是来去匆匆，它们出生然后就是死亡，而我们想成为现状。

你一直说，解构主义不是一个运动，为什么你认为它从来没有成为一个运动？
——仅仅因为它从来就不是一个运动。它只是一个展览的标题，每个人都想避免成为后现代主义那样作为一种运动被强烈地推销。

你 1968 年在巴黎生活和工作，那一年发生了学生暴动。它是如何影响你的？
——那之后发生的是对包括建筑在内的所有社会制度进行激进地质疑。我这一代人中的许多人对建筑和它象征的事物进行极端的批评。我决定探索建筑的定义和局限。换句话说，找到一种定义建筑的方法，超越所有先入为主的观念和陈词滥调。这就是我的作品所关心的，因此总是从提问题开始。

哪个建筑师对你影响最大？
——你要知道，不是建筑师，而是一个电影导演谢尔盖·爱森斯坦（Sergei Eisenstein）。他对建筑很感兴趣。而且，有趣的是，现在我们正在雅典做的新雅典卫城博物馆，我再次查阅了他关于雅典卫城的动态和运动的研究。同时我也受另一位俄罗斯电影导演吉加·维尔托夫（DzigaVertov）的影响，他的蒙太奇技术至关重要。之后还有更多的当代电影导演如让·吕克·戈达尔（JeanLuc Godard）和维姆·文德斯（Wim Wenders）。换句话说，我的出发点来自于电影研究。

那么巴黎的拉·维莱特公园被构想成类似于电影胶片带的电影长廊？
——是的，这个想法是拉·维莱特公园之前有的。它已经在《曼哈顿手稿》这一书中。所以，在很多方面，拉·维莱特公园是基于我早期的研究。

你说过你对想讲故事的建筑有怀疑，那么你怎么解释你著名的口号——"形式追随虚构"？
——这是一个很好的问题。让我们把故事和虚构作一个区别。当然，"形式追随虚构"是关于著名的"形式追随功能"的文字游戏，强调虚构和功能的差别。这跟项目策划有关，或者关于建筑如何被使用，对我来说，建筑从来不是关于形式的，而是关于想法和它可以用来做什么。

不是从问具体需求开始一个项目，例如多少平方英尺的卫生间或客厅。我感兴趣的是看文学或电影。有一个例子，在17世纪是没有走廊的，之后走廊的发明是为了引入隐私。这不是一个建筑理念，而是一个文化理念。所以我说过让我们来看看文学。什么是不断变化的文化情感？所以，当我说

江诗丹顿总部,日内瓦,瑞士,2001-2005 年
照片 © 彼得·莫斯

伯纳德·屈米（Bernard Tschumi）

"形式追随虚构",我真正的意思是让我们寻找什么是在功能之前的。因为在功能之前有故事,有文化,有虚构。但是我不得不承认这只是一个简单的文字游戏。

在伦敦的建筑联盟学院教了十年后,你为什么要搬到纽约,你如何看待纽约当时和现在在现代建筑中的位置?
——当我在伦敦时我对艺术领域发生的事很感兴趣。20世纪70年代艺术世界的中心是纽约,这就是为什么我来到纽约。我艺术家朋友比建筑师还要多,因为建筑领域是非常保守的。我是第一个在纽约的艺术画廊展出项目的建筑师,对我来说那是非常重要的时刻。我被这座城市完全迷住了,并决定把它作为我一半的家,另一半是在巴黎。大约在这个时候,我开始创作《曼哈顿手稿》。

就让我们说说纽约的当时和现在。纽约一直是商业和文化的战场。这是当时的情况,现在也是这样的情况。换句话说,一方面有大的商业公司如SOM、HOK等;另一方面,有一些像纽约五人组和其他附属于大学的知识分子。当时的流行词是自治,大多数建筑师都很死板,他们保卫他们的领域。建筑师们认为他们拥有独一无二的特殊知识。当我去了之后,我对打破建筑与其他学科之间的界限很感兴趣。所以我不可能和他们一起工作。那时我在建筑和城市研究所任教,但在那儿我有点不舒服,因此我花更多的时间与我的艺术家朋友们待在一起。

今天仍然有非常大的商业公司,实际上是相同的。但在20世纪90年代初,很明显,新的想法不是在建筑事务所中出现的,而是在学校。换句话说,第一次,也许是20世纪的第一次，新的发现发生在学校里。例如在哥伦比亚大学，我们正在和年轻的教师一起开发新的词汇，这项工作没有其他人在做，当然，我们有比商业公司更好的电脑。还有一个区别，那就是媒体的作用。在 20 世纪 70 年代，媒体更加专业化和有教养，有建筑历史学家，建筑理论家和建筑评论家。今天，这样的人少了。但是有建筑记者，以更平民的态度将建筑传播到每个地方，这是一个有趣的转变。

纽约在世界上的地位是什么样的？
——它非常活跃。顺便说一下，它不只是一个地方，而是一个大的思想中心。英国和西班牙有建筑文化，法国和意大利也有但少得多。由于荷兰政府的支持，荷兰非常活跃。我不知道其他国家是否有这么多的战略支持。无论如何，建筑世界变得非常全球化。换句话说，争论无处不在。当然，纽约的力量在于宣传和制度的力量。每当这里发生什么事情，它都会引起世界范围的共鸣。我们之所以能使哥伦比亚成为世界上最有影响力的学校之一，是因为我们在纽约。每个来到纽约的人，我们都会对这个城市着迷。

在《曼哈顿手稿》这一书中你说："也许所有的建筑，不是有关功能的标准，而是关于爱和死亡。"
——我认为是这样。这些都是建筑的一些关键要素。建筑有一个快乐和风险的维度，很少被讨论。所以我想介绍一种超越专业性的建筑话语，对吧？因为关于我们生活的一切都与建筑相关，无论是 6000 年前还是现在。

你如何描述你的建筑？

——我研究多年的领域是关于向量和围护的概念，建筑总是关于运动。我最近研究的另一个领域涉及三个术语的交集：概念、背景和内容。这三个方面，经常相互融合有时又排斥彼此。概念——因为我相信建筑总是关于思想的。形式并不重要，思想重要。背景——因为建筑总是位于某处，包括现在这里，没有地点也是地点。我不是在谈论视觉环境——我讨厌文脉主义——而是更多关于政治、经济、文化、和城市的文脉环境。最后，内容——因为建筑总是关于发生在其空间的事件。这三个方面不一定必须以可预测的方式相交，这是我研究的一部分。我还着迷于具有多样性、异质性、冲突和矛盾的城市。

当你开始一个新的项目时，你会对自己问一系列问题吗？

——一般来说，我总是以新鲜的感觉开始，好像它是第一个项目。我们很善于分析。对我来说，建筑就像一个定理。建筑就是证明，对吧？所以我们在作表态之前先作几个假设。我更喜欢策略而不是形式的解决方案。我不喜欢客户要求我制作一个快速的图像或他们希望我做一个类似于我以前做过的。如果为了这个，他们最好去找那些有一个可预测范围的建筑师。那些来找我的人是对另一种方法更感兴趣。

哥伦比亚大学勒纳中心因为分区需求是一个非常有争议的建筑，但经常受到的批评是中间部分，玻璃中庭，这是你表达自己最自由的部分。使用该建筑的学生说它没什么用，作为一个建筑师，你如何回应那些批评？

——因为它的意图不是成为功能的而是成为社会的。看看大学里的洛氏纪念图书馆的宏伟台阶，也不是功能的，对吧？但它被社区用作聚会中心。学生中心和它的坡道是一个你可以看到各个角落的地方。它是一座非常大的建筑物，是一座垂直的建筑物。作为一个建筑师，我问自己——你如何建立一个垂直社区？如何建立垂直联系？我认为这部分运转得很好！（笑）

你为什么决定辞去哥伦比亚大学建筑学院院长？
——有两个原因。首先，我是一个建筑师，我有很多项目。另一个原因是，我当了15年的院长，这是建筑学的一代。我想我已经成功地就建筑教育发表了重要声明，现在又有一代人来了。

你是怎么选择哥伦比亚大学教师的？
——总的来说，我找的是那些具有创造力和善于创新的人，不仅是依据学生，同样也依据他们自己。换句话说，我希望学校成为设计和建筑研究的实验室。在我看来，研究是一种类型的设计。因此，教师是从最有创造性的人选出来的。所以我邀请的这些年轻人都在30多岁和40岁出头，他们精力充沛，他们是出色的教师。你知道的名字有：格雷戈·林恩（Greg Lynn）、杰西·赖泽（Jesse Reiser）、斯坦·艾伦（Stan Allen）、哈尼·拉什德（Hani Rashid）、劳丽·霍金森（Laurie Hawkinson）……

你能谈谈你的无纸设计课吗？

——这是一个很棒的名字，但我们还是用了大量的纸张！（笑）好吧，我们决定在1994—1995年引入电脑，我们说每个学生都会有一台电脑。之前有电脑实验室，但我们是第一个把电脑引入设计课的。换言之，所有的工作都是在电脑上完成的，没有纸。但随后会有绘图仪介绍……（笑）。

你是否也鼓励学生在模型制作车间使用真实材料？
——是的，因为我们在第一年还没有准备好使用电脑。用计算机教学在学术上和教学上是非常不同的。我们还在做很多的模型和图纸，我想一点一点地把计算机介绍给学生。所以我们在第二年开始使用计算机。在我的公司，我们也在电脑上做所有事情。但我们会做很多工作模型，因为我经常说，模型从不说谎，但电脑会。

你最喜欢的教学作业是什么？
——我一直在努力探索打破习惯的作业。我经常提供詹姆斯·乔伊斯（James Joyce）、伊塔罗·卡尔维诺（Italo Calvino）或者埃德加·爱伦·坡（Edgar Allan Poe）写的短篇故事或小说让学生阅读，以此来产生一个项目或任何强迫他们自己思考的东西，而不是用食谱类的方法。我欢迎任何带来挑战的事情。我非常反对教师试图预想最终产品。我的情况恰恰相反，我有一个出发点，但我不知道最终产品将是什么，我想为最终的结果感到惊讶。

你对世贸中心的重建过程有什么看法？
——这是一个非常棘手的问题，因为它附有一层象征意义。

我完全不同意政治象征。我认为建筑应该独立于政治象征。最坏的例子是法西斯建筑。这不应该有政治性的代表，整个讨论隐藏了巨大的缺陷，缺少了关于那个地方应该是什么以及应该做什么的讨论。我们需要问的不是建筑应该是什么样子，而是它应该做什么。所有权和利益的巨大复杂性使得有单一的声音非常困难。因此，最低的共同点是将一个非常简化的爱国主义观念转译到建筑中。

一些评论家认为现代建筑正处于危机之中，因为建筑师不断寻找新的想法和方向，而其他人出于同样的原因却认为它是蓬勃发展的。你的看法是什么？
——是的，它是蓬勃发展的，现在相当活跃！之前，比方说，在20世纪70年代，有一些有趣的批判性工作和理论性工作，但很少有好的建筑。现在好的建筑随处可见。

纽约：2004年1月

拉维莱特公园，巴黎，法国，1983—1998 年
照片 © 伯纳德·屈米建筑师事务所

伯纳德·屈米(Bernard Tschumi)

勒纳学生中心,曼哈顿,美国,1994—1999 年
照片 © 莉迪亚·古尔德

伯纳德·屈米（Bernard Tschumi）

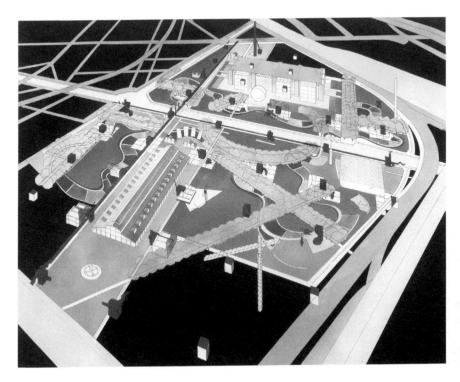

拉维莱特公园，巴黎，法国，1983 年
绘图 © 伯纳德·屈米建筑师事务所

Photo © Bernard Tschumi Architects

伯纳德·屈米

出生：1944年，洛桑，瑞士

教育：在巴黎和瑞士学习，苏黎世联邦理工学院（ETH，1969）

实践：1983在巴黎成立的公司，1988在纽约成立伯纳德·屈米建筑师事务所总部

项目：动物园，巴黎（2014）；阿莱西亚博物馆和考古遗址公园，阿莱西亚，法国（2012）；新卫城博物馆，雅典，希腊（2009）；蓝色住宅楼，曼哈顿（2007）；利摩日音乐厅，法国（2007）；江诗丹顿总部，日内瓦，瑞士（2005）；鲁昂音乐厅和会展综合体，鲁昂，法国（2001）；艾尔弗雷德-勒纳厅，哥伦比亚大学，纽约（1999）；拉维莱特公园，巴黎，法国（1998）；弗雷斯诺艺术中心，图尔宽，法国（1997）

书籍：《伯纳德·屈米：结构体系：概念与记号》（蓬皮杜中心，2014）；《建筑概念：红色不是一种颜色》（里佐利出版社，2012）；《屈米的建筑：与恩里克·瓦尔克的谈话》（纳塞利出版社，2006）；《事件城市，1、2、3、4》（麻省理工学院出版社，1994，2001，2005，2010）；《在第二十一世纪开始的建筑状态》（莫纳赛里出版社，2004）；《建筑索引》（麻省理工学院出版社，2003）；《建筑与分离》（麻省理工学院出版社，1996）；《曼哈顿手稿》（威利出版社，1994）；《电影的疯狂：拉维莱特公园》（普林斯顿建筑出版社，1987）；《宣言》（建筑联盟学院出版社，1979）

教学：哥伦比亚大学建筑、规划与保护学院院长（1988—2003）；曾任教于建筑联盟学院（伦敦）、普林斯顿大学，库珀联盟（纽约）

奖项：国家科学院奖优秀奖，纽约（2012）；密斯·凡·

德·罗奖入围奖（2011）；美国建筑师协会国家荣誉奖（2011）；法国荣誉军团勋章，巴黎（2010）；艺术与文学勋章，巴黎（1998）；国家建筑大奖，法国（1996）；皇家维多利亚勋章，伦敦（1994）

罗伯特·文丘里和丹尼斯·斯科特·布朗
（Robert Venturi and Denise Scott Brown）
我们欣然接受并承认日常生活的寻常、文化与象征意义

你们刚刚从中国回来，在那你们正在进行清华大学的校园规划和上海两栋45层办公楼的设计工作。你们不觉得从世界其他地方邀请建筑师来做本地的项目有些矛盾吗？

——RV（罗伯特·文丘里）：在这个时代不矛盾。

——DSB（丹尼斯·斯科特·布朗）：在北京，客户特别期待我们，是因为我们美国人的实际经验。他们希望了解美国关于教育的文化价值观，但这不意味着他们会接受这些价值观。他们希望能拓展自己的眼界，他们在寻找能够站在他们的立场上看到他们的视角，同时还期待拥有其他经验了解其他观点的人。这是一个有着5000年思考的社会，鲍勃（罗伯特·文丘里的昵称）和我也分别有70多年的思考，我们有很多的东西可以分享。

——RV：我们喜欢设计上海项目的一个原因是这个城市代表着基本的多元文化主义，过去一个半世纪，东西方文化在上海持续碰撞交融。多元文化主义是指全球文化和地方民族文化的并置，现在这种现象已经是一个必然的、充满变化的、不断丰富的且呈现出一种健康的状态。上海就是这种现象的绝佳范例。

——DSB：鲍勃和我都有多元文化的背景。我的祖父母来自拉脱维亚和立陶宛，通过他们，我的背景中就拥有了对东欧的潜在记忆和他们19世纪的世界观。但我在非洲出生长大，我

们的儿子最近去拉脱维亚和立陶宛的时候，说那儿的人们看起来非常熟悉。罗伯特的家庭是意大利裔美国人。我们都曾在意大利生活过，我们都对其他文化感兴趣。罗伯特和我说一些意大利语和法语。我也会说一点德语和南非荷兰语，还会说一点点非洲语言。我们享受生活在这样一种文化环境里，这能帮助我们适应其他文化条件下的工作。

你们有过很多次旅行，也体验过很多不同形式的建筑，是否可以说出一个你从中学到最多的建筑或项目，并说说原因？
——RV: 我从米开朗基罗的建筑中学到的最多。对我来说，他在罗马的庇亚门是最具启发性的单体建筑。我将米开朗基罗和帕拉第奥的建筑视作风格派。我研究风格主义很多年了，我从米开朗基罗在罗马和佛罗伦萨的建筑，以及帕拉第奥威尼斯的教堂上学到很多。这就是对我启发最大的一种建筑，因为风格派是接受和承认传统，然后从中偏离——制造例外和创造适当的模棱两可。这些是我在《建筑的复杂性与矛盾性》中探讨的观点。然后，我们不仅把这些观点运用到建筑形式中，而且用于我们在拉斯维加斯和美国波普文化中学到的象征意义中。
——DSB: 对我来说从一个地域范围内学习比从一个单独建筑中学习更有趣。我们从不同的城市和文化中学习不同的东西。有时我们参观完一个建筑后，我们欣赏它，但是我们也发现，它所处的环境与它的建筑本身一样能启发我们。我们从拉斯维加斯、洛杉矶、罗马和东京学到的，可能比我们从单个伟大的建筑上学到的更多。
——RV: 而且，我们既从不寻常中学习，也从寻常中学习。

1965 年你们前往苏联参加美国现代建筑展,并在那儿发表了演讲。你们为什么选择去那儿,那是个什么样的经历?

——RV: 我去那儿是因为作为一个年轻人,我想从不同的地方学习不同的文化。我对在那里看到的东西很着迷,并列的巨型共产主义建筑,非常宏伟,是一种古典的、历史性的建筑。我喜欢圣彼得堡外的 18 世纪宫殿,也喜欢莫斯科郊外早期拜占庭式建筑。我被我所见到的深深刺激到了。我记得在莫斯科参观一个非常美丽的别墅,维护得非常好,但是在一个部分你能看见复杂的 18 世纪古典立面背后的结构——它是原木制成的。我认为那非常迷人。

——DSB: 罗伯特告诉我,在莫斯科一次讲座结束的时候,人们开始向他询问关于美国建筑实践的情况,他说相对于美国的年轻建筑师,俄罗斯的年轻建筑师更容易开始实践,因为他们受雇于国家。他告诉听众,年轻的美国建筑师不得不挣扎,他比较幸运,因为是妈妈需要一栋房子,让他来进行设计。他补充说,他被教导要自己养活自己,单身,还要跟妈妈住在一起。听众中的一些人回应道:"来俄罗斯!我们给你找个好工作,再给你找个俄罗斯的好妻子!"

——RV: 是这样,我受到了热情的接待。

你们都非常了解路易斯·康,从他那里学到了什么?

——RV: 1947 年我与康结识,那时他还没有成名。他现在非常受欢迎,而且他永远不会过时。我对于他有很复杂的情感。他是一个伟大的建筑师,我从他身上学到了很多的东西。但他不是一个完美的建筑师,我对他也有些看法。对他有看法的原因是,他其实也从我,从周围其他的年轻人身上也学到了东西,但是他从未承认,这很不公平。

路易斯·康从你这儿学到了什么呢?
——RV: 他从我们这里学到了元素的分层;如将窗户视为墙上的洞,不能脱离墙;打破建筑的秩序;转调的运用,这是一种建筑可以超越自身而转向其他东西的想法。康也受到我使用历史类比作为部分设计分析过程的影响,而这种分析方法来自普林斯顿大学的教授让·拉巴特(Jean Labatut)和唐纳德·德鲁·爱格伯特(Donald Drew Egbert)。
——DSB: 在 1984 年的时候,我写过一篇文章,叫《蠕虫视野中的近期建筑史》,这条蠕虫就是我。在很长一段期间里,我看了非常多的建筑历史,但是我发现有时候历史被那些并不在场的历史学家完全扭曲。我虽然不是历史学家,但我可以记录会议的每分每秒,诸如此类。我见证了鲍勃和路易的许多交流。我们所有人都从路易那儿学到了很多东西,这必须要承认,但学习总是双向的,路易应当把一些"他自己"的想法归功于鲍勃,当然也有我的一小部分。
——RV: 我们的年龄够老,实际上足够知道一些历史情况,不是从书本上,而是从我们真正的经历中,而且我们都知道历史不总是正确的。

历史不仅在书本中留下了印迹,还在一些像罗马这样的地方留下了印记。罗马的什么使得它成为一个对你们很特别的地方?
——RV: 去年我们在罗马庆祝我第一次去罗马五十五周年。第一次到罗马的时候,我 23 岁。罗马对我而言一直是一个十分重要的地方。从我能记事起,我就知道我想成为一个建筑师。我的父母都对建筑非常痴迷。作为一个美国人，对罗马着迷的地方就是整个城市完全为行人而建，而不是为了汽车，还有狭窄街道和宽阔广场的组合。我特别着迷于空间复杂的巴洛克建筑。还有罗马那种特别的氛围，以及她的颜色——黄色和橙色。我写了特别多关于罗马的文章，第一次的罗马之旅对我来说是一次既感性又理性的体验。

——DSB：这座城市定义了西方建筑的典范。甚至对于现代主义者来说，它也是建筑的基础。我拖了有很长时间都没去罗马旅行。人们就问我："你学建筑怎么可能不去罗马呢？"毕业后我终于去了意大利，待了六个月，在罗马经历了短暂的工作与生活。这段在罗马的经历帮助我为从那之后的工作做好了准备，而且我在那时候收获的友谊也持续至今。

——RV：我有幸作为罗马美国研究院的研究员到过罗马。相比古典罗马建筑，我从巴洛克罗马建筑以及具有图像学装饰立面的早期基督教巴西利卡上学到更多。我们发现图像学特别重要。我们最近完成了本书，名字叫作《风格主义时代作为标志和系统的建筑》。我们在上海设计的项目基本上是密斯式的建筑，外立面有 LED 装饰。这两座塔非常有象征意义，验证了建筑是一种符号的理念，这与当今流行的高层建筑中的戏剧性巴洛克形式非常不同。20 世纪的大部分建筑是基于抽象表现主义的美学。但是其始终都与过去的建筑有象征意义上的联系——埃及的寺庙、希腊三角山花墙、早期基督教教堂的马赛克或欧洲大教堂的彩色玻璃窗。这些建筑呈现出叙事性，总是想通过叙事向你推销一些东西——天主教义、新教教义或者其他什么。在我们的时代，图像可以被应用于建筑物，无论是标志牌、装饰品还是电子产品，例如，美国的商业建筑通过展示图像来推销产品。我们对这些都很感兴趣，几年前出版的另一本书里表述了这些想法，叫作《普通建筑上的图像和电子产品》。

在你这本《建筑的复杂性与矛盾性》的介绍中，你说到这本书既是对于建筑批判的一种尝试，也是你对自己工作的自白书。你为什么认为现代建筑需要被解释？
——RV: 你不需要解释任何事情。但是如果一个建筑师接不到项目，是因为他当时没有在时尚潮流中，那么至少他可以通过写作来表达他的想法。
——DSB: 我认为我们做的建筑是需要文字来阐释的。

你设计建筑的灵感是来源于寻常的日常生活吗？如果是寻常意味着人们熟悉，也就很容易被理解，那么就不需要解释，是吗？
——DSB: 不，因为如果你从日常的环境中寻找灵感，人们就会觉得，你作为一个"高水准"的建筑师，你肯定在嘲笑他们。所以你得解释这么做是试图探寻事物本质的一次很认真的尝试。另外一个需要解释的原因是，人们有定势思维。当我们提供日常生活的高雅艺术诠释的时候，我们就克服了定势思维。人们不希望在艺术馆里看到一个汤罐头盒，认为沃霍尔是在贬低他们。这就是为什么应该用文字阐述的原因。

你们的建筑对于交流的关注要大于对于空间的关注，是这样吗？
——RV: 是的，就是这样。

那么建筑和其他学科有什么不同，比如绘画、音乐？

——RV: 我认为所有的视觉艺术本质上都是试图表达些什么，运用叙事、象征和表现的手法。

——DSB: 建筑有一种绘画和音乐不具备的功能。建筑包容事物，包括人。建筑提供遮蔽所和交流空间——棚屋和装饰。当我们说，大多数建筑物应该被设计成装饰棚屋时，这是一个极端的表达方式。但它可以帮助我们从"空间是建筑的一切"的观念中摆脱出来，空间只是建筑许多组成部分中的一个。

在你们的设计过程中，怎样分工？谁是概念的提出者？

——RV: 在概念生成阶段，我们的角色一样重要。丹尼斯在指出寻常的重要性以及给我介绍拉斯维加斯和波普文化方面对我影响巨大，可以说她是我的始作俑者。但是我也通过引入比较分析的概念来影响她。我们互相批评，批评是设计的一个非常重要的部分。

——DSB: 这世界可不这么看，但我们有协作的创造力。建筑界的人们认为创造力不能从两个头脑中产生。因此，在他们看来，我必须得成为打字员、经理、策划者或者任何身份，除了设计师。实际上，我是一系列身份的总和。有艺术家是一起工作的，有些一起画画，他从一侧开始画起，她从另一侧。在我们办公室里，虽然我俩是领导，但我们的工作是三十五个人的创造性合作。

当客户请你们做一个项目的时候，你们认为他们真正想要你们为他们做的是什么？

——DSB: 不同的客户想要的也不同。例如北京的客户听到鲍

罗伯特·文丘里和丹尼斯·斯科特·布朗（Robert Venturi and Denise Scott Brown）

勃对校园规划的想法很感兴趣。他们没有说："我们雇一个很出名的建筑师，用他的名声赚钱。"他们认为我们彼此之间是有共鸣的，我们能够用经验和方法帮助他们实现未来美好环境的目标。

——RV：现在有一种观念认为如果想做优秀的建筑，建筑师必须从国外引进。欧洲建筑师正在重新设计许多美国的博物馆，许多美国建筑师正在世界各地工作。

——DSB：尤其是艺术博物馆，对最新的建筑"明星"趋之若鹜，希望他们设计"标志性建筑"。他们希望被视为打破惯例不随主流，但却加入到雇佣那类建筑师的主流中，这有点讽刺。

反讽和悖论在你们的建筑中发挥了重要作用，似乎巧妙地丰富了作品。

——RV：我不是你开始说的"我想要变得具有讽刺性"。但是如果你在这个复杂和矛盾的时代设计合理的建筑，那么我认为它的结果就是风格派建筑。所以反讽可以成为这样建筑的一个元素。

——DSB：风格主义打破了规则。在建筑中你无法一直遵循所有系统的所有规则，因为许多规则在我们复杂的社会里都存在矛盾。遵从一个就意味着要打破另一个，所以这就是风格派建筑存在的一个原因。此外，建筑师尽量不要在不存在巅峰的地方建造巅峰，这样做会有点自嘲和讽刺。伟大的纪念性建筑物在某种程度上经常是反英雄，它们混合了敬畏和人的尺度。

——RV：就像米开朗基罗的庇亚门。

拉斯维加斯对你们建筑的影响，可能和罗马一样，你们觉得在那儿有什么特别的？

——RV：我们对活力、狂热、丑陋和美丽、标志和象征印象深刻。我们说，"嘿，我们可以从中学习。我们不仅要向勒·柯布西耶学习，而且要向日常生活考虑的事物学习。"

——DSB：我们对于湛蓝天空背景下的明亮标志有着很深的印象，那儿有近似于希腊的清晰光线和色彩，如果只考虑拉斯维加斯的夜晚就想得太简单了。我们认为城市的混乱是我们还没有理解的秩序，我们喜欢这个有趣的概念。

——RV：正如罗马作为一个步行城市令人兴奋，当时的拉斯维加斯作为汽车城市也令人激动兴奋。去过拉斯维加斯之后，我们不再将罗马只看作空间，而是符号之城。

你们曾经说过，"建筑之所以美丽不是因为雕塑效果，而是形式上的标识。"但有一篇文章中提到"图式的设计看起来过于单调和招摇，好像普通箱子外部包裹着花式壁纸，例如位于普林斯顿大学的路易斯·托马斯实验室里的蛇皮瓷砖图案或者费城的一个外观类似于古典寺庙还未建成的音乐厅。"这篇文章中继续说道："当从弗兰克·盖里到扎哈·哈迪德和雷姆·库哈斯这些建筑师在探索高度表达的雕塑形式的时候，文丘里和布朗的表面光滑的大厦看起来局促又小气，就好像他们不知道如何放松一样。"你对这种批判怎么回应？

——RV：我认为你引用的这位评论家并不十分敏感，并且被耸人听闻的与我们这个信息电子时代无关的抽象表现主义所蒙蔽。非凡的艺术和建筑再次在表现上引人入胜却不是表现主义。

——DSB：有一点很重要的是，我们是功能主义者。毕尔巴鄂的古根海姆博物馆建筑的主要功能是产生一个标识，吸引游客以及帮助经济复苏。它的功能是具有魔力的，但是多数时候，那不是大多数建筑的功能。大多数建筑是住宅、学校、实验室和商业建筑。大多数人都没有充分的理由使它们以"放松"的方式凸显出来。大多数都需要充分利用可用的空间，并辅以最实用的表皮。现代主义者宣称要在这些考虑的基础上创造美。你那篇"文章"和新现代主义者已经忘记了现代主义的根本动机。

——RV：我们的建筑可不局促！我发现雕塑感过强的建筑更局促。

——DSB：对我来说，扎哈·哈迪德的建筑就是个人情感抽象的表达，跟建筑一点儿关系都没有。

——RV：那都是夸张的雕塑！

不是很棒吗？

——DSB：不，很无聊！这些建筑太造作了，所表达的个人情感也不恰当。你看我们给密歇根大学做的生命科学学院的综合体，你就能发现其中的奇妙，犹如在早期的现代荷兰建筑（荷兰希佛萨姆阳光疗养院，范内勒工厂）中可以看到的那种奇妙。你也能在综合体的尺度中发现奇妙之处，途径其会议厅的地方和路径，通达而又曲折，有点儿现代，但却是模仿中世纪城镇。

你对后现代主义怎么看？你如何与它产生关系？

——RV：我认为后现代主义被完全的误解了。我们与它毫无

文娜·文丘里住宅，费城，宾夕法尼亚州，美国，1964 年
文丘里·斯科特·布朗收藏，建筑档案馆，宾夕法尼亚大学
照片 © 罗林·拉弗朗斯

关系。在《建筑的矛盾性与复杂性》中,为了比较分析,我引用参考了历史建筑。但是历史建筑应该是被分析而不是复制。我觉得引用历史参考没有任何错误,但是对于什么是历史的和什么是现代的,不应该是模棱两可。举个例子,如果你看我们费城表演艺术中心的设计,它的外观似乎包括一个古典山花墙。但是,山花墙是一个参考,是一种表现,而不是一个复制品,它低层的立面也镶嵌着一个 LED 广告牌。这就是作为交流的建筑,跟表现主义雕塑是完全相反的。

——DSB: 后现代主义是一个话题,不仅在建筑领域,在文学、哲学和神学也有。它与大屠杀后良知的缺失有关,与理解不同的价值观体系有关,有助于艺术地调解多元文化。与这些相关的情况下,我们肯定会达成一致。看看拉斯维加斯就是一个社会关注的结果。后现代主义对"是"和"应该"之间的关系有一个深思熟虑的观点,作为艺术家,我们同意"应该"应该从"是"演变而来。但是看看建筑师们对这个理论的实践,他们说:"我们可以自由。"我们不需要关心社会。现在新现代主义者说他们已经放弃了功能主义的教义。我的理论是,新现代主义本身就是后现代主义的一种形式。

——RV: 我们欣然接受并承认日常生活的寻常、文化与象征意义。与许多现代建筑师不同,我们不必将优越的复杂文化意识形态和个人品位强加给其他人。

一些评论家说,文丘里之家是 20 世纪下半叶最重要的房子,还有人说这是第一个后现代住宅,你们怎么看?

——RV: 我认为这是第一个采用象征性参照的现代建筑,它会说"我是一个住宅;我是一个遮蔽所。"现代主义者永远不会这样做。另一方面，我喜欢勒·柯布西耶的萨伏依别墅，我从中学到了很多。它也采用象征主义，但是工业的象征主义，具有讽刺意味的抽象审美。

——DSB: 我认为文丘里之家确实影响了建筑师们所谓的后现代主义。但是大家误解了这个建筑的目标以及它代表什么。对我来说，它在初期就包含了几乎我们从那之后做的一切东西。如果你看看我们后来的项目，例如塞恩斯伯里展览室，你也能在那儿发现文丘里之家的影子。因此，它的根基对我们自己随后的工作很重要。自建成以来，它已成为连续几代建筑师思想的试金石。这比后现代主义者一时的误解更重要。

老师想教育学生，医生想治愈患者，作家想和读者们分享故事，你们认为建筑师最想干什么？

——RV: 我认为建筑师应该渴望改善生活和丰富特定的环境，通常也意味着这都是隐性的表现。不是所有的建筑都该叫嚣着，"嘿，看！我是个建筑！我在这儿！我要使我的自我被你们所有人接受！"有时候这种行为是恰当的，但通常，建筑应该成为生活的背景。我喜欢贝多芬，但你不能持续不断地听他的交响乐。

——DSB: 医生有一个训诫——首先，不能杀生。我们也应该有一个。建筑师们必须意识到，他们不能通过给予人们美好的空间而使他们生活得更好。所有的艺术都能给人带来愉悦。美好的空间也能带来愉悦。但我喜欢建筑在于它的问题——在短期或长期的项目中——可以同时挑战我的智力和我的创造力去寻找正确的答案，一个可以持续300年或更久的答案。与此同时，我喜欢使结果是美丽的。当我们回访我们设计的建筑，并且发现他们正在按照我们预期的一样被使用的时候——使用者发现了我们为他们设定的东西——当我们发现有一些在我们脑海里仅仅闪现过一次的想法出现在我们眼前，并且我们发现它十分美好的时候——这会给我们带来深层次的愉悦。我不知道还有哪种别的艺术能够带来如此奇妙的情感组合。

费城：2004年7月

议会大厦,图卢兹省,法国,1999年
文丘里·斯科特·布朗馆藏系列,建筑档案馆,宾夕法尼亚大学
照片 © 马特·沃戈

罗伯特·文丘里和丹尼斯·斯科特·布朗（Robert Venturi and Denise Scott Brown）

英国国家艺术馆扩建，塞恩斯伯里翼，伦敦，英国，1991年
文丘里·斯科特·布朗馆藏系列，建筑档案馆，宾夕法尼亚大学
照片 © 马特·沃戈

罗伯特·文丘里和丹尼斯·斯科特·布朗（Robert Venturi and Denise Scott Brown）

米歇尔帕克酒店，日光市国立公园，日本，1997年
文丘里·斯科特·布朗馆藏系列，建筑档案馆，宾夕法尼亚大学
照片 © 川澄建筑摄影公司

罗伯特·文丘里

出生：1925年出生于美国费城，2018年去世

教育：普林斯顿大学（建筑学学士，1947；建筑学硕士，1950）

教学：宾夕法尼亚大学、耶鲁大学、哈佛大学

丹尼斯·斯科特·布朗

出生：1931年，赞比亚

教育：南非威特沃特斯兰德大学（1948—1952）；建筑联盟学院（1955）；宾夕法尼亚大学

（城市规划硕士，1960；建筑学硕士，1965）

教学：宾夕法尼亚大学、加州大学伯克利分校、耶鲁大学、哈佛大学

实践：文丘里与威廉·肖特（1960），约翰·劳赫（1964）和斯科特·布朗（1969）建立了合作关系。文丘里和斯科特·布朗于1960年在宾夕法尼亚大学相遇并开始合作和一起教学；他们于1967年结婚。1980年，公司改名文丘里、劳赫和斯科特·布朗事务所，1989年改为文丘里、斯科特·布朗及合伙人事务所（VSBA），2012年他们从公司退休。

项目：议会大厦，图卢兹省，法国（1999）；米歇尔帕克酒店，日光市，日本（1997）；儿童博物馆，休斯敦，得克萨斯州（1992）；英国国家艺术馆扩建，塞恩斯伯里翼，伦敦（1991）；西雅图艺术博物馆（1991年）；富兰克林法院，费城（1976）；费城公会大楼（1964）；文娜·文丘里住宅，费城（1964）

书籍：《建筑联盟学院词汇4：拥有词汇》（建筑联盟学院，2009）；《风格主义时代作为标志和系统的建筑》（哈佛大学

罗伯特·文丘里和丹尼斯·斯科特·布朗（Robert Venturi and Denise Scott Brown）

出版社，2004）；《寻常之外：文丘里、斯科特·布朗及合伙人》（费城艺术博物馆，2001）；《普通建筑上的图像和电子产品》（麻省理工学院出版社，1998年）；《卡比托利欧山的理念：论文选录1953年至1984年》（哈珀&罗出版社，1984）；《向拉斯维加斯学习》（麻省理工学院出版社，1972年）；《建筑的复杂性与矛盾性》（现代艺术博物馆，1966）

奖项：文丘里——普利兹克奖（1991）；文娜·文丘里住宅——美国建筑师协会二十五年奖（1989）；罗马奖（1954）；斯科特·布朗——哈佛拉德克利夫研究所奖章（2005年）；美国建筑师协会黄玉奖章（1996）；文丘里和斯科特·布朗——设计思想奖，库珀·休伊特国家设计奖（2007）；文森特·斯库利奖，国家建筑博物馆（2002）；国家艺术奖，美国总统奖（1992）；功勋勋章，意大利（1987）；美国建筑师协会设计公司奖（1985）

拉斐尔·维诺利（Rafael Viñoly）
城市依赖于强大的形态、思想和知道该如何前进的人们

你去过很多地方，世界上哪里的城市发展过程最令人感受深刻？

——显然，波斯湾国家的城市实验是一个绝对显著的现象。财富和权利的集中几乎等同于历史上最伟大的帝国时代。有点像18世纪的圣彼得堡，那时候彼得大帝决定在沼泽地建造一座新的城市。所以要问的正确问题应该是：责任的水准是什么？以及什么样的政策和想法注入了这些宏伟的愿景中？我之所以特别谈到海湾国家，是因为他们都有一个共同点，一片沙漠，就像一个白板。

你说的是即时城市这种现象吗？

——嗯，我认为即时的和完全固定的城市概念是非常令人困惑的想法。城市的自然增长是一种文化，也是一种非常缓慢的现象，你不能强迫它。但是现在的文化只有60秒左右的周期。以前需要150年左右去建造一个城市，然后是50年，现在只需要30年，并且以后会更加缩短。使许多这些所谓的即时城市成为可能的，是单一资金来源和权力结构使他们长久地执行下去。另一方面，在民主环境中——并非我支持的——任何新的发展都是零碎的行动。它具有更缓慢的自然增长率，即时城市的概念是非常令人怀疑的。我认为只有当城市的消亡和它的建造速度一样快，那么即时城市的想法才可能很好。但现在的技术还没有提供那种需求。但设想一个城市膨胀后

使用了10年，然后当不再需要的时候，就拆卸，打包，运到别的地方，这是十分有趣的事。

你现在正设计一个莫斯科的住宅项目，对你来说这是什么样的一种经历？
——大约6个月前，我在莫斯科一个热闹的夜总会上向一个大集团的投资者展示了我们的方案，灯光太亮了，以至于我都不能看清楚我向谁汇报的。一般来说，当我开始做项目的时候，我喜欢建筑官僚主义的一面——与城市官员会面，向公众展示等等。然而在俄罗斯，并没有发生，因为不是直接与客户沟通，而是通过另一个负责总体规划的建筑公司进行沟通。我同意这种安排，是为了能够有机会在俄罗斯工作并参与我所熟知的文化。

我住在阿根廷的时候，我所处环境充斥着俄罗斯文化。我甚至学习了俄语，到现在我都或多或少记得一些。小时候，我陪我父亲在那儿游历过几次。对我来说，建筑和参与文化是同一种事情。俄罗斯有着非常丰富的文化传统，也对如何建造城市有着非常深刻的见解。

你最近旅行有去莫斯科看看吗？
——过去一年中，我为了看场地和见项目团队去过五六次。但我主要是通过出版物来了解这座城市。我去过大部分主要的地标，大部分是在晚上会议之后。但是我觉得我有很好的感知力，我能够想象得很到位。

你意识到一个伟大的新城市正在出现吗？

——我认为很难抹掉苏联时期的那些建筑印记。尽管,我必须告诉你,我被带着看了一栋特别的建筑,人们跟我说那是一个灾难,但是我觉得它特别棒。这是一个非常规则的大型结构,令人难以置信的长,大概有 700 或 800 米。它看起来更像地形,而不是建筑。苏联构成主义影响了许多西方建筑师,如果你仔细想想,大多数当今被认为是前沿建筑的作品都是基于当时所做的。那是一段奠基期,不仅有新的形式,而是创造了社会公众参与的建筑,那是一个奇妙的时刻。如果能给他们足够的时间,他们的建筑将改变世界。

你认为让外国建筑师到俄罗斯做项目重要吗?
——我认为问题不在于建筑师是不是外国人,而是他们是不是优秀的建筑师。优秀的建筑师是能够在任何地方工作的,因为优秀的建筑师不是带着他以前做过的方案去新的地方。如今,俄罗斯的建筑不需要风格品牌和大量的肤浅表现。

去年,你被邀请来俄罗斯参加有争议的俄罗斯天然气工业股份公司大楼的竞赛评审。
——是的,竞赛很吸引我,我一直都想知道不同的建筑师如何应对复杂的城市化问题。

还有两个其他国家的评委——诺曼·福斯特和黑川纪章。
——甚至在飞往圣彼得堡之前,我和福斯特及黑川纪章讨论过,我们决定去俄罗斯天然气工业股份公司抗议整个竞赛,因为我们不认同超高层适合城市中的那个特殊位置。但是没有人搭理我们的抗议。我们被带到了一个陈列着所有参赛作品的房间里，我们拒绝进入并且没有参加任何讨论。

俄罗斯天然气工业股份公司邀请了"最好的"国际建筑团队：福克萨斯、库哈斯、里伯斯金、努维尔、赫尔佐格 & 德梅隆，以及设计企业巨头 RMJM。你认为不邀请当地建筑师是个错误吗？你觉得这种情况不寻常吗？

——不幸的是，我并不觉得不寻常，我真不知道谁在那个竞赛名单上。

我认为是有一个名单的。

——是那样吗？显而易见，我会质疑所邀请的公司都是世界上"最好的"。我认为现代建筑中，很多决策都是由名人文化驱动的。我无法想象俄罗斯这样的国家没有出色的建筑师。这仅仅是与媒体现象有关，与许多出色的但未知名的建筑师的专业能力无关，不仅在俄罗斯，其他任何地方也一样。那次竞赛中能够和受邀公司匹敌或更适合的当地企业的信息都是缺失的。受邀的那些公司总是被邀请参加著名的竞赛，他们已经成为国际品牌。

你了解当地建筑师、公众人物和普通大众对新的俄罗斯天然气工业股份公司大楼项目的反对程度吗？事实上，根据民意调查——十个当地人中有九个人反对在圣彼得堡建造任何高层建筑。

——坦白地说，直到到达圣彼得堡的那一天，我才了解到这个情况。但我的决定不是针对公众看法的衡量。因为我并不认识这个项目公司中的任何人，所以我无法告诉你这件事情正确与否。但是我所经历的是这场竞赛确实缺乏完善的组织。组织者本可以更多地回应当地情况。显然对项目选址和整个城市缺乏经验和理解。在某种程度上，整个过程是未经深思熟虑的。这个竞赛可以组织得更具宽容度和深思熟虑，以使项目更加可行。

还有一方面，就是标志效应。建筑现在被公众视为一种形式的产品设计，许多项目被当作精致的香水瓶而不是真正的建筑去设计。因此，公众对什么是好建筑，什么不是，没有一个正确的认知。但我不想批评高层建筑这个想法，因为水平建筑同样会很丑陋。

至少水平建筑在视觉上的影响小一些，对吗？
——这个事还是非常难判定。你看，建筑不能教条，没有对错。全部都决定于你如何设计它。因为没有如此巨大规模的东西成功的先例，所以我也不认为在这种情况下，这么高的东西可以获得成功。所以俄罗斯天然气工业股份公司非常傲慢地说他们能成为第一个并且也能做得很好。与此同时，我从不否认一个事实就是最困难的问题也能找到最恰当的解决方法。当然，我所看到的方案，没有一个是好的。在现在提议的场地上找到一个恰当的解决方法，可能性要低于1%。但我绝不会说没有人能做到。

这儿有两件很有趣的事情。第一件是虽然参与竞赛的人都很著名，但最后是一个非常传统的公司得到这个项目。第二件事是公众的舆论渐渐地被忽略了，公众们有一段时间反对建造高楼。

拉斐尔·维诺利（Rafael Viñoly）

——我不能告诉你获奖项目是否比其他人的更好，因为整个竞赛是失败的，我在这件事上就是个看客，而不是评委。但我想谈一下对这件事的态度，不仅是对俄罗斯天然气公司，也是对所有参加竞争的建筑师们。许多建筑师都熟识彼此——无论是竞争对手还是评委——我目睹了一系列的电话和短信，从各个地方传来试图影响我们的决定，尽管最终的结果并不是由我们决定。有很多非常不诚实和不道德的不光彩行为。更有趣的是，福斯特和黑川纪章都带来了他们自己的设计——水平的解决方案，我都不知道评委也能这么做。

有很多竞赛被取消了，然后评委获得了项目。这种情况下，福斯特或黑川纪章的设计可以去证明这个水平历史城市更加适宜的解决方案，而不是 RMJM 的 400 米高的油燃烧器形的高塔。

——在历史城市的任何地方建造都会引起矛盾冲突。但我不认为这是一个被普遍认可的美学规则问题。高层建筑的固有特性对于生存至关重要——解决日益增加的密度问题。摩天大楼的发展是一个自然而健康的现象。问题不在高度上，而是当一个城市可能成为一个露天博物馆的时候，你如何通过这个点保持城市的生命力。所以这不是高层或低层的问题。我也能想象在圣彼得堡出现比较高的建筑物。

为新的发展制定正确的标准是非常重要的，这对于城市生活至关重要，而不是从为获得著名奖项的建筑这样的角度。相反，重要的是要考虑如何增加这些建筑物并且让他们变得可持续性。在任何情况下，我不相信完全保护一个像圣彼得堡这样尺度的城市是切实可行的。当然，如果足够肤浅、足够昂贵的情况下，也是可能的。

这里有两个困境。一个是对某些美学原则的怀旧，另一个是高层建筑事实上已经成为权力的荒谬标志。没有一条具有实际意义。重要的是城市如何进化，如果它是密度增长的基础上演变，那么就是进化。无论是创造新的城市边缘、卫星城还是市中心的重新利用，都必须有明确的未来发展战略，引入新的尺度是不可避免的。

你在伦敦度过了很多时光。你认为城市里建造的高层建筑破坏了旧伦敦的魅力吗？例如，大本钟看起来更像一个玩具。
——我不这么看。我并不觉得高层建筑毁坏了什么东西。我必须说，关于伦敦的未来增长，有着非常激烈、清晰和复杂的讨论。这个城市非常幸运地有一个非常清楚知道他想要什么和如何去实现的规划者。你看，如果居住密度不增加，人们就要飞往金丝雀码头、阿姆斯特丹或者东京，再也别想你的人行道会多可爱了。城市依赖于强大的形式、思想和知道该如何前进的人们。

我认为彼得大帝建立圣彼得堡的方式，是一个非常强大的城市理念通过权威权力执行的完美的例子。你自己在纽约，布宜诺斯艾利斯，首尔建造了大量的高层建筑，并刚刚在伦敦提出了一个未来风格的塔楼方案。你还提出过一个非常不寻常的格子状结构，成为纽约世界贸易中心的两个入围方案之一。你对于高层建筑有什么特别的理念吗？
——我认为在像纽约这样的城市里生活并建造建筑，是很难对高层建筑有一个确切的定位或理念。它是独一无二的城市经验。基本规划策略——网格，可能是世界上最巧妙的规划工具。网格的妙处在于它纳入所有可能的增长并保持良好的平衡。城市并不是由审美倾向塑造的。它的工作原理像一个不可思议的机制，没有失去统一性的矛盾，因为它是在永恒的演变模式里。一切都很实在，也很美丽和谐。我喜欢将高层建筑与桥梁进行比较，因为对我来说，它们代表了基础设施和创造新型可进入的公共空间的一种方法，它们都是公共建筑。想象一下天空中的桥梁和露台！它们丰富了鸟瞰的景色，对我们的城市十分重要。这是一个21世纪的大都市中绝对难忘的、独特的和必要的经验，这就是我们在世界贸易中心项目中提出的建议，我们称之为世界文化中心。

你曾经说过，你非常认真的学习建筑，并真正地痴迷于此。你想知道怎样创造好建筑。你现在是否能告诉我——如何建造真正的好建筑？

——我现在说不出来。但是如果我们回顾建筑历史，我们会发现，有思想的建筑更容易被认为是好建筑。我知道首先，要有思想。这不应该只是一个心理性的、隐喻性的，甚至工程性的想法。它必须百分之百是一个建筑学的想法。很多现在发生的事情是非常肤浅的、短暂的，有点儿像一种时尚。今天迷你裙是一种时尚，明天就是长裙。今天建筑是基于三角形的，明天他们就是团状的。这是一样的想法。用钛包裹的建筑物不是一个很有用的想法，只是一种时尚宣言。但是，看看帕拉第奥，16世纪他将教堂转译进入住宅的想法，那才是建筑的创新！

你觉得你的哪个项目是你职业生涯中的关键时刻？

——我觉得是布宜诺斯艾利斯的阿根廷彩色电视中心。当时我正30出头，所有的事情都归我负责。建造过程太独一无二了。在我们不知道要做什么的时候就开始建设了，那个项目教会我特别多。

你怎么能没有确切图纸就开始建造了呢？

——嗯，在项目场地铺上网格开始做就行了。我们就按照我认为的所有建筑都应该遵从的方式开始建造得就像在一套工作图纸上的某种即兴创作一样。我们走过去跟承包商说："你从这儿做到那儿。"我们即兴设计了很多地方，恰恰是这些给建筑带来了新鲜感。东京国际论坛大厦就恰恰相反。那儿的挑战是在高度规范、精确、可控的环境中建造项目。

东京国际论坛大厦的设计概念真的是从泛美标志里来的吗？

——是的。因为我实在是没有什么好的概念，所以我一度退出了比赛。然后我坐了一趟泛美航空去巴黎休息一下。当他们开始准备晚餐的时候，我在餐巾纸上看到了这个标志，是许多条椭圆线嵌在一个圆形中的标志。当时难以置信的困难是，我不知道如何将轨道的弯曲形态与正交街区这种非常硬朗的几何形体在场地上进行调和。所以当我看到那个标志的时候，所有的事情都水落石出了。是的，就应该像那样。我在巴黎落地后就马上飞回去完成项目。

现如今，建筑师们声称不会再突然出现启发他们的奇妙愿景。他们认为所有都是团队努力的结果，从一开始，所有的顾问都是聚集在一起，共同推进项目，因为建筑太复杂了，一个人不可能做到这一切。

——是，我也听说过。

你听说过，那么在这也这么做的吗？

——这个项目不是那样做的，并不是因为我反对这种合作的想法，而是因为我反对将项目看作是许多微小贡献的结果。建筑，不管别人怎么说，都是一个组合业务，有点儿像爵士乐。如果你弹奏爵士乐，那感觉是非常自由的。但是它比人们所意识到的要刻板得多，因为刻板，我指的是它的结构，所以才有了自由的时刻，它背后需要一些有凝聚力的形式。如果你能理解建筑有多复杂，你就能理解了。如果你认为建筑只是个图像，那你就有百分之九十没理解到位。如果你坚定地站在可实施性和系统性知识的基础上，并有快速研究推敲的能力，那么你就真的有能力控制整个事情。我知道人们怎样工作，即使他们有这种"人人贡献"的想法，最终，还得有一个人把所有的东西整合到一起。

如果我说错了，请你指出，但你确实有这个能力上演一场精彩的个人秀，是这样吗？

——不，当然不是真的。怎么可能呢？绝对不是真的！

我的意思是你是否倾向于自己设计和处理整个项目的每一处细节，而不借助员工的智力支持？

——建筑绝对的复杂性使建筑是一个多元化和集体化的实践活动。认为我一个人能做所有的事情是非常荒谬的，而且我也没这么说过。但是我想澄清一个事实，我不相信一个项目会有多个设计师。我一直避免这么做，在我的措辞中，这是一种不道德的方式。如果你卖一个产品，而产品的设计人离职了，那么你就是建立在别人的天赋上而不是你的。所以如果我是客户，我更想看个人的作品而不是公司，这就是企业型事务所的问题。

就设计来说，你事务所的项目中有多少是你亲自做？
——嗯，就设计来说，我对事务所所有的项目都有非常严格的控制。

你是如何工作的？
——几天以前，我看了一本书，里面有埃罗·沙里宁研究模型的照片，照片是由一个模型师拍的。你能看出来沙里宁通过大尺度的研究模型参与到解决设计问题的过程中。我从西萨·佩里那里也学到了这种方法，而佩里和沙里宁是从路易斯·康那里学到的。那是一个很棒的工具，可以让设计师变成建筑师。所以我从来不相信跟那些告诉我一些事情的聪明人坐下来，我就能想出适合他们需求的想法。我画下来，然后我用模型把它做出来。

你会不会担心如果你不在，你的项目会发生些什么？
——我确实担心。但是坦率地讲，有些事是需要由其他人去判断。

你是在培养新生代建筑师吗？
——必须的，我们现在有一个非常出色的团队。

你从一开始就把项目交托给他们吗?
——从来没有。

你目前有多少个项目?
——我们事务所的三个分部正在做全世界9个国家的44个项目。

好吧,我们谈谈音乐。你第一个职业是钢琴师,现在还是你生活中很重要的部分吗?
——是的。你在这能看见。(我们坐在两台三角钢琴中间)

你有多少台三角钢琴?
——九到十台,有些我借给别人了。我儿子有一台,我姐夫还有一台。

你在长岛上建造了一个钢琴馆,它是什么样的?
——对我来说,那是一个避难所。那个地方让我感到舒适,那儿也不是为视觉效果准备的,它注重的是你在空间里的感受如何。

你提到了路易斯·康,他对你的作品影响很大,是吗?
——如果你想要看伟大的建筑,你必须去沃斯堡看他的金贝尔美术馆。我们都看过,还拍了照片。我们通过模型以及很多方面去了解它,但是当你真正进入到里面,你所获得的体验和你看到的没有关系。它是关于你的感受的,这就是造就伟大建筑的微妙之处。

你研究音乐和建筑,你觉得这两个学科之间有特定的联系吗?
——没有,零,两个是完全不同的东西。他们唯一相同的是,他们都面对不可回避的组合任务,并且经历从一个时刻到下一个时刻的一系列事件,在这方面,音乐和建筑是一回事。

你的事务所运作着一个特殊的研究资助计划,是关于什么的?
——我们三年前就开始这个项目了。目的是鼓励正在工作的建筑师提出新的设计方法。最开始的时候,我们每年有一个研究员,今年我们有五个。学校里会有很多理论探讨,很少涉及如何设计建筑。

这个计划已经产出了一些新的设计方法。例如,两年前,约瑟夫·哈格曼赢得了我们事务所的研究机会,设计了一个能够种植蔬菜的屋顶。现在我们计划在我们的其中一个项目中使用这个概念,设计布朗克斯的一所高校的绿色屋顶。

我也在我们事务所里教课。我们从事务所内部和外部组成了一个20-25人的课堂。我教授专业建筑师的工作方法。我们在秋季上13周的课,每星期一次。传承这种积累起来的建筑知识只会让这个专业更好。我认为在建筑教学中需要更多地关注工艺,而不是培养一个很难定义的天才。最好的学习方法就是在事务所中观察其他人怎样工作。建筑上有很多值得学习的东西,不只是你画得好不好。建筑学,跟其他的专业一样,有其特有的工具和技术。从这个意义上讲,它像音乐,你不能只是单纯地谈论它,你必须得去演奏。

你对年轻的建筑师们有什么建议?
——工作,大量地工作。试着接近那些了解建筑过程的人。

我认为建筑中最重要的内容就是组合，你不能把这部分分工出去。这是一个使用适当工具、理解如何将它们联系起来和理解过程复杂性的问题。我认为这些东西可以教，需要去学习。另外也不要只是继承。

你希望人们在你的建筑中注意到什么样的品质或感觉？你试图传达什么？
——做一个好建筑首先就是要挑战建筑类型，这是具有变革性的。我相信进化论，如果你只用一种方法做住宅，那么肯定有另一种方式能够做得更好。其次，它总是回到一个单一的美学现象——比例控制。这是不光通过绘图，通过建造也能学到的东西。如果你做对了，你就会感到格外的自信。这个维度是永恒的，无论你去金字塔或金贝尔美术馆，你都能感觉到它的存在。

纽约：2007年1月，2008年5月

霍华德·休斯医学研究所，珍利亚农场研究园区，阿什本，弗吉尼亚州，美国，2006年
照片 © 布拉德·法纳福

拉斐尔·维诺利（Rafael Viñoly）

卡拉斯科国际机场，蒙得维的亚，乌拉圭，2009 年
照片 © 丹妮拉·麦克·阿登

拉斐尔·维诺利（Rafael Viñoly）

东京国际论坛大厦,东京,日本,1996 年
照片 © 川澄明夫

拉斐尔·维诺利

出生： 1944 年，乌拉圭蒙得维的亚；1949 年随家人移居布宜诺斯艾利斯；1979 年移民到美国

教育： 布宜诺斯艾利斯大学（1968）；布宜诺斯艾利斯大学建筑与城市规划学院建筑学硕士（1969）

实践： 1964 年在布宜诺斯艾利斯，建筑师事务所的创始合伙人；1983 年在纽约成立拉斐尔·维诺利建筑事务所；其他办事处：阿布扎比，布宜诺斯艾利斯，伦敦，洛杉矶

项目： 芬乔奇街 20 号，伦敦（2014）；克利夫兰艺术博物馆（2012）；卡拉斯科国际机场，蒙得维的亚，乌拉圭（2009）；霍华德·休斯医学研究所，阿什本，弗吉尼亚州（2006）；布朗克斯县司法厅，纽约（2006）；波士顿会展中心（2004）；杜克大学纳赛尔艺术博物馆，达勒姆，北卡罗来纳州（2004）；林肯中心的爵士乐剧院，曼哈顿（2004）；世贸中心竞赛——世界文化中心，曼哈顿（项目，2002）；东京国际论坛大厦（1996）

书籍：《拉斐尔·维诺利》（帕莱斯特出版社，2011）；《拉斐尔·维诺利》（博克豪斯出版社，2002）

教学： 哥伦比亚大学、哈佛大学设计研究生院、麻省理工学院、罗德岛设计学院、南加州建筑学院客座讲师

奖项： 设计荣誉，萨尔瓦多中心（2007）；英国皇家建筑师学会国际研究员（2006）；美国建筑师协会荣誉勋章，纽约市分会（1995）；国家科学院院士，美国国家科学院（1994）

亚历杭德罗·柴拉波罗（Alejandro Zaera-Polo）
我有兴趣去重新引入专业知识

你觉得你们这一代建筑师和上一代建筑师最主要的不同在哪里？
——我认为我们这一代对实用学更感兴趣，比如建造建筑、项目运营、经营事务所等等。我认为上一代建筑师更理想主义，像雷姆·库哈斯、扎哈·哈迪德和斯蒂文·霍尔更醉心于实现乌托邦的可能性，倾向于能够产生极其原创的和充满野心的作品。但我们通常是更加现实和包容的一代，我们是刻意的，而且更加意识到真正的可能性，并且愿意探索更多的技术潜力。

你曾为库哈斯工作过，你从他那儿学到了什么？
——许多，其中一件特别的事就是要能极富弹性和极其坚强。我真正佩服他的是他一次又一次生存下来的能力；一个接一个的打击之后，仍然能够保持高水准的目标。没有多少人有那种耐力。是的，他属于理想主义那一代，但是他也能够不断转移他的关注点。他是我这代人最敬重的人物之一。他是第一个说开发商不是敌人的人，他说："让我们看看并参与开发商的工作。让我们来看看政治、规划、社会结构、媒体以及所有需要集成到建筑里的重要事情。"而他那一代的大多数人都在不断专注于工艺制作和设计一个物质的美丽的实体。他为我们开辟了以不同方式运作的道路。显而易见，我们从他身上学到很多是如何去做建筑。当然，在访谈中完全解释清楚是不可能的,这都是在一起做才学到的。你会学习提升自己对复杂空间的敏感性,也许并不依赖某种几何形状。你会学到他不谈论的事情,但是那个就出现在事务所里。不是关于如何设计建筑,而是从不同的视角看建筑。

你认为现代建筑是关于什么的?是更多关于创造或操控吗?
——这是一个非常关键的问题。可以这么说,我这一代人可能更能去操控和干预现实,在现实中漫游。我们这代人的成长伴随着被调解的、漫游式的、使用外部力量的观念。我认为现在的问题是是否要去产生新的事物。我认为可以,我愿意通过操控已知的某些参数创造、发展和培育新的事物,而不必产生一个新的范式和新的世界,那是一个更乌托邦的想法。

作为建筑学院的院长,你怎样定义建筑教育的关键问题?
——我认为教育需要更有效地和现实重新结合。在过去的30-35年中,建筑教育越来越脱离实际了,因为它专注于个人的作者身份或个人标签的想法,这些想法首先出现在彼得·埃森曼、矶崎新和拉斐尔·莫内欧这一代人身上,他们拥有独立的思想和个人特征。他们是第一批打破公司模式的人。在那之前,建筑师受的教育就是提供某种技术能力,以前的教育是非常实用和具体的。

  但是我现在有点儿担心学生们试图成为独立的天才。我有兴趣去重新引入专业知识。我认为只关注建筑的理论水平是个错误。可以说工程师总是可以解决技术问题,但如果建筑师是一点不懂,一旦项目进入工程师手中,它就变得无法辨认了。我们应该尝试将高水平的专业知识融合进学科内部。

我也有兴趣淡化将建筑师看作艺术家和新范式创造者的观念。我更感兴趣的是学生们通过团队合作来学习，回归对技术专长的重视。我记得当我还是个学生的时候，我们要给在托斯卡纳山区的一个艺术家设计住宅，这是一个建筑练习，我认为这种项目完全无关紧要。我更加感兴趣的是，年轻建筑师应该开始思考，当他们走向现实世界时会发现什么？开发商们将会问他们什么问题？我不得不在我毕业后学习这些。

你所谈论的是你们这一代人可以成为团队合作者，有一个庞大的建筑师团队可以说明这一点，叫作"联合建筑师"在新世界贸易中心竞赛上一起工作。这个团队包括了格雷戈·林恩、班·范·伯克、你以及来自世界各地的其他建筑师。这是一个没有任何权威主导的真正的合作。

——是，完全是这样。

数字建筑是怎样改变世界？计算机技术在你的设计中扮演什么样的角色？

——很显然，这是这个时代建筑界发生的最重要的事情之一。例如，我碰巧跟格雷戈·林恩年龄一样，我认为我们是第一代在计算机界面变得更容易使用并被广泛使用时开始进行建筑实践的人。我甚至感觉自己像这个领域的先驱一样。我们这一代非常积极地参与信息和技术的理论化，并将其作为一种建筑设计工具。

计算机给你提供了两项非常重要的能力。第一项是能够将那些离开计算机就不可见的事物可视化。你可以立即从非形式上的内容中提取出形式，这对建筑学领域贡献巨大。你可以引入诸如流量和密度之类的东西作为一种材料。你可以看到和模拟各种效果，这是一个不可思议的能力。计算机是一种可以使任何事物材料化的机器，这是一种概念化的能力。第二项能力是精度、速度，还有最基本的生产力。计算机技术最有趣的部分是我们仍在学习如何探索它。

德里达的介入思想和德勒兹的褶皱思想对你来说有多重要？
——我对德里达的研究从未真的感兴趣。我发现它非常模糊，它基于它自己的原则，这些原则是关于现实是由一个自我参照的代码和标志系统构成的想法。德勒兹的研究对我启发和影响很大，主要因为他将材料应用过程看作是现实的核心内容。我认为自己属于唯物主义者。德勒兹之所以重要，是他给我的作品提供了哲学背景。他对我这一代建筑师也很重要，因为他的褶皱思想深深地影响了现代建筑的几何学。但是，尽管我认为这些思想极大地影响了我们事务所的工作，但是我不认为德勒兹能帮助你设计建筑。我想，如果他能够对我说话，他会说——我同意你的观点。因为真正帮助你设计建筑的是材料的参与，而不是理论。换句话说——理论是从物质中涌现出来的。

你是什么时候接触到他的思想？
——当我在哈佛还是伊丽莎白·迪勒和里卡多·斯科菲迪奥的学生的时候，我第一次接触了解德勒兹。但是当我参加由桑福德·夸温特（Stamford Kwinter）举办的关于复杂性的研讨会时，他与我变得更加紧密相关。此外，我的母亲是一个比较文学的教授，我在家里看到德勒兹的书，但我之前从来

横滨国际客运码头,日本,1995—2002 年
照片 © 三岛悟

亚历杭德罗·柴拉波罗（Alejandro Zaera-Polo）

没有想到能够跟建筑的可能性联系起来。只有在与桑福德的研讨中，它变得非常令人兴奋，变成一种智力研究的形式。

你能谈谈关于你项目中人造景观的想法吗？
——我们对计算机技术的可能性，以及通过一个过程而不是部署和预定形式来形成和生成建筑的想法非常感兴趣。我们试图预见和探索的最令人兴奋的进展之一就是在建筑中融合两个思想学派的想法。一个是传统的预定正交几何，另一种是模仿自然的有机自由形式。在计算机技术的帮助下，我们正在寻找二者的结合点。我们试图针对现实进行特定精确度的建模，使其变得与自然一样复杂。因此，我认为人造景观的想法是由人为决定来生成景观，不只是模拟自然，而是通过它自己的规则生成形式。

在你的虚拟住宅项目中，文脉环境似乎是次要的，它对你的建筑有多重要？
——它特别重要，但否认它的存在也同样重要。这个住宅的概念就是它能够被生成和放置在任何地方，环境就是纯粹的装饰，这是个试探性的住宅。我们有兴趣去探讨复制和重建环境的想法。一个被特定环境环绕的房子看起来是十分不同的，但房子本身仍应该包含一些从该环境中提取出的基因密码。

你曾经说过："建筑不是一种造型艺术，而是物质生活的工程。"能详细说明一下吗？
——我们中的许多人受到的教育观念都认为建筑师是视觉艺

术家，建筑师是比例系统和视觉美系统方面的专家，这些系统几乎就是现实世界的装饰。所以很多人认为建筑师的角色仅仅是美化开发商和政治家的建议。但我非常反对这个看法。我感兴趣的是探索非可视的创造环境的力量和新的类型学。我实际上想去创造环境，这也是我从雷姆·库哈斯身上学到的——迷恋那种没有任何建筑控制，只是通过商业力量的纯粹部署就推动发展的现象。像新加坡或是亚特兰大这样的地方不是因他们的建筑智慧而闻名，而是因为他们证实了一种新的类型。这是一种没有被预先确定的现实。

你说你的设计过程可以独立于你的意愿发展，这是否意味着有一个设计建筑的公式？

——这种说法非常夸张和具有争议性。显然，没有任何一个设计过程完全独立于设计师的意愿。甚至科学也是一种意愿。你设计某个事物是有意为之，而不是不可预料的。总是有一个蓄意和精心思考的假设。我们试图调解我们的意愿，然而，我们试图从立即强加我们意愿的事情中抽身而出。因此，我们试图调解设计过程中发挥作用的不同力量来让事情发生，我发现这样更让人满意。我可以说"我想这么做，并且我做到了。"但是我更喜欢这么说："好吧，我觉得这是我们应该做的事情。我们看看会发生什么。"为什么不让这个过程揭示那些被隐藏的东西？

你是说你试图排除设计中的先入为主的元素，让过程情况来支配？

——好吧，我会接受一定程度上的先入之见。我们还使用一种偏离了传统过程的动画技术。但是，我们对随机性不感兴趣，我们对严谨和简洁感兴趣。我们不相信表现主义，但我们一定会尝试成为不同的。我想我们所做的接近彼得·埃森曼的工作。我们喜欢这种机械式的设计方法，这种方法定义了设计过程。

我在这种方法中遇到的问题，以及我在私人谈话中多次与彼得讨论的问题是，这种方法会在建筑和最初功能之间产生很多不适应。它成为一种与文学和哲学更加相关的智力论断。但我更感兴趣的是将这些方法应用于实际问题。

美在你的建筑中有多重要？
——我认为美是一种能让你惊叹的东西。它并非一定符合某些惯例、参数或比例，有时美可以在非常丑的事物中找到。

你积累并重复使用你的想法吗？你的风格是什么？
——我想说我们会变换我们的想法，我们不只是简单地重复使用它们，有时我们会重新应用某些原则。我对签名式的风格不感兴趣，我对操作方法的风格更感兴趣。

在你目前的项目中，你想要探索什么样的理念？
——我们正试图将我们的实践从推测操作转移到专业实践。我们尽量不过多地理论化。我们通过实际项目对项目进行理论化，并尝试为每个特定问题找到最有趣的解决方案。但这显然有点棘手，因为我们不能避免知识转移和从项目到项目的某种联系。此外，我们正在重新考虑我们解决代表性问题的方法。在我们的职业生涯的初始阶段，我们故意忽视了物质表现的想法。现在，我们对循环的概念和物质材料越来越感兴趣，因为每个建筑都代表了其所要面向社区的特殊事物。

纽约：2005 年 2 月

卡拉班切区社会住宅，马德里，西班牙，2007 年
照片 © 加西亚·冈萨雷斯

亚历杭德罗·柴拉波罗（Alejandro Zaera-Polo）

横滨国际客运码头，日本，1995—2002 年
照片 © 三岛悟

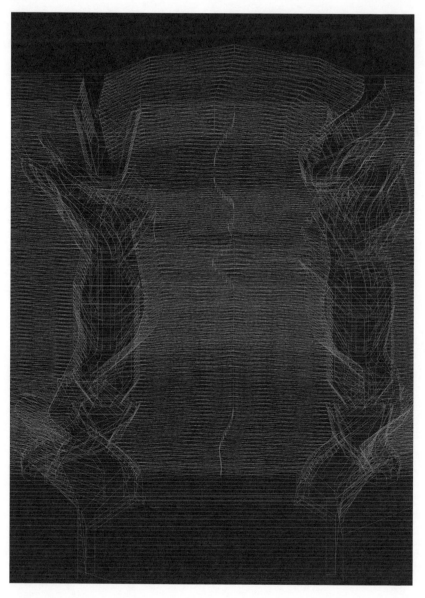

横滨国际客运码头,日本,1995—2002 年
照片 ©FOA 建筑事务所,由亚历杭德罗·柴拉波罗 & 梅德·利亚古诺建筑师事务所提供

亚历杭德罗·柴拉波罗（Alejandro Zaera-Polo）

雷文斯本设计与传播学院，伦敦，英国，2010 年
照片 © 亚历杭德罗·柴拉波罗 & 梅德·利亚古诺建筑师事务所

亚历杭德罗·柴拉波罗

出生：1963 年，西班牙马德里

教育：马德里理工大学建筑学院（1988），哈佛大学设计研究生院（建筑学硕士，1991）

实践：1993 年在伦敦与法希德·穆萨维成立 FOA；2011 年与梅德·利亚古诺共同创立亚历杭德罗·柴拉波罗 & 梅德·利亚古诺建筑师事务所（AZPML）

项目：伯明翰新街重建，伯明翰，英国（2015）；2014ISAF 帆船世界锦标赛设施，桑坦德，西班牙；雷文斯本设计与传播学院，伦敦，英国（2010）；祖纳弗兰卡办公园区 D38 办公楼，巴塞罗那，西班牙（2010）；2010 年上海世博会马德里馆；卡拉班切区社会住宅，马德里，西班牙（2007）；拉里奥哈技术转移中心，洛格罗尼奥，西班牙（2007）；日本横滨国际客运码头（2002）；2005 年日本爱知县国际博览会西班牙馆（2005）；海岸公园户外礼堂，巴塞罗那，西班牙（2004）

书籍：《系统发育：建筑事务所的方舟——外国事务所建筑作品》（艾克塔出版社，2003）；《横滨项目专集》（艾克塔出版社，2002）

教学：普林斯顿大学建筑学院院长（2012—2014）；代尔夫特理工大学建筑系贝尔拉格教席，荷兰（2003—2009）；贝尔拉格学院院长，鹿特丹（2002—2006）；任教于代尔夫特大学、建筑联盟学院、加州大学洛杉矶分校、哥伦比亚大学、马德里建筑学院、横滨建筑学院

奖项：伦敦奥运会——英国皇家建筑师协会奖（2012）；雷文斯本学院——英国皇家建筑师协会奖（2011）；《康德纳斯旅行者》创新与设计奖（零售，2009）；马德里卡拉班切区社会

住房——英国皇家建筑师协会欧洲奖（2008）；查尔斯·詹克斯奖（2005）；爱知县世博会西班牙馆——英国皇家建筑师协会全球奖（2005）；横滨国际客运码头——恩里克·米拉列斯建筑奖（2003年）

未编入的建筑师
引述

埃米利奥·安姆巴斯 Emilio Ambasz (b. 1943)

我一直认为建筑是一种创造想象的神话行为……它不是渴望,而是爱和敬畏,有时也是奇迹,它造就了我们。无论建筑师的文化和社会背景如何不断变化,我相信他的任务始终如一:为实用提供诗意的形式。

安藤忠雄 Tadao Ando (b. 1941)

如果我可以创造一种人们以前没有经历过的空间,并且让人们愿意待在里面或者给予人们未来的梦想,那就是我想要创造的建筑。

马里奥·博塔 Mario Botta (b. 1943)

建筑是人与自然之间永恒的斗争,是压倒自然并拥有它的斗争。建筑的第一步就是在地上铺一块石头。这种行为将自然状态转化为文化状态,这是一种神圣的行为。

圣地亚哥·卡拉特拉瓦 Santiago Calatrava (b. 1951)

运动赋予形式额外的维度,使形式具有活力。我们不是将建筑物想成什么矿物如岩石,而是将建筑比作海洋,拥有动态的海浪,或者比作花朵,花瓣在清晨开放。

欧蒂娜·戴克 OdileDecq（b. 1955）

你必须始终能将你的客户带到比他们想象到的更远的地方。建筑师的角色是拓宽可能性的领域，引导教育客户和公众。

尼古拉斯·格雷姆肖 Nicholas Grimshaw（b. 1939）

我对未来建筑的恐惧是，如果人们发现了丰富的能源和材料，建筑师仍继续像以前一样采用同样浪费的和绝望的方式设计建筑。

雅克·赫尔佐格 Jacques Herzog（b. 1950）和皮埃尔·德·梅隆 Pierre de Meuron（b. 1950）

一种可识别的风格更容易使建筑师建立市场。但市场的运作方式也意味着最终你将看到太多类似的东西。可以肯定的是，一些建筑师受这个影响，因为他们被自己的风格预定义了，就不得不背上它们，像驼背一样。每个建筑师都有一个驼背，一个模式。我们知道这一点，我们试图跳出这些模式，以找到新的平衡或开辟新的视野。

矶崎新 Arata Isozaki（b. 1931—2022）

艺术家可以做的最重要的事情就是让社会面对前所未有的东西，某种意义上不合适的东西。

伊东丰雄 Toyo Ito（b. 1941）

如果我们摆脱了所有的限制，即使是一小会儿，也可以实现更舒适的空间。然而，当一栋建筑物完工时，我会痛苦地意识到自己的不足之处，并且把它变成动力去挑战下一个项目。这个过程必须不断重复。因此，我永远不会固定我的建筑风格，永远不会满足于我的工作。

珍妮·甘 Jeanne Gang（b. 1964）

好的想法来自各个角落，辨别一个好想法比创作它更重要。

弗兰克·盖里 Frank Gehry（b. 1929）

液态建筑就像爵士乐，你可以即兴创作，一起工作，互相玩耍，你做什么，它们也会做什么。我认为这是一种试图了解城市以及城市中可能发生什么的方式。

赫尔穆特·扬 Helmut Jahn（b. 1940）

创造力更多的是要消除无关紧要的东西，而不是发明新事物。我力求设计一个不能拿走任何东西的建筑。

雷姆·库哈斯 Rem Koolhaas（b. 1944）

有时候设计一个建筑就像写一个电影剧本，是关于张力、氛围、节奏和正确的空间效果序列的问题。

林璎 Maya Lin（b. 1959）

有时我认为创造力是神奇的，不是找到一个想法的问题，而是让这个想法找到你。

格雷格·林恩 Greg Lynn（b. 1964）

《建筑的折叠》或多或少是我的观察即建筑正在变成由

表皮定义的东西，而不是网格，学科思考的转变正从坐标限定的空间转向表面限定的空间。

汤姆·梅恩 ThomMayne（b. 1944）

局部的构造可以引向不同的建筑表皮观念。大多数建筑都有立面，我们将表皮与建筑分开，创造出空间，这些空间没有被占用，因为建筑只有当其与功能分离时，建筑才拥有最有趣、最有激情的状态。

拉斐尔·莫内欧 Rafael Moneo（b. 1937）

作为一名建筑师，你不断寻找——树木的叶子、汽车的形状、城市的结构、纺织品的图案——找到形式背后的缘由，这是非常有益的。如果你像这样将专业扩展到整个历史，它可以让你穿越时空。

让·努维尔 Jean Nouvel（b. 1945）

始终以相同的方式设计是不可能的，如何在每个不同的地方有所不同，这是建筑师最重要的工作和责任。

弗雷·奥托 Frei Otto（1925—2015）

我的经验是建筑主要是在头脑中推演的。作为建筑师，你必须在你的头脑中看到它们，并在它们建成之前在其内部进行体验琢磨。否则，它们只是经过计算但却从未感受过的建筑……一切都在这里，尽管如此，我仍然充满激情，为了轻盈和流动。

西萨·佩里 Cesar Pelli（1926—2019）

结构和皮肤……几个世纪以来，它们曾经是同一件事。承重墙是结构，粉刷是它的皮肤。如今，建筑师将建筑的皮肤视为桌布。有时建筑只是四分之一英寸的问题。

伦佐·皮亚诺 Renzo Piano（b. 1937）

建筑师必须要有梦想，我们必须寻找我们的亚特兰蒂斯，成为探险家、冒险家，并且还要负责任地建设好。

克里斯蒂安·德·包赞巴克 Christian de Portzamparc（b. 1944）

建筑在时间进程、排序和框架方面与电影有很强的联系。就像电影一样，建筑在时间中被体验。作为一个建筑师，我喜欢发现事物，并保持好奇。我愿意在紧邻的房间中看不到同样的东西，这样会让空间难忘。

理查德·罗杰斯 Richard Rogers（1933—2021）

最好的现代建筑仍然被现代主义精神所推动，展现着现代主义精神的主要特征：建筑材料的完整性，改善的环境条件，实验性的设计和雕塑式的形式。

摩西·萨夫迪 MosheSafdie（b. 1938）

寻求真理的人应该找到美；寻求美的人会找到虚荣；寻求秩序的人应该得到满足；寻求满足的人应该感到失望。认为自己是同胞的仆人的人，应该找到自我表达的快乐。寻求自我表达的人将陷入傲慢的陷阱。

SANAA，妹岛和世 KazuyoSejima（b. 1956）和西泽立卫 RyueNishizawa（b. 1966）

我们将公共空间想象成 21 世纪的当代艺术博物馆……成为一个类似于公园的地方。无论是与朋友们或家人，还是一个人，人们都可以随心所欲地消磨时间。在这个空间，人们不仅可以看到艺术品，而且也能找到一个满足需求感到舒适的地方。

阿尔瓦罗·西扎 AlvaroSiza（b. 1933）

我是一个功能主义者……反对建筑的形式、空间和氛围不是由它的功能产生的。这很重要——每个建筑师都被迫提供功能问题的答案。但是一旦建筑师获得了自由的能力——即突破所有限制，能够翱翔于其中，可以在不同的方向发展，那么这时建筑便从其首字母 A 开始了……

杨经文 Ken Yeang（b. 1948）

在我们建造的环境中所有制造的东西都应该是可回收和可重复使用的。未来所有建筑都将是"建筑生态系统"，没有污染，零浪费。生物学是思想和灵感的最大源泉。

彼得·卒姆托 Peter Zumthor（b. 1933）

我工作的方式有点像雕塑家。当我开始时，我对建筑物的第一个想法就是材料。我相信建筑是关于材料的。它不是关于论文，也不是关于形式，而是关乎空间和材料。

罗伯特·文丘里
照片 © 弗拉基米尔·潘帕倪

   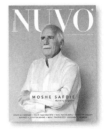

克里斯蒂安·德·包赞巴克,艺术之城,里约热内卢,巴西,2013 年
照片 © 弗拉基米尔·贝罗戈洛夫斯基

未编入的建筑师　引述　563

Photo © Emīls Desjatņikovs

作者简介

弗拉基米尔·贝罗戈洛夫斯基（1970年出生于乌克兰敖德萨）是纽约"洲际策展计划"的机构创始人，该机构的主业是在全球范围内组织、策划和设计建筑展览。他1996年毕业于库伯联盟建筑学院，他是建筑杂志 *SPEECH* 和 *TATLIN* 的美国通讯记者，并且是国际建筑学会在莫斯科的通讯会员（IAAM）。他的著作包括：《哈里·塞德勒：毕生的事业》（里佐利出版社，2014），《菲利克斯·诺维科夫》（塔特林出版社，2009；DOM 出版社，2013），《苏联现代主义：1955—1985》（塔特林出版社，2010）和《绿色建筑》（塔特林出版社，2009）。

贝罗戈洛夫斯基曾在澳大利亚悉尼博物馆（2014—2015）策划展览"哈里·塞德勒：从绘画走向建筑"，这是他自2012年起正在进行的"哈里·塞德勒：建筑，艺术和协作设计"世界巡回展览的一部分。其他展览有美国巡回展"哥伦比亚：转变"（2012—2014）；在马德里皇家植物园举办的"建筑师安杰尔·费尔南德斯·阿尔巴回顾展"（2009）；莫斯科马涅日中央展览馆"绿色建筑"（2009）；第11届威尼斯建筑双年展"俄罗斯馆（外国部分）"（2008）。

他曾在哥伦比亚大学，宾夕法尼亚大学，弗吉尼亚大学，香港大学，莫斯科建筑学院，悉尼新南威尔士大学，上海同济大学等院校，以及在阿根廷、澳大利亚、奥地利、阿塞拜缅、巴西、保加利亚、加拿大、中国、爱沙尼亚、中国香港、拉脱维亚、马来西亚、新西兰、俄罗斯,西班牙、泰国,土耳其和美国等国家和地区的博物馆和建筑中心演讲。

著作权合同登记图字：01-2017-0594号
图书在版编目（CIP）数据

名人时代与世界建筑大师的对话 / (美) 弗拉基米尔·贝罗戈洛夫斯基（Vladimir Belogolovsky）著；陈泳全译. -- 北京：中国建筑工业出版社，2020.12
书名原文：Conversations with Architects in the Age of Celebrity
ISBN 978-7-112-25555-9

Ⅰ.①名… Ⅱ.①弗… ②陈… Ⅲ.①建筑师—访问记—世界—现代 Ⅳ.①K816.16

中国版本图书馆 CIP 数据核字（2020）第 185875 号

Conversations with Architects in the Age of Celebrity / Vladimir Belogolovsky
All rights reserved, whether the whole or part of the material is concerned, specifically the rights of translation, reprinting, recitation, broadcasting, reproduction on microfilms or in other ways, and storage or processing in data bases.

Conversations with Architects in the Age of Celebrity / Vladimir Belogolovsky
© 2015 by DOM publishers, Berlin/Germany
www.dom-publishers.com
本书由 DOM Publishers 授权我社翻译出版

责任编辑：段　宁　姚丹宁　责任校对：王　烨

名人时代与世界建筑大师的对话
[美]弗拉基米尔·贝罗戈洛夫斯基（Vladimir Belogolovsky）著
陈泳全　译
*
中国建筑工业出版社出版、发行（北京海淀三里河路9号）
各地新华书店、建筑书店经销
北京光大印艺文化发展有限公司制版
深圳市泰和精品印刷厂印刷
*
开本：880 毫米 ×1230 毫米　1/32　印张：17¾　字数：397 千字
2024年7月第一版　2024年7月第一次印刷
定价：98.00 元
ISBN 978-7-112-25555-9
（36456）

版权所有　翻印必究
如有内容及印装质量问题，请与本社读者服务中心联系
电话：（010）58337283　QQ：2885381756
（地址：北京海淀三里河路9号中国建筑工业出版社604室　邮政编码：100037）